逐条解説
新金融商品販売法

松尾直彦［監修］
池田和世［著］

社団法人 金融財政事情研究会

監修のことば

　平成19年9月30日に、金融商品取引法を中核として一連の金融関係法律の改正等からなる金融商品取引法制が完全に施行された。これにより、昭和23年に制定された「証券取引法」の題名が約60年ぶりに「金融商品取引法」に変更された。

　金融商品取引法制は、平成9年から平成12年にかけて議論された、いわゆる「日本版金融サービス法」の理念を受け継ぐものである。金融商品の販売等に関する法律（金融商品販売法）は、この「日本版金融サービス法」の第一歩として、平成12年5月に成立し、13年4月から施行されている。しかし、現実には、立法時に期待されていたほどには、利用されていない状況にあった。

　監修者は、平成17年8月15日から平成19年7月31日までの約2年間にわたり、金融商品取引法制の企画・立案作業の取りまとめにあたった。金融商品の販売等に係る民事責任規定の強化は、三井秀範市場課長（当時）の意向もあり、検討の当初から、利用者保護ルールの徹底を図るための包括的・横断的な投資者保護法制の構築の柱として、位置づけられた課題であった。

　しかし、一般に、行政官は、行政法規には通暁していても、民事法制については造詣が深くない。しかも、民事責任規定の見直しは、法制上困難が予想される検討作業であった。そこで、本書の著書である池田和世さんに、法律家としての専門性を活かすことを期待して、この困難な作業を担当することをお願いした。一見簡潔にみえる最終的な法令の規定の背後には、担当者の膨大な分析・検討作業がある。今回、金融商品販売法の改正を成し遂げることができたのも、多くの裁判例の分析・評価をはじめとする困難な作業に地道に取り組んだ池田さんの努力と、内閣法制局第三部の担当参事官の真摯な協力があったからであると思う。

　金融商品取引法令のエンフォースメント（法の実現）の手法としては、一

般に、①民事上の手法、②行政上の手法、③刑事上の手法がある。わが国では、これまで、行政上の手法が中心であり、重大な事案には刑事上の手法が用いられてきたが、民事上の手法が用いられることは少なかった。しかし、司法制度改革と相俟って、今後は、民事上の手法の利用が増加すると思われる。今回の金融商品販売法の改正も、同法を利用者にとってより使いやすいものとするためである。

　本書は、池田さんが金融商品販売法改正の立案担当者として自らの努力の成果を記したものである。本書が金融商品販売法に関心をもつすべての読者の方々の参考となれば幸いである。

　　平成20年4月

　　　　　　　　　　　　　　　　　　　　　　　　　　松尾　直彦

はしがき

　金融商品の販売等に関する法律（金融商品販売法）は、預貯金・信託・保険・有価証券・有価証券デリバティブ取引等の幅広い商品・取引等を対象として、金融商品販売業者等の顧客に対する説明義務違反について、民法上の不法行為責任の特則（金融商品販売業者等の無過失責任かつ直接責任の損害賠償責任および損害額の推定等）を定めて顧客の民事的救済を図る法律として、平成12年5月に制定され、平成13年4月に施行された。

　もっとも、金融商品販売法の従前の裁判例をみると、金融商品販売法に基づくものは少なく、大半は不法行為責任に基づくものであり、金融商品販売法が制定当初に期待されていた役割を十分に果たせていないのではないかとも考えられるところであった。

　こういった背景もふまえて、金融商品販売法について、証券取引法の金融商品取引法への改組等を含む金融商品取引法制の整備にあたって、「証券取引法等の一部を改正する法律の施行に伴う関係法律の整備等に関する法律」（平成18年6月制定）により、説明義務の拡充等の改正が行われた（平成18年改正）。

　本書は、金融庁総務企画局市場課で、上記改正作業に携わった著者が、金融商品販売法について、上記改正に伴う改正点を織り込んだうえで、逐条的に解説を加えるものである。

　第Ⅰ編では、平成18年改正をふまえて、金融商品販売法の概要について解説を行う。その際、平成18年の金融商品販売法の改正が裁判例の分析を背景としたものであることから、同編第4章で具体的な裁判例をあげて考察を加える。なお、これらの裁判例が平成18年改正と必ずしも直結するものではないことをあらかじめお断り申し上げておく。

　第Ⅱ編では、金融商品販売法について逐条的に解説を行う。

　金融商品販売法のうち、平成18年改正の際に改正が行われていない部分に

ついては、基本的には制定時の考え方が引き継がれているため、この部分に関する解説については、大筋において、当初の法令の企画・立案作業の担当者らによる金融商品販売法の解説書である、岡田則之・高橋康文編、大前恵一朗・鴨井慶太・柴田智樹・滝波泰・牧田宗孝著『逐条解説 金融商品販売法』（金融財政事情研究会）の内容を、これらの方々の同意を得て引き継いでいる。また、金融商品取引法制の整備（金融商品取引法の内容等）に関しては、この企画・立案作業の担当者らによる解説書および論文である、三井秀範・池田唯一監修、松尾直彦編著『一問一答 金融商品取引法』（商事法務）および松尾直彦・酒井敦史著「金融商品取引法制の概要」（「旬刊金融法務事情」1779号）の内容を、これらの方々の同意を得て参照している。なお、本書の記述の内容中、意見にわたる部分は著者の個人的見解である。

　著者が金融商品販売法の改正作業に携わる機会を与えてくださった、金融庁総務企画局市場課の三井秀範課長および本書の監修者でもある同課金融商品取引法令準備室の松尾直彦室長（いずれも当時）、ならびに同作業にあたって真摯なご協力をいただいた内閣法制局第三部の担当参事官に、この場を借りて心から感謝申し上げたい。また、あわせて、本書の執筆にあたって、ご尽力をいただいた社団法人金融財政事情研究会出版部の伊藤洋悟次長にも、この場を借りて厚く御礼を申し上げたい。

　金融商品取引法の改正を含む金融商品取引法制は、平成19年9月30日に全面施行され、すでに実務界においても改正に則した運用が行われているところである。本書が、同改正による新しい金融商品販売法についての各方面の理解の一助となれば幸いである。

　　平成20年4月

　　　　　　　　　　　　　　　　　　　　　　　　　　池　田　和　世

■ 凡　例 ■

本書では、以下の略語を用いている場合がある。

[略語]

金融商品販売法	金融商品の販売等に関する法律
金融商品販売法施行令	金融商品の販売等に関する法律施行令
証券取引法	証券取引法等の一部を改正する法律（平成18年法律第65号）による改正前の証券取引法
平成18年証取法等改正法	証券取引法等の一部を改正する法律（平成18年法律第65号）
平成18年整備等法	証券取引法等の一部を改正する法律の施行に伴う関係法律の整備等に関する法律（平成18年法律第66号）
平成18年改正	証券取引法等の一部を改正する法律の施行に伴う関係法律の整備等に関する法律（平成18年法律第66号）による金融商品商品販売法の改正
金融商品取引法制に関する政令	証券取引法等の一部を改正する法律及び証券取引法等の一部を改正する法律の施行に伴う関係法律の整備等に関する法律の施行に伴う関係政令の整備等に関する政令（平成19年政令第233号）
金融商品取引法制に関する政府令整備	証券取引法等の一部を改正する法律及び証券取引法等の一部を改正する法律の施行に伴う関係法律の整備等に関する法律の施行に伴う政令（証券取引法等の一部を改正する法律及び証券取引法等の一部を改正する法律の施行に伴う関係法律の整備等に関する法律の施行に伴う関係政令の整備等に関する政令（平成19年政令第233号）による）および内閣府令の整備
金融商品取引法制の整備	平成18年証取法等改正法、平成18年整備等法、金融商品取引法制に関する政令等による一連の金融商品取引法制の整備

金融庁考え方	コメントの概要及びコメントに対する金融庁の考え方（平成19年7月31日）
金融審議会第一部会報告	金融審議会金融分科会第一部会報告「投資サービス法（仮称）に向けて」（平成17年12月22日）

［注］
＊平成18年整備等法による改正前の規定に「改正前」を付し、平成18年整備等法による改正後の規定に「改正後」を付している場合がある。
＊特に法律名を記載せずに条文を摘示している場合は、金融商品販売法の条文を指す。

目　次

第Ⅰ編　金融商品販売法の概要
～主として平成18年改正の概要～

第1章　金融商品販売法の概要 … 2

第1節　はじめに … 2
第2節　金融商品販売法の制定の経緯 … 2
第3節　平成18年改正前の金融商品販売法の概要 … 3
　　1　民法上の不法行為責任の特則 … 3
　　2　勧誘の適正の確保 … 6

第2章　平成18年改正の概要 … 7

第1節　平成18年改正の趣旨 … 7
第2節　平成18年改正の経緯 … 7
第3節　平成18年改正における主な改正点 … 9
　　1　裁判例の動向 … 9
　　2　主な改正点 … 9
　　3　その他 … 13
第4節　商品取引所法の民事ルールに係る改正 … 16
　　1　改正の趣旨 … 16
　　2　現行の商品取引所法の民事ルールの内容 … 16
　　3　商品取引所法の改正内容 … 17

第3章　他法との関係 …… 18

第1節　消費者契約法との関係 …… 18
　1　金融商品販売法と消費者契約法との相違点 …… 18
　2　金融商品販売法と消費者契約法との適用関係 …… 20
第2節　業法との関係 …… 22

第4章　裁判例および考察 …… 26

第1節　総　論 …… 26
第2節　各　論 …… 28
　1　取引の仕組み（3条1項1号〜6号各ハ） …… 28
　2　顧客の適合性に照らした説明（3条2項） …… 39

第Ⅱ編　逐条解説

第5章　第1条（目　的） …… 46

　1　概　要 …… 46
　2　具体的内容 …… 46

第6章　第2条（定　義） …… 49

　1　第1項 …… 49
　2　第2項 …… 102
　3　第3項 …… 106
　4　第4項 …… 112

第7章　第3条（金融商品販売業者等の説明義務） …… 114

　1　第1項 …… 116

2	第 2 項	125
3	第 3 項	131
4	第 4 項	136
5	第 5 項	140
6	第 6 項	144
7	第 7 項	147

第8章　第4条（金融商品販売業者等の断定的判断の提供等の禁止） …… 164

1　概　　要 …… 164
2　具体的内容 …… 165

第9章　第5条（金融商品販売業者等の損害賠償責任） … 168

1　概　　要 …… 168
2　具体的内容 …… 168

第10章　第6条（損害の額の推定） …… 172

1　第 1 項 …… 172
2　第 2 項 …… 173

第11章　第7条（民法の適用） …… 176

1　概　　要 …… 176
2　具体的内容 …… 176

第12章　第8条（勧誘の適正の確保） …… 179

1　概　　要 …… 179
2　具体的内容 …… 179

第13章　第9条（勧誘方針の策定等） …… 180
1　第1項 …… 180
2　第2項 …… 186
3　第3項 …… 189

第14章　第10条（過　料） …… 193
1　概　　要 …… 193
2　具体的内容 …… 193

第15章　平成18年改正に伴う経過措置 …… 196
1　平成18年整備等法 …… 196
2　その他の経過措置 …… 197

第Ⅲ編　資　料

1　金融商品の販売等に関する法律（平成12年法律第101号）…… 202
2　金融商品の販売等に関する法律施行令（平成12年政令第484号） …… 212
3　金融商品の販売等に関する法律（平成12年法律第101号）【新旧対照表】 …… 219
4　金融商品の販売等に関する法律施行令（平成12年政令第484号）【新旧対照表】 …… 230
5　「投資サービス法（仮称）」に向けて（金融審議会金融分科会第一部会報告）（平成17年12月22日） …… 237

■ 事項索引 …… 275

第Ⅰ編

金融商品販売法の概要
~主として平成18年改正の概要~

第1章
金融商品販売法の概要

第1節 はじめに

　金融商品の販売等に関する法律（金融商品販売法）は、幅広い金融商品・取引を対象に、金融商品販売業者等の顧客に対する説明義務違反について損害賠償責任および損害額の推定規定（立証責任の転換）等を設けることにより顧客の民事的救済に資する法律として、平成12年5月23日、第147回国会（通常国会）において成立し、同月31日に公布され、平成13年4月1日から施行された。

　また、金融商品販売法は、幅広い金融商品・取引についての投資者保護のための横断的な法制として、平成18年6月7日第164回国会（通常国会）で成立し、同月14日に公布された「証券取引法等の一部を改正する法律」（平成18年法律第65号。平成18年証取法等改正法）によって、証券取引法が金融商品取引法に改組されたことに伴い、平成18年証取法等改正法とともに成立・公布された「証券取引法等の一部を改正する法律の施行に伴う関係法律の整備等に関する法律」（平成18年法律第66号。平成18年整備等法）によって大幅に改正された（平成18年改正。なお、平成18年証取法等改正法および平成18年整備等法は、平成19年9月30日に施行された）。

第2節 金融商品販売法の制定の経緯

　わが国では、1990年代後半以降、いわゆる「日本版ビッグバン」として、フリー、フェア、グローバルを基本理念として、金融システム改革に取り組んだ。

　金融システム改革を提言した当時の証券取引審議会報告書（平成9年6月

13日）や金融制度調査会答申（同日）においては、すべての市場参加者に横断的なルールを適用する新たな立法（いわゆる金融サービス法）等も視野に入れた検討が行われるべきである等とされていた。これを受けて、平成10年6月17日に「新しい金融の流れに関する懇談会」論点整理が取りまとめられ、その後さらに、金融審議会第一部会において、21世紀を展望した金融サービスのあり方と新しい金融のルールの枠組みについて検討が進められた。こうした検討を経て、平成12年6月27日に金融審議会答申「21世紀を支える金融の新しい枠組みについて」が取りまとめられ、利用者保護とイノベーションの促進を図るため、機能別・横断的なルールとして「日本版金融サービス法」の必要性が提言された。

　こうした検討の過程で、金融審議会第一部会が平成11年12月21日に取りまとめた「中間整理（第二次）」では、販売業者の説明義務の明確化を中心とした金融商品の販売・勧誘ルールの整備を行うことについて提言がなされ、これを受けて、平成12年5月の金融商品販売法の制定が行われた。かかる法整備は「日本版金融サービス法」の第一歩として位置づけられている（平成12年6月金融審議会答申）。

第3節　平成18年改正前の金融商品販売法の概要

1　民法上の不法行為責任の特則

1　概　　要

　金融商品販売法では、預貯金・信託・保険・有価証券・有価証券デリバティブ取引等の幅広い商品・取引等を対象として、以下のとおり、民法上の不法行為責任（民法709、715条）の特則が設けられた。

① 　金融商品販売業者等（改正前2条3項。なお、改正後も同じ）が顧客（改正前2条4項。なお、改正後も同じ）に対して金融商品の販売が行われるまでの間に説明義務を負うことを明示する（改正前3条1項。なお、改

正後も同じ）とともに、当該説明義務の対象事項（「重要事項」）を類型化して明示した（改正前3条1項1号～4号。なお、改正後3条1項1号～7号）。

② 金融商品販売業者等がこの説明義務の違反について、顧客に対して無過失責任かつ直接責任である損害賠償責任を負うとした（改正前4条。なお、改正後5条）。

③ 金融商品販売業者等のこの損害賠償責任を損害額の推定規定の対象とし、元本欠損額を損害の額と推定するとした（改正前5条。なお、改正後6条）。

2 具体的内容

金融商品販売法は、具体的には、以下の点で民法上の不法行為責任の特則となっている（図表1、2）。

(1) 民法709条の特則

民法709条は、「故意又は過失によって他人の権利又は法律上保護される利益を侵害した者は、これによって生じた損害を賠償する責任を負う」と規定している。同条による損害賠償責任の追及にあたっては、①権利侵害（違法性）、②相手方の故意・過失、③権利侵害（違法性）と損害との間の因果関係、④損害額の主張・立証が必要となる。

これに対して、金融商品販売法による損害賠償責任（改正前4条。なお、改正後5条）の追及にあたっては、相手方の故意・過失（②）の主張・立証が不要であり（業者の無過失責任）、権利侵害（違法性）と損害との間の因果関係（③）および損害額（④）についても推定されるため、顧客側ではなく業者側が立証責任を負う（立証責任の転換）。

一方、金融商品販売法においても、権利侵害（違法性）の立証責任は業者側に転換されていないが、顧客側の主張・立証責任の対象は「説明義務違反」に特定されている。

図表1　民法上の損害賠償責任（不法行為）（709条、715条）

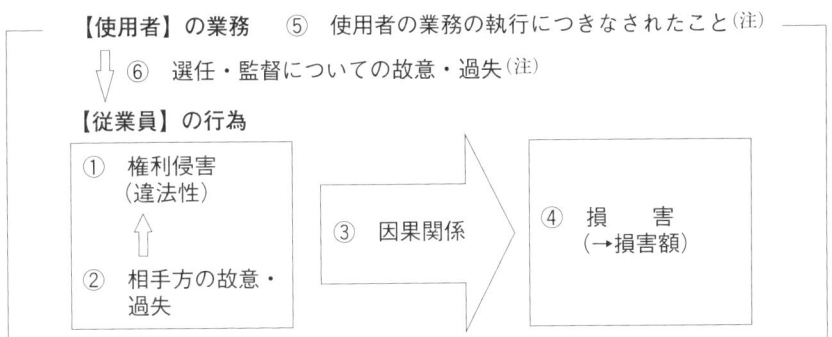

（注）　従業員の行為について使用者に損害賠償責任を追及する場合を想定している。当該従業員自体に対して損害賠償責任を追及する場合には、⑤および⑥の要件は不要。

図表2　民法上の損害賠償責任（不法行為）と金融商品販売法上の損害賠償責任の比較

	民　法	金融商品販売法（注2）
①権利侵害 （違法性）	原告による主張・立証必要。	原告（顧客）は、権利侵害（違法性）ではなく、 ・説明義務（3条）違反 ・<u>断定的判断の提供等の禁止（4条）違反</u> の主張・立証を行う。
②相手方の故意・過失	原告による主張・立証必要。	主張・立証不要（無過失責任）。
③権利侵害（違法性）と損害との間の因果関係	原告による主張・立証必要。	推定される（6条）ため、原告による立証不要。ただし、被告は、因果関係が存在しないことの立証可。
④損害額	原告による主張・立証必要。	元本欠損額と推定される（6条）。ただし、被告は、損害額が元本欠損額より低い額であることの立証可。
⑤使用者の業務の執行につき行われたこと（注1）	原告による主張・立証必要。	主張・立証不要（直接責任）。
⑥選任・監督についての故意・過失（注1）	被告（使用者）が主張・立証に成功すれば、被告は損害賠償責任を負わない。	被告（使用者）がこれを主張・立証して損害賠償責任を免れることはできない。

（注1）　従業員の行為について使用者に損害賠償責任を追及する場合を想定している。当該従業員自体に対して損害賠償責任を追及する場合には、⑤および⑥の要件は不要。
（注2）　平成18年改正後の金融商品販売法を前提とした。なお、平成18年改正により追加されたものに下線を付した。

(2) 民法715条1項の特則

　民法715条1項（使用者責任）は、本文で「ある事業のために他人を使用する者は、被用者がその事業の執行について第三者に加えた損害を賠償する責任を負う」としているが、この責任については、同項ただし書で「使用者が被用者の選任及びその事業の監督について相当の注意をしたとき、又は相当の注意をしても損害が生ずべきであったときは、この限りでない」とされ、使用者による反証が認められている。使用者は、この被用者の選任・監督に過失がなかったこと等の反証に成功すれば、損害賠償責任を負わない。

　これに対して、金融商品販売法による損害賠償責任（改正前4条。なお、改正後5条）については、業者側がこのような反証を行うことは認められず、顧客は業者の直接の責任を追及することが可能となっている。

【参考】
○民法709条、715条1項
　（不法行為による損害賠償）
　第709条　故意又は過失によって他人の権利又は法律上保護される利益を侵害した者は、これによって生じた損害を賠償する責任を負う。

　（使用者等の責任）
　第715条　ある事業のために他人を使用する者は、被用者がその事業の執行について第三者に加えた損害を賠償する責任を負う。ただし、使用者が被用者の選任及びその事業の監督について相当の注意をしたとき、又は相当の注意をしても損害が生ずべきであったときは、この限りでない。

2　勧誘の適正の確保

　業者に対し「勧誘の適正の確保に関する事項」を定めた金融商品の販売に係る勧誘方針を定め、かつ、当該勧誘方針をあらかじめ公表することを求める規定が設けられる（改正前8条。なお、改正後9条）とともに、これに違反した場合には過料の対象となる（改正前9条。なお、改正後10条）。

第 2 章
平成18年改正の概要

第1節　平成18年改正の趣旨

　金融商品販売法は、制定当時、民法上の不法行為責任規定の特則を設けることにより、業者の説明義務違反により損害を被った顧客の民事救済に資することが想定されていた。

　ところが、従前の裁判例で金融商品の販売等について業者の損害賠償責任が認められた事例をみると、金融商品販売法に基づくものは少なく、大半は民法上の不法行為責任（民法709条、715条）に基づくものであった。

　そこで、平成18年改正では、金融商品販売法を顧客にとってより使いやすいものとすることにより、顧客保護をいっそう図る観点から、金融商品販売業者等の顧客に対する民事上の義務が拡充された。

第2節　平成18年改正の経緯

　金融審議会金融分科会第一部会（部会長（当時）：神田秀樹東京大学大学院法学政治学研究科教授）においては、平成12年6月27日の金融審議会答申「21世紀を支える金融の新しい枠組みについて」（第1章第2節参照）において示された、利用者保護とイノベーションの促進を図るための機能別・横断的なルールとして「日本版金融サービス法」が必要であるとの理念を受け継ぎつつ、具体的な制度問題に関する審議が進められてきた。

　そうしたなか、平成15年12月24日の同部会報告「市場機能を中核とする金融システムに向けて」において、
・これまで投資家保護策の講じられていない投資サービスや、新たに登場するであろう投資サービスにつき、証券取引法を中心とした有効な投資家保

護のあり方について検討すること、
・証券取引法の投資サービス法への改組の可能性も含めたより幅広い投資家保護の枠組みについて、中期的課題として検討を継続していくこと、
等の考え方が示された。

　この提言をふまえ、金融審議会第一部会は、平成16年9月から、投資サービスにおける投資家保護のあり方について議論を本格化し、合計14回の会合を経て、平成17年7月7日に、投資サービス法（仮称）の基本的考え方等を示した「中間整理」をまとめた。

　平成17年9月中に、「中間整理」について広く意見募集を行い、消費者問題関係者、金融関係団体や弁護士会等から、100を超える意見書が寄せられた。金融審議会第一部会では同年10月5日に審議を再開し、これらの意見を参考としつつ、投資サービス法の法制化に向けて主要論点等に関する検討が行われた（会合は引き続き公開で行われ、審議の透明性確保に留意がなされた）。

　金融審議会第一部会は、3カ月弱の間における合計9回の会合を経て、同年12月22日に、「投資サービス法（仮称）に向けて」と題する報告を取りまとめた。この報告では、「民事責任規定」に関して、金融商品販売法は損害賠償責任の法定や損害額の推定により、業者などの説明義務違反により損害を被った顧客の民事救済に資することが想定されていたが、裁判実務においてあまり利用されていないとの指摘があることを指摘し、

・金融商品について民法上の不法行為責任を認めた裁判例では、「取引の仕組み」自体の説明義務について指摘されていることをふまえ、金融商品販売法の内容を見直し、その説明義務の対象に「取引の仕組み」を追加するなどの拡充を図り、同法を顧客にとってより使いやすいものとする方向で検討を進めることが適当と考えられること、
・また、元本を超える損失のおそれがある場合について配意すべきであるとの意見もふまえて、検討を進めることが望ましいと考えられること、
が提言されている。

　金融審議会第一部会報告等をふまえ、金融庁において、「証券取引法等の

一部を改正する法律案」および「証券取引法等の一部を改正する法律の施行に伴う関係法律の整備等に関する法律案」の2本の法案の立案作業が鋭意進められ、両法案については、平成18年3月10日閣議決定され、3月13日に国会に提出された。

第3節　平成18年改正における主な改正点

1　裁判例の動向

従前の裁判例をみると、業者の顧客に対する民法上の不法行為責任が認められた裁判例について、以下のように整理することができる。

① たとえば、ワラント、オプションや外国為替証拠金取引等のリスクのある「取引の仕組み」について顧客に説明していないという、業者の説明義務違反を認めた裁判例が多くみられる。

② 業者の説明義務違反の認定にあたって、顧客の適合性（知識、経験、財産状況や投資意向等）を考慮する裁判例が多くみられる。

③ 業者の顧客への断定的判断の提供等を理由として責任を認めた裁判例が一部みられる。

2　主な改正点

前述の裁判例の動向等をふまえて、平成18年改正では、主に以下の改正が行われた（図表3）。

1　説明義務の拡充

(1) 説明義務の対象事項の追加

① 従前は説明義務の対象とはされていなかった「金融商品の販売に係る取引の仕組みのうちの重要な部分」について、新たに説明義務の対象と

図表3　金融商品の販売等に関する法律の改正（18年改正）について

(1) 説明義務の拡充

① 説明すべき事項の追加

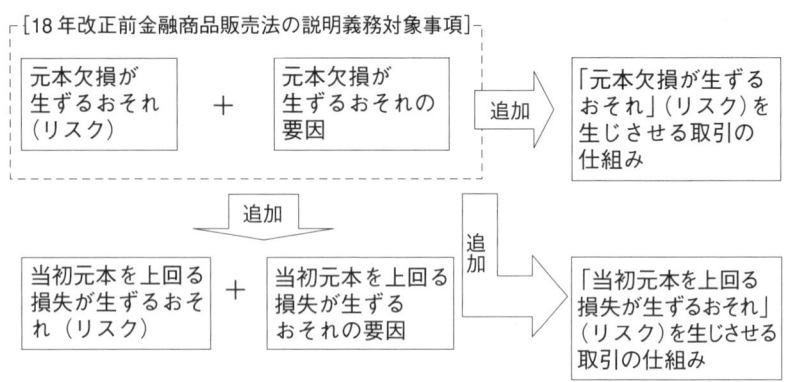

② 説明義務が尽くされたかの解釈基準として適合性原則の考え方を導入

①の説明義務対象事項（リスクを生じさせる取引の仕組み等）を「説明」したといえるためには、顧客の知識、経験、財産の状況および契約締結の目的に照らして顧客に理解されるために必要な方法および程度によって重要事実を伝える必要がある。

(2) 断定的判断の提供等の禁止の追加

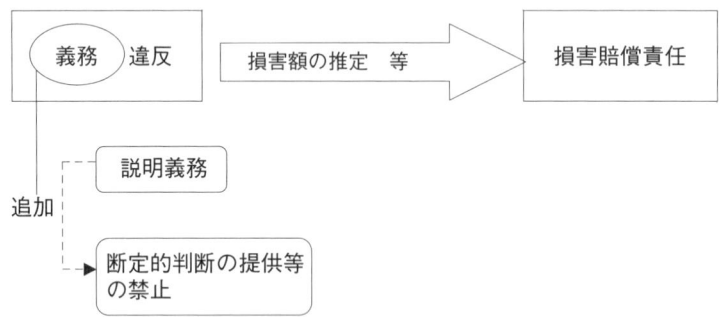

された（3条1項1号～6号各ハ）。

　なお、「金融商品の販売に係る取引の仕組みのうちの重要な部分」は、「元本欠損が生ずるおそれ」や「当初元本を上回る損失が生ずるおそれ」を生じさせるものとされている（3条1項1号～6号各ハ）。また、この「金融商品の販売に係る取引の仕組み」は、「金融商品の販売」の類型に応じて定義されている（3条5項）。

② 　従前は「元本欠損が生ずるおそれ」に含まれていた「当初元本を上回る損失が生ずるおそれ」について、新たに、「元本欠損が生ずるおそれ」（3条1項1号・3号・5号）と区別して、その「旨」、その直接の原因となる「指標」（市場リスク）や「者」（信用リスク）等および「当初元本を上回る損失が生ずるおそれ」を生じさせる「金融商品の販売に係る取引の仕組みのうちの重要な部分」が説明義務の対象とされた（3条1項2号・4号・6号、3条4項）。

(2)　適合性原則に照らした説明の義務づけ

　業者が説明義務を尽くしたかどうかの解釈基準として適合性原則の考え方を取り込み、説明は、顧客の知識、経験、財産の状況および契約締結の目的に照らして、当該顧客に理解されるために必要な方法および程度によるものでなければならないとされた（3条2項）。

(3)　説明義務の適用除外

　顧客が、「特定顧客」、すなわち、「金融商品の販売等に関する専門的知識及び経験を有する者として政令で定める者」である場合には、いわゆる「プロ対プロ」の対等な当事者間の取引として、金融商品販売業者等は、顧客に対して説明義務を負わないとされている（改正前3条4項1号、改正後3条7項1号）。この点については平成18年改正前後とも変更はない。

　一方、この「特定顧客」の内容については、平成18年証取法等改正法および平成18年整備等法の施行に伴う政令整備において、変更された。

　具体的には、平成18年改正前は、「特定顧客」は、金融商品販売法施行令により、「金融商品販売業者等」のみとされていた（改正前8条）。これに対

して、金融商品取引法制の整備においては、金融商品取引法等の業法に基づく業者の行為規制の適用にあたって、顧客を「特定投資家」(いわゆるプロ、金融商品取引法2条31項) と「一般投資家」(いわゆるアマ) に区分し、この区分に応じた行為規制の適用を行うこと (特定投資家については金融商品取引業者等の行為規制の一部の適用が除外される等) により、規制の柔軟化 (柔構造化) が図られた。この趣旨は、金融商品販売法が「特定顧客」に対する説明を不要とした趣旨と共通するものであることから、前述の政令整備において金融商品販売法施行令が改正され、「特定顧客」に、新たに金融商品取引法等における特定投資家が追加された (10条)。

2 断定的判断の提供等の禁止の新設

新たに断定的判断の提供等を禁止する規定が設けられ (金融商品販売法4条)、説明義務違反と同様、金融商品販売業者等にその違反があった場合に損害賠償責任 (5条) を課すとともに、この損害賠償責任が損害額の推定規定 (6条1項) の対象とされた。

3 対象商品・取引等の範囲の拡大

金融商品取引法において、従来の証券取引法よりも対象商品・取引等の範囲が拡大されたこと (有価証券およびデリバティブ取引) に伴い、金融商品販売法の対象商品・取引等の範囲も拡大された (2条1項)。

また、金融商品販売法では、平成18年改正後においても、平成18年改正前と同様、対象となる「金融商品の販売」について、個別に列挙したうえで、これらに類する新しい商品等が出てきた場合、政令で定めることにより追加することが可能となっている (2条1項11号)。金融商品取引法制に関する政府令整備において、金融商品販売法施行令が改正され、海外商品先物取引、海外商品市場オプション取引等の海外商品市場デリバティブ取引が「金融商品の販売」に指定された (金融商品販売法施行令5条3号)。

3 その他

1 適合性原則に民事効を付与することの妥当性

(1) 総　論

　適合性原則は、利用者保護のための販売・勧誘に関するルールの柱となるべき原則であり、金融商品取引法においてもそのように位置づけられている（金融商品取引法40条1号）（注1）。

　また、適合性原則については、最高裁判決（平成17年7月14日。民集59巻6号1323頁、金融法務事情1762号41頁）においても、その意義が認められており、証券会社の従業員が顧客に日経平均株価オプションの売り取引を勧誘してこれを行わせた行為について、「証券会社の担当者が、顧客の意向と実情に反して、明らかに過大な危険を伴う取引を積極的に勧誘するなど、適合性の原則から著しく逸脱した証券取引の勧誘をしてこれを行わせたときは、当該行為は不法行為法上も違法となると解するのが相当である」「顧客の適合性を判断するに当たっては、（中略）顧客の投資経験、証券取引の知識、投資意向、財産状態等といった諸要素を総合的に考慮する必要があるというべきである」とされている。これは、金融商品取引法上の適合性原則の本質である「狭義の適合性原則」（ある特定の利用者に対してはいかに説明を尽くしても一定の商品の販売・勧誘を行ってはならないとのルール）を取り扱ったものと考えられる。

　わが国の法制においては、行政法規違反の民事効は一般的に認められてはおらず、民法上の一般的な不法行為責任とは別に、個別・具体的な行政規制への違反について損害賠償責任等の民事効を一般的に付与するには、少なくともその要件について相当程度明確化することが必要不可欠と考えられる。

　これに対し、適合性原則は、個々の事例における顧客の属性を考慮するというものであり、その違反自体について立法により一律に損害賠償責任等の民事効を付与するには、要件の明確化等の観点から困難を伴う。

　また、前述の最高裁判決においても、民事効が認められるのは「適合性の

原則から著しく逸脱した」場合に限定されていることに留意する必要がある。

このようなことから、少なくとも現段階では、適合性原則違反自体に直接的に民事効を付与することは容易ではないと考えられる。

(2) 平成18年改正との関係

金融商品取引法においては、説明義務について、業者の顧客に対する重要事項の情報提供義務であるとされる一方、適合性原則について、業者の特定の顧客に対する当該顧客の属性を勘案した禁止行為であるとされており（金融審議会第一部会「中間整理（第一次）」（平成11年7月6日））、一般に説明義務と適合性原則を区別して整理している。

これに対して、裁判例をみると、業者の説明義務違反の認定にあたって、顧客の適合性（知識、経験、財産状況や投資意向等）を考慮するものが多くみられ、説明義務と適合性原則を組み合わせて判断されている。これらは、「広義の適合性原則」（業者が利用者の知識・経験・財産等に適合した形で販売・勧誘を行わなければならないとのルール）を取り扱ったものと考えられる。

また、現実の金融商品の販売等の場面において適合性原則（狭義）が遵守され、また、適合性原則（広義）の考え方のもと、業者が説明を行う際に、顧客の属性等を勘案したものとなっていることは、顧客保護の観点からきわめて重要である。

このような観点から、平成18年改正では、最高裁判例等の趣旨をふまえ、金融商品販売法上の説明義務について、「説明は、顧客の知識、経験、財産の状況及び当該金融商品の販売に係る契約を締結する目的に照らして、当該顧客に理解されるために必要な方法及び程度によるものでなければならない」（3条2項）と規定し、説明義務を尽くしたかどうかを判断するにあたっての解釈基準として、適合性原則（広義）の考え方が取り入れられた。

したがって、平成18年改正により、金融商品販売業者等は、顧客に対して適合性原則（広義）に照らして適切な説明を行っていない場合には、損害賠償責任を負うものと考えられる。

顧客の属性等に即した適切な情報提供（説明）がなされるべきことは、適

合性原則（広義）の中核をなすともいえることから、説明義務違反を介して民事効を認める平成18年改正により、事実上、適合性原則違反に民事効が認められたものとも考えられる。

(注1)　金融商品取引業者等は、業務の運営の状況が、「金融商品取引行為について、顧客の知識、経験、財産の状況及び金融商品取引契約を締結する目的に照らして不適当と認められる勧誘を行つて投資者の保護に欠けることとなつており、又は欠けることとなるおそれがあること」に該当することのないように、その業務を行わなければならない旨が規定されている。

2　不招請勧誘の禁止に民事効を付すことの妥当性

不招請勧誘については、金融商品取引法において、利用者保護ルールを徹底する観点から、その禁止（勧誘の要請をしていない顧客に対して訪問または電話をかけて勧誘することの禁止）について、一般的な枠組みが整備されている（同法38条3号）(注2)。

一方、わが国の法制においては、行政法規違反の民事効は一般的に認められておらず（第3節3 1(1)参照）、民法上の一般的な不法行為責任とは別に、個別・具体的な行政規制への違反について損害賠償責任等の民事効を一般的に付与するには、少なくとも判例または裁判例の集積等により、当該行為による損害発生等の蓋然性の高さが裏付けられていることが必要となると考えられる。

現段階では、不招請勧誘の禁止に一般的に民事効を付与するに足るだけの判例・裁判例等の集積等がみられないと考えられる。

従前より、金融商品販売法では、不招請勧誘については、販売勧誘方針の策定・公表を通じて、その抑制が図られるとされてきた。改正後もこの点は同様である（9条1項・2項2号・3項）。

(注2)　不招請勧誘の禁止の対象取引については、政令で「契約の内容その他の事情を勘案し、投資者の保護を図ることが特に必要なもの」を定めることとされ（金融商品取引法38条3号）、具体的には、店頭金融先物取引（いわゆる外国為替証拠金取引等）が定められている（金融商品取引法施行令16条の4第1項）。

第4節　商品取引所法の民事ルールに係る改正

1　改正の趣旨

　商品先物取引については、平成18年改正の前後とも、金融商品販売法の適用対象に含まれていない（金融商品販売法2条1項、金融商品販売法施行令4条、5条）。一方、従前から、商品取引所法において商品取引員の説明義務およびこれに違反した場合の民事上の損害賠償責任に関する規定（商品取引所法218条1項・2項）が独自に設けられていた。しかしながら、商品取引所法における当該民事ルールについては、損害額の推定に関する規定がない等、金融商品販売法と同等の顧客保護が図られていない点が存在していた。

　金融商品取引法制の整備においては、利用者保護のための横断的な法制を整備する観点から、商品先物取引について、業法上の行為規制の横断化（注3）とともに、民事ルールの横断化も図られた。

（注3）　具体的には、業法上の行為規制の横断化として、広告等の規制（商品取引所法213条の2）、取引証拠金等の受領に係る書面の交付義務（同法220条の2）および虚偽告知の禁止（同法214条2号）を新たに追加するとともに、断定的判断の提供等の禁止（同法214条1号）、損失補てん等の禁止（同法214条の2）および適合性の原則（同法215条）の内容について、金融商品取引法の規定と整合性のあるものに改正された。

2　現行の商品取引所法の民事ルールの内容

　平成18年証取法等改正法による改正前の商品取引所法においては、民事ルールとして、取引の仕組み（商品取引所法217条1項1号）および当初元本を上回る損失が生ずるおそれ（同項2号）についての業者（商品取引員）の説明義務ならびにこれに違反した場合の無過失責任かつ直接責任である損害賠償責任（同法218条1項・2項）が規定されていた。

3 商品取引所法の改正内容

平成18年証取法等改正法により、以下のとおり商品取引所法が改正され、顧客保護について金融商品販売法との同等性が確保された。

① 商品取引員が顧客に対する説明義務を履行したかどうかの解釈基準として、適合性原則の考え方を取り込み、説明は、顧客の知識、経験、財産の状況および当該受託契約を締結しようとする目的に照らして、当該顧客に理解されるために必要な方法および程度によるものでなければならないとされた（商品取引所法218条2項）。

② 断定的判断の提供等の禁止違反についても、無過失責任かつ直接責任である損害賠償責任が定められた（商品取引所法218条3項、214条1号）。

③ 金融商品販売法の損害額の推定に係る規定等、具体的には、金融商品販売法6条（損害の額の推定）、7条（民法の適用）、8条（勧誘の適正の確保）および9条（勧誘方針の策定等）が準用された（商品取引所法220条の3）。

第 3 章 他法との関係

第1節 消費者契約法との関係

1 金融商品販売法と消費者契約法との相違点

　消費者契約法は、金融商品販売法と同様、平成13年4月1日から施行された（注1）。

　同法は、詐欺・強迫について、民法における要件を緩和するとともに、民法において抽象的に規定されている要件を具体化・客観化しており、民法における詐欺・強迫の規定の特則が設けられている。このような要件緩和が図られているのは、民法の一般原則と比較して、消費者が、不当な勧誘等による契約関係から離脱することを容易にすることにより、消費者の利益の保護を図ることにあり、この点で、顧客の保護を目的とする金融商品販売法と共通している。

　もっとも、消費者契約法は、広く消費者契約全般にわたって、事業者と消費者の情報や交渉力の格差があることに基づいて消費者を保護するものであるところ、消費者契約法においては、このような格差の原因は「事業」ととらえられている。このことから、消費者契約法では、事業者と消費者（個人）を区別して、消費者（個人）の利益を守るためのルールが整備されている。

　一方、金融商品販売法においては、金融商品がその内容が抽象的で一般人には理解が困難な場合もあるという特質をもつことにかんがみて、金融商品を購入する顧客一般、具体的には、個人と一般事業者の保護が図られている。

　その他、金融商品販売法と消費者契約法は、金融商品販売法により顧客が主張できるのは業者の損害賠償責任であるのに対して、消費者契約法により消費者が主張できるのは契約の取消し等であるといった点でも異なる。

具体的な相違点は、図表 4 のとおりである。

(注 1) 消費者契約法については、平成18年 5 月31日第164回国会（通常国会）で「消費者契約法の一部を改正する法律」が成立し、同年 6 月 7 日に公布され、平成19年 6 月 7 日に施行された。この法律では、内閣総理大臣の認定を受けた適格消費者団体に不特定多数の消費者の利益を擁護するために消費者契約法に違反する事業者の不当な行為に対して差止請求権を行使することを認める等の改正が行われている（消費者契約法の一部を改正する法律案資料「概要」参照）が、本文で指摘した点については、この法律による改正後においても変更はない。

図表 4 消費者契約法との関係

	金融商品販売法	消費者契約法 （意思表示の取消関係のみ（注））
①民法との関係	不法行為責任（民法709条、715条）の特則	意思表示の瑕疵（詐欺・強迫（民法96条）等）の特則
②適用対象の契約	金融商品の販売等に係る契約	事業者と消費者との契約（金融商品の販売に係る契約を含む）
③保護の対象	顧客（個人・法人を問わない。なお、金融商品販売業者等または特定投資家（金融商品取引法 2 条31項）を除く）	消費者（事業者ではない個人）
④責任の対象	金融商品販売業者等	事業者
⑤要件（概要）	ⅰ 説明義務（金融商品販売法 3 条 1 項）に違反した場合 ⅱ 断定的判断の提供等の禁止（金融商品販売法 4 条）に違反した場合	ⅰ 重要事項について事実と異なることを告げたことにより、消費者が告げられた内容が事実であると誤認し、契約の申込み等の意思表示をした場合（消費者契約法 4 条 1 項 1 号） ⅱ 不確実な事項について断定的判断を提供したことにより、消費者が提供された断定的判断の内容が確実であると誤認し、契約の申込み等の意思表示をした場合（消費者契約法 4 条 1 項 2 号） ⅲ 利益となる旨を告げ、かつ、不利益な事実を故意に告げなかったことにより、消費者が当該事実が存在しないと誤認し、契約の申込み等の意思表示をした場合（消費者契約法 4 条 2 項）

			ⅳ 不退去または消費者を退去させなかったことにより、消費者が困惑し、契約の申込み等の意思表示をした場合（消費者契約法4条3項1号・2号）
⑥効　　果		金融商品販売業者等の損害賠償責任（金融商品販売法5条）	意思表示の取消し（消費者契約法4条）
⑦主張・立証責任（民法との関係）		・権利侵害（違法性）（民法709条） ⇒「⑤要件（概要）」欄の事実を主張・立証すればよい。 ・故意・過失（民法709条） ⇒主張・立証不要 ・違法行為と損害との因果関係、損害額（民法709条） ⇒推定されるため、立証不要 ・使用者責任（民法715条） ⇒金融商品販売業者等の直接責任	詐欺・強迫（民法96条）等ではなく、「⑤要件（概要）」欄の事実を主張・立証すればよい。
⑧時　　効		損害および加害者を知った時から3年、不法行為の時から20年（民法724条）	追認できる時から6カ月、契約の締結の時から5年（消費者契約法7条1項）

（注）　消費者契約法では、契約条項の無効についても規定されている。

2　金融商品販売法と消費者契約法との適用関係

　前述（1）のとおり、金融商品販売法が、金融商品の内容が一般人には理解困難であることにかんがみて金融商品を購入する顧客の保護を図ったものであるのに対して、消費者契約法は、事業者と消費者を区別して消費者を保護するものであって、その趣旨には異なる面もあり、この2つの法律は互いに他法の適用を排除するものではないと考えられる。加えて、金融商品販売法による請求と消費者契約法による請求とでは、要件・効果が異なっており、顧客ないし消費者保護のためには、要件を満たす限りいずれによる請求についても行うことができることが適当である。このことから、金融商品販売法

と消費者契約法は、重ねて適用されうると考えられる。

　なお、上述のとおり、金融商品販売法と消費者契約法は、顧客ないし消費者保護という面では目的を共通とするものの、その趣旨には異なる面もあり、両法が重ねて適用される場合であっても、それぞれの法律の要件の具体的内容は、それぞれの法律の趣旨に基づいて判断されるものと考えられる。

【参考】
○消費者契約法4条1項～4項
　（消費者契約の申込み又はその承諾の意思表示の取消し）
　第4条　消費者は、事業者が消費者契約の締結について勧誘をするに際し、当該消費者に対して次の各号に掲げる行為をしたことにより当該各号に定める誤認をし、それによって当該消費者契約の申込み又はその承諾の意思表示をしたときは、これを取り消すことができる。
　　一　重要事項について事実と異なることを告げること。　当該告げられた内容が事実であるとの誤認
　　二　物品、権利、役務その他の当該消費者契約の目的となるものに関し、将来におけるその価額、将来において当該消費者が受け取るべき金額その他の将来における変動が不確実な事項につき断定的判断を提供すること。　当該提供された断定的判断の内容が確実であるとの誤認
　2　消費者は、事業者が消費者契約の締結について勧誘をするに際し、当該消費者に対してある重要事項又は当該重要事項に関連する事項について当該消費者の利益となる旨を告げ、かつ、当該重要事項について当該消費者の不利益となる事実（当該告知により当該事実が存在しないと消費者が通常考えるべきものに限る。）を故意に告げなかったことにより、当該事実が存在しないとの誤認をし、それによって当該消費者契約の申込み又はその承諾の意思表示をしたときは、これを取り消すことができる。ただし、当該事業者が当該消費者に対し当該事実を告げようとしたにもかかわらず、当該消費者がこれを拒んだときは、この限りでない。
　3　消費者は、事業者が消費者契約の締結について勧誘をするに際し、当該消費者に対して次に掲げる行為をしたことにより困惑し、それによって当該消費者契約の申込み又はその承諾の意思表示をしたときは、これを取り消すことができる。
　　一　当該事業者に対し、当該消費者が、その住居又はその業務を行っている場所から退去すべき旨の意思を示したにもかかわらず、それらの場所から退去しないこと。
　　二　当該事業者が当該消費者契約の締結について勧誘をしている場所から当該消費者が退去する旨の意思を示したにもかかわらず、その場所から当該消費

者を退去させないこと。
4 第1項第1号及び第2項の「重要事項」とは、消費者契約に係る次に掲げる事項であって消費者の当該消費者契約を締結するか否かについての判断に通常影響を及ぼすべきものをいう。
　一 物品、権利、役務その他の当該消費者契約の目的となるものの質、用途その他の内容
　二 物品、権利、役務その他の当該消費者契約の目的となるものの対価その他の取引条件

○民法96条
　（詐欺又は強迫）
　第96条　詐欺又は強迫による意思表示は、取り消すことができる。
　2　相手方に対する意思表示について第三者が詐欺を行った場合においては、相手方がその事実を知っていたときに限り、その意思表示を取り消すことができる。
　3　前2項の規定による詐欺による意思表示の取消しは、善意の第三者に対抗することができない。

第2節　業法との関係

　金融商品販売法では、説明義務（3条1項）、断定的判断の提供等の禁止（4条）、適合性原則に配慮した勧誘方針の策定義務（9条）などの規定が置かれているところ、業法においても説明義務（注2）、断定的判断の提供等の禁止（注3）、適合性の原則（注4）等が規定されている。
　本法律による説明義務（3条1項）や断定的判断の提供等の禁止（4条）は、いずれも業者が違反すれば損害賠償責任を負うという民事上の効果が生じるものであるのに対して、業法上の説明義務や断定的判断の提供等の禁止は、違反すれば、行政処分の対象となりうるものであり、それぞれの効果等において異なるものである。
　一方、適合性原則に配慮した勧誘方針の策定義務（9条）は、違反すれば罰則（過料）が課されるものであり、上記の説明義務（3条1項）や断定的判断の提供等の禁止（4条）と比較して、業法上の義務に近いものといえる。
　しかしながら、適合性原則に配慮した勧誘方針の策定義務（9条）は、業

法上の適合性原則とは、その性質・内容が異なるものである。

　具体的には、業法上の適合性原則は、以下の性質・内容を有する。

① 免許・許可等を受けた業者のみを対象としている。

② それらの業者の行為規制を行うことを目的としている。

③ 対外的な公表を前提としているものではない。

④ 勧誘のみならず業務全般について幅広く対象とする。

　これに対して、本法律による勧誘方針は、以下の性質・内容を有する。

① 免許・認可等を受けた業者のみを対象とするものではない。

② それらの業者の行為規制を行うものではない（勧誘方針の策定を求めるものである）。

③ 対外的な公表が義務づけられている。

④ 勧誘のみが対象とされている。

(注2)　たとえば、金融商品取引法における説明義務については、契約締結前交付書面の交付義務（37条の3）およびいわゆる実質的説明義務（38条6号、金融商品取引業等に関する内閣府令117条1項1号）が規定されている。

(注3)　たとえば、金融商品取引法における断定的判断の提供等の禁止は、38条2号に規定されている。

(注4)　たとえば、金融商品取引法における適合性原則は、40条2号に規定されている。

【参考】

○金融商品取引法37条の3、38条2号、6号、40条2号

　　（契約締結前の書面の交付）

　　第37条の3　金融商品取引業者等は、金融商品取引契約を締結しようとするときは、内閣府令で定めるところにより、あらかじめ、顧客に対し、次に掲げる事項を記載した書面を交付しなければならない。ただし、投資者の保護に支障を生ずることがない場合として内閣府令で定める場合は、この限りでない。

　　一　当該金融商品取引業者等の商号、名称又は氏名及び住所

　　二　金融商品取引業者等である旨及び当該金融商品取引業者等の登録番号

　　三　当該金融商品取引契約の概要

　　四　手数料、報酬その他の当該金融商品取引契約に関して顧客が支払うべき対価に関する事項であつて内閣府令で定めるもの

　　五　顧客が行う金融商品取引行為について金利、通貨の価格、金融商品市場における相場その他の指標に係る変動により損失が生ずることとなるおそれが

あるときは、その旨
　六　前号の損失の額が顧客が預託すべき委託証拠金その他の保証金その他内閣府令で定めるものの額を上回るおそれがあるときは、その旨
　七　前各号に掲げるもののほか、金融商品取引業の内容に関する事項であつて、顧客の判断に影響を及ぼすこととなる重要なものとして内閣府令で定める事項
2　第34条の２第４項の規定は、前項の規定による書面の交付について準用する。
3　金融商品取引業者等は、第２条第２項の規定により有価証券とみなされる同項各号に掲げる権利に係る金融商品取引契約の締結の勧誘（募集若しくは売出し又は募集若しくは売出しの取扱いであつて、政令で定めるものに限る。）を行う場合には、あらかじめ、当該金融商品取引契約に係る第一項の書面の内容を内閣総理大臣に届け出なければならない。ただし、投資者の保護に支障を生ずることがない場合として内閣府令で定める場合は、この限りでない。

（禁止行為）
第38条　金融商品取引業者等又はその役員若しくは使用人は、次に掲げる行為をしてはならない。ただし、第３号から第５号までに掲げる行為にあつては、投資者の保護に欠け、取引の公正を害し、又は金融商品取引業の信用を失墜させるおそれのないものとして内閣府令で定めるものを除く。
　二　顧客に対し、不確実な事項について断定的判断を提供し、又は確実であると誤解させるおそれのあることを告げて金融商品取引契約の締結の勧誘をする行為
　六　前各号に掲げるもののほか、投資者の保護に欠け、若しくは取引の公正を害し、又は金融商品取引業の信用を失墜させるものとして内閣府令で定める行為

（適合性の原則等）
第40条　金融商品取引業者等は、業務の運営の状況が次の各号のいずれかに該当することのないように、その業務を行わなければならない。
　二　前号に掲げるもののほか、業務に関して取得した顧客に関する情報の適正な取扱いを確保するための措置を講じていないと認められる状況、その他業務の運営の状況が公益に反し、又は投資者の保護に支障を生ずるおそれがあるものとして内閣府令で定める状況にあること。

○金融商品取引業等に関する内閣府令117条１項１号
　（禁止行為）
　第117条　法第38条第６号に規定する内閣府令で定める行為は、次に掲げる行為とする。

一　次に掲げる書面の交付に関し、あらかじめ、顧客（特定投資家（法第34条の2第5項の規定により特定投資家以外の顧客とみなされる者を除き、法第34条の3第4項（法第34条の4第4項において準用する場合を含む。）の規定により特定投資家とみなされる者を含む。以下同じ。）を除く。以下この号において同じ。）に対して、法第37条の3第1項第3号から第7号までに掲げる事項（ニに掲げる書面を交付する場合にあっては、当該書面に記載されている事項であって同項第3号から第7号までに掲げる事項に係るもの）について顧客の知識、経験、財産の状況及び金融商品取引契約を締結する目的に照らして当該顧客に理解されるために必要な方法及び程度による説明をすることなく、金融商品取引契約を締結する行為
　イ　契約締結前交付書面
　ロ　上場有価証券等書面
　ハ　第80条第1項第3号に掲げる場合にあっては、同号に規定する目論見書（同号の規定により当該目論見書と一体のものとして交付される書面がある場合には、当該目論見書及び当該書面）
　ニ　契約変更書面

第4章
裁判例および考察

第1節 総　論

　前述のとおり（第2章第3節**1**・**2**）、業者の顧客に対する民法上の不法行為責任が認められた従前の裁判例をみると、業者の顧客に対する説明義務違反が認められた裁判例が多くみられるところであり、これらの裁判例について、以下のように整理することができる。

① たとえばワラント、オプションや外国為替証拠金取引等のリスクのある「取引の仕組み」について顧客に説明していないという、業者の説明義務違反を認めた裁判例が多くみられる。

② 業者の説明義務違反の認定にあたって、顧客の適合性（知識、経験、財産状況や投資意向等）を考慮する裁判例が多くみられる。

　平成18年改正においては、かかる裁判例等をふまえて、以下の内容を含む改正が行われた。

① 「金融商品の販売に係る取引の仕組みのうちの重要な部分」が新たに説明義務の対象とされた（3条1項1号〜6号各ハ）。

② 業者が説明義務を尽くしたかどうかの解釈基準として適合性原則の考え方を取り込み、説明は、顧客の知識、経験、財産の状況および契約締結の目的に照らして、当該顧客に理解されるために必要な方法および程度によるものでなければならないとされた（3条2項）。

　そこで、本章では、金融商品の購入ないし取引を行った投資家が証券会社の担当者の説明義務違反により損害を被ったことを理由に、証券会社等に損害賠償請求を行い、これが認められた事案のうち、10件（注1、2）の判示内容をあげて（注3）、考察を行う（注4）。

(注1)　以下の10件とする。
　　　❶　横浜地方裁判所平成10年5月13日判決（証券取引被害判例セレクト8巻151頁。東京高等裁判所平成11年9月22日で原審維持（証券取引被害判例セレクト14巻109頁）［ワラントの事案］
　　　❷　大阪高等裁判所平成10年10月23日判決（証券取引被害判例セレクト10巻252頁。最高裁判所平成11年3月23日で原審維持（証券取引被害判例セレクト12巻443頁））［ワラントの事案］
　　　❸　大阪高等裁判所平成12年8月24日判決（証券取引被害判例セレクト17巻418頁）［ワラントの事案］
　　　❹　大阪地方裁判所平成16年5月28日判決（金融・商事判例1199号24頁）［EB債の事案］
　　　❺　大阪高等裁判所平成10年7月3日判決（証券取引被害判例セレクト11巻381頁）［投資信託の事案］
　　　❻　大阪地方裁判所平成15年6月26日判決（証券取引被害判例セレクト22巻191頁）［投資信託の事案］
　　　❼　大阪地方裁判所平成18年4月26日判決（判例時報1947号122頁）［投資信託の事案］
　　　❽　東京地方裁判所平成17年7月22日判決（証券取引被害判例セレクト26巻223頁）［オプション取引の事案］
　　　❾　大阪地方裁判所平成16年4月15日判決（判例時報1887号79頁）［外国為替証拠金取引の事案］
　　　❿　大阪地方裁判所平成10年11月19日（判例時報1692号91頁）［いわゆる海外商品先物オプション取引の事案］
(注2)　以下では、（注1）の❶～❿の判決を、それぞれ判決❶～❿ということがある。
(注3)　判決❶～❿では、いずれにおいても投資家の請求額の一部が認容されている。
(注4)　平成18年改正では、業者の顧客への断定的判断の提供等を理由として責任を認めた裁判例が一部みられるといった従前の裁判例の動向等をふまえて、断定的判断の提供等の禁止についても追加している。この断定的判断の提供等の禁止に係る裁判例としては、たとえば、「証券会社が投資家に投資商品を勧誘する場合には、証券会社は、投資家が当該取引に伴うと考えられる危険性について的確な認識を形成するのを妨げるような虚偽の情報又は断定的判断等を提供してはならない」としたうえで、業者の不法行為責任が認められた大阪高等裁判所平成15年12月26日判決（証券取引被害判例セレクト23巻210頁。株取引についての事案）があげられる。

第2節　各　論

1　取引の仕組み（3条1項1号〜6号各ハ）

1　はじめに

　第1節でも述べたとおり、平成18年改正では、裁判例の動向等をふまえて、金融商品販売業者等は、顧客に対して、「金融商品の販売に係る取引の仕組みのうちの重要な部分」、より具体的には、「元本欠損が生ずるおそれ」等のリスクを生じさせる「金融商品の販売に係る取引の仕組みのうちの重要な部分」について説明をしなければならないとされた。

　以下では、かかる裁判例の動向等について、判決❶〜❿をもとに考察を加えることとする。

　なお、「金融商品の販売に係る取引の仕組みのうちの重要な部分」の具体的な内容については、通常は金融商品・取引の範囲によって異なるものであることから、金融商品・取引の種類ごとに考察を行ったうえで、全体的な考察を加える。

2　具体的な裁判例

(1)　ワラントの事案についての裁判例

　判決❶　横浜地方裁判所平成10年5月13日判決

　判決❶では、「証券取引を勧誘して受託契約［中略］を締結しようとする証券会社には、信義則に基づく義務として、勧誘を受ける顧客に対して、商品と取引の内容について必要にして十分な説明を行う義務が生じているものと解され、［中略］投資家がその証券取引によるリスクについて正しい理解が形成し得るように当該証券取引によるリスクに関する的確な情報を提供する義務が存在するといわなければならない」と判示されている。そのうえで、業者が説明義務を負う具体的な内容として、「権利行使期間経過後は無価値となること（注5）、ワラント価格は原株価に連動し、かつ、原株価の数倍

の値動きをする［中略］商品であること」があげられている（注6）。

（注5）　権利行使期間の制限があることに関しては、「当該金融商品の販売の対象である権利を行使することができる期間の制限（中略）があるときはその旨」が金融商品販売法による説明義務の対象事項とされている（3条1項7号。なお、平成18年改正前は3条1項4号）。

（注6）　判決文の引用部分中、下線は著者が付した。以下同じ。

判決❷　大阪高等裁判所平成10年10月23日判決

　判決❷では、「証券会社が特定の銘柄を推奨して一般投資家を証券取引に勧誘する場合には［中略］原則として、当該商品の取引に不可欠な商品の構造、取引価格の形成、変動の仕組み、取引による利益や損失の危険等について十分な説明を行［う］［中略］べき信義則上の義務があるものといわなければならない」（注7）と判示されている。そのうえで、「ワラントの商品構造と取引の仕組み」として、「ワラントの理論価格（パリティ）と流通価格との関係」「権利行使価格と株価の関連」「ワラントの流通価格は株価の変動のみでなく種々の要因によって複雑に変動すること」「権利行使期間が過ぎれば証券として無価値となること」「権利行使期間内でも株価が権利行使価格を下回ればワラントの売却は困難となり、残存行使期間の如何によっては期限前でも売却の機会が減少し事実上無価値に等しくなること」といった事項について、「十分に説明［中略］すべき義務があるものといわなければならない」とされている。

（注7）　［　］および［　］内の文言は著者が挿入。本文中（注書部分を含まない）で判決文を引用している部分については、以下同じ。

判決❸　大阪高等裁判所平成12年8月24日判決

　判決❸では、「証券会社やその使用人は、［中略］投資者が当該取引に伴う危険性について的確な認識を形成するに足りる情報を提供すべき注意義務（説明義務）を負う」と判示されている。そのうえで、「権利行使価格と株価との関係、将来の株価の動向によるワラント価格の変動の仕組［中略］、権利行使期間との関係等について、当該銘柄の個性に即して個別具体的に説明すべき義務があるものと解するのが相当である」とされている。

【参考】
　判決❷では、ワラントについて、「ワラント（新株引受権証券）とは、一定の期間（権利行使期間）内に一定の価格（権利行使価格）で一定の数量（1ワラント当たりの払込金額を権利行使価格で除したもの）の新株を引き受けることのできる権利又はその権利が表章された証券をいい、具体的には分離型ワラント債のうち分離後の新株引受権部分をいう」とされており、「権利行使期間はワラント債発行時に予め決められ、この期間が経過すると新株引受権を行使することはできずワラントは無価値となる。新株引受権を行使して新株を購入するには別途株式購入代金を支払う必要があ（る）。（中略）したがって、株価が権利行使価格を上回れば、株式取引に比較してより少額の資金で株式投資と同等以上の利益を得ることができるが、株価が権利行使価格を下回るときは、新株引受権を行使する実益は失われ、権利行使期間の経過前でも経済的には無価値となることがある」「ワラントの価格には理論価格と流通価格とがあるが、プレミアムを含む流通価格は複雑な要因によって変動（する）」といった商品性を有するものとされている。
　なお、判決❶～❸はいずれも分離型ワラントに関する事例である。

(2) 他社株転換条件付社債（EB債）の事案についての裁判例

|判決❹|　大阪地方裁判所平成16年5月28日判決

　判決❹では、「証券会社及びその従業員は、一般投資家に対して、［中略］当該証券取引による利害損失を判断するのに必要かつ適切な情報について説明する信義則上の義務を負うところ、EBを一般投資家に販売する証券会社及びその従業員は、その販売に際して、前記［中略］事項について、［中略］説明しなければならないというべきである」と判示されている。そのうえで、本件のもとで説明をしなければならない具体的内容として、「EB（注8）購入者は、評価日における転換対象株式の株価が行使価格を下回った場合には、額面金額と評価日における転換対象株式の株価の差額分の損失を被ること」「EB購入者は、［中略］転換対象株式の株価がいかに上昇しても、EBの額面金額の元本とクーポンを得られるだけであること」等が指摘されている。

　（注8）　判決❹では、他社株式転換条項付円建債券を「EB」と称することとされている。なお、判決文の引用部分中、（注）については著者が挿入。以下同じ。

【参考】
　判決❹では、「他社株式転換条項付円建債券」とは、「他社発行の普通株式により償還対象株式として、当該償還対象株式の株価動向により、債券額面金額の金銭又は償還対象株式で償還する仕組みの社債」をいうとされる。

なお、EBについては、「発行時に特定の対象株式銘柄が設定され、その銘柄の株価が特定日などに、あらかじめ定められた水準を上回った場合に、現金で償還され、その水準を下回った場合に、対象銘柄の株式で償還される社債」であり、「対象銘柄の株価が一定の水準を下回ったときに、社債の購入者が株式を買い取る旨のオプション契約が組み込まれている」とされている（神崎克郎・志谷匡史・川口恭弘『証券取引法』（書林書院、2006年））99頁）。

(3) 投資信託の事案についての裁判例

判決❺ 大阪高等裁判所平成10年7月3日判決

判決❺では、「証券外務員が特定の銘柄を推奨して一般投資家を証券取引に勧誘するときは［中略］、原則として<u>当該商品の取引に不可欠な商品の構造や、商品価格の変動の仕組み、取引による利得や損失の危険などについて十分な説明を行い</u>、それについて顧客の理解を得たうえで、<u>顧客自らの責任と判断で取引ができるよう配慮すべき信義則上の義務がある</u>といわなければならない」と判示されている。そのうえで、「本件ファンドのような株式投資信託にあっては、<u>証券会社を窓口として募集された出資金が委託会社から受託会社に信託され、受託会社から株式市場に投資されて運用される</u>ものであるから、証券外務員は、少なくとも<u>その仕組み</u>［中略］について、顧客に<u>説明</u>［すべき］<u>義務がある</u>というべきである」とされている。

判決❻ 大阪地方裁判所平成15年6月26日判決

判決❻では、「証券会社が投資家に対し、投資勧誘をする際には、<u>顧客が、投資の適否を判断することを可能とするため、証券会社は、その判断に必要な情報を提供するべき義務があり</u>、これに違反した場合は、被告会社の説明義務違反に基づき、不法行為（又は債務不履行）に基づく損害賠償責任を負うものと解される」と判示されている。そのうえで、「被告会社社員としては、顧客に対して、投資信託商品を勧誘するに当たっては、<u>投資信託の仕組みや組入れ商品、投資信託商品の基準価額の形成メカニズム</u>［中略］<u>等を説明すべき義務がある</u>というべきである」（注9）と判示されている。

（注9）　説明すべき事項に番号が付されていたが、これは著者にて省略した。

判決❼　大阪地方裁判所平成18年4月26日判決

　判決❼では、「証券会社が顧客に取引を勧誘するに当たっては、顧客が自己責任をもって取引を行うことができるようにするため、［中略］取引に伴う危険についての説明をすべき信義則上の義務を負［う］」と判示されている。そのうえで、「Ａ［証券会社従業員］としては、［中略］原告らに対し、新たに取引の対象とする商品の内容、仕組み［中略］、手数料等の顧客が負担する内容等［中略］について［中略］十分に説明［する］［中略］義務があったというべきである」（注10）と判示されている。

（注10）　証券会社従業員を、著者にてＡとした。
【参考】
　判決❺〜❼はいずれも株式投資信託に係る事案であるところ、判決❺では、株式投資信託について、「信託財産を委託者の指図に基づいて特定の株式に投資して運用することを目的とする信託であり、具体的には、委託会社を委託者とし信託会社又は信託業務を営む銀行を受託者（受託会社）として信託契約が締結され、この信託契約に基づいて発生した株式投資信託の受益権は均等に分割された受益証券に表示され、この受益証券の所有者が受益者となるものである」とされている。なお、「この受益証券の募集又は売出し業務の取り扱いを行うのが［中略］証券会社である」とされている。

(4)　オプション取引の事案についての裁判例

判決❽　東京地方裁判所平成17年7月22日判決

　判決❽では、業者につき、「取引の勧誘に当たっては、［中略］オプション取引の仕組み等を分かりやすく的確に説明するとともに、［中略］手数料の負担等の損失に関する要因についても十分に説明する義務があるというべきである」と判示されている。そのうえで、「［当該事案における］説明は、［中略］一般投資家が、［中略］オプション取引に対し、多額の個人資産を投入して取引を開始する前提となり、的確な理解と決断を誘引するものとして十分なものであると認めることはできない」とされている。

【参考】
　判決❽では、オプション取引について、「オプション取引におけるオプションとは、ある商品を一定の価格で買う権利（コールオプション）、あるいは売る権利

（プットオプション）であり、オプション取引はこの権利を取引対象とする。オプション取引は、オプションを行使することにより、一定期間内において、あらかじめ定められた値段（権利行使価格）で取引することもできるが、オプションの転売又は買戻しをすることもできる。転売や買戻しをした場合は、オプションの価格（プレミアム）の変動によって損益が発生する」とされる。また、判決❽におけるオプション取引である、株価指数オプション取引について、「オプション取引の対象である日経平均株価は、株価指数が抽象的な数値であるので、指数そのものを受け渡すことはできず、買い手が権利行使した場合の現実の指数と権利行使価格との差額を売り手が支払うことで、その決済が行われる」とされている。

(5) 外国為替証拠金取引の事案についての裁判例

|判決❾| 大阪地方裁判所平成16年4月15日判決

　判決❾は、業者につき、「顧客に取引の仕組みや内容及び危険性を充分に説明し、顧客が危険性を充分に認識した上で取引を行うようにしなければならず、顧客が取引を開始する際に、その危険性についての正当な認識を形成するに足りる説明を行う義務があるというべきである」と判示されている。そのうえで、説明すべき事項の具体的内容として、「計算上の損失が必要証拠金の30％以上となった場合には追加証拠金が発生すること」等があげられている。

【参考】
　判決❾では、外国為替証拠金取引について、「外国為替では、インターバンク市場（銀行間市場すなわち機関投資家による直物取引で構成される市場であって、取引所が存在しない市場）の相場（レート）に応じて通貨の交換が行われているが、外国為替取引は、この為替の相場変動を利用して通貨の売買を行うものである。そして、外国為替証拠金取引は、顧客が外国為替証拠金取引業者に対し、一定の証拠金（取引額の一部に相当する金額）を預け、証拠金の何倍もの外国為替取引を依頼するものであり、業者は、その依頼に基づく取引を行い、顧客から手数料を取得する取引である」とされている。

(6) 海外商品オプション取引の事案についての裁判例

|判決❿| 大阪地方裁判所平成10年11月19日判決

　判決❿では、「取引業者としては、顧客に取引の仕組みや内容［中略］を十分に説明し、顧客が危険性の高い取引を安易に行うことのないように［中略］すべき注意義務がある」と判示されている。

【参考】
　判決❿では、「海外商品先物取引オプション取引」（いわゆる海外商品オプション取引）について、「例えば、（一定量の）銀を海外先物取引市場において、（将来の一定時期に）12ドルで買う権利（買う権利をコール、売る権利をプットという。）をプレミアム代金（例えば100ドル）を払って取得し、その後、銀の先物価格が値上がりすれば、プレミアム価格も値上がりするというものであり、権利行使すると商品先物取引に移行することになる」とされている。

3　裁判例等についての考察

(1)　ワラントの事案についての裁判例（判決❶～❸）

　ワラントの事案（判決❶～❸）では、基本的には、一般論として業者が説明義務を負うことが示されたうえで、具体的に説明をしなければならない内容として、権利行使価格や流通価格・理論価格（パリティ）に関する事項（株価との関係、権利行使期間経過後は無価値となること等）等が示されている（注11）。

　これらは、当該ワラントを、市場でどの程度の価格で売却しうるかに関する事項や、権利行使をするにはどの程度の金銭支払義務を負うかに関する事項であるといえる。

　顧客は、通常、ワラントを含めた金融商品を、購入額以上のリターンを求めて、そのリスクを引き受けたうえで購入するものであるといえる。顧客が購入したワラントによりリターンを得る手段としては、主として、新株引受権の行使をする（そのうえで取得した株式を売却する等）、市場で売却する、といった方法である。

　また、判決❶および❷では、具体的に説明をしなければならない事項の指摘に先立って、「取引の仕組み」を指すと考えられる事項、具体的には「商品と取引の内容」（判決❶）、「商品構造と取引の仕組み」（判決❷）といった事項について説明をしなければならないことが指摘されている。

　このことからすれば、判決❶～❸では、顧客がワラントの購入によって取得する権利や負うべき義務の内容、具体的には、金融商品販売法において、有価証券を取得させる行為についての「金融商品の販売に係る取引の仕組み」

である有価証券に表示される権利の内容および有価証券を取得させる行為が行われることにより顧客が負うこととなる義務の内容（3条5項2号）について説明をしなければならないことが示されていると考えられる。

　また、業者は、上記のような説明を行わなければならない前提として、「投資家がその証券取引によるリスクについて正しい理解が形成し得るように当該証券取引によるリスクに関する的確な情報を提供する義務」（判決❶）、「取引による利益や損失の危険等について十分な説明を行うべき信義則上の義務」（判決❷）、「投資者が当該取引に伴う危険性について的確な認識を形成するに足りる情報を提供すべき注意義務（説明義務）」（判決❸）といった義務を負うとされており、より具体的には顧客がリスクを的確に認識できるような説明を行う義務を負うとされているといえる。このことからすれば、判決❶〜❸では、業者は、リスクを生じさせる「金融商品の販売に係る取引の仕組み」について説明をしなければならないとされているものと考えられる。

(注11)　具体的には、以下のような内容である。
- 「権利行使期間経過後は無価値となること」「ワラント価格は原株価に連動し、かつ、原株価の数倍の値動きをする商品であること」（判決❶）
- 「ワラントの理論価格（パリティ）と流通価格との関係」「権利行使価格と株価の関連」「ワラントの流通価格は株価の変動のみでなく種々の要因によって複雑に変動すること」「権利行使期間が過ぎれば証券として無価値となること」「権利行使期間内でも株価が権利行使価格を下回ればワラントの売却は困難となり、残存行使期間の如何によっては期限前でも売却の機会が減少し事実上無価値に等しくなること」（判決❷）
- 「権利行使価格と株価との関係」「将来の株価の動向によるワラント価格の変動の仕組」「権利行使期間との関係」（判決❸）

(2)　他社株転換条件付社債（EB債）の事案についての裁判例（判決❹）

　EB債の事案（判決❹）では、具体的には、「EB購入者は、評価日における転換対象株式の株価が行使価格を下回った場合には、額面金額と評価日における転換対象株式の株価の差額分の損失を被ること」「EB購入者は、転換対象株式の株価がいかに上昇しても、EBの額面金額の元本とクーポンを得られるだけであること」について説明をしなければならないとされている。

これらは、EB債をそのまま保有していれば、どの程度の利益を得る可能性があり、購入額と比べてどの程度の損失を被る可能性があるかに関する事項である。

　ワラントについて述べたのと同様、顧客は、通常、EB債を含めた金融商品を、購入額以上のリターンを求めて、そのリスクを引き受けたうえで購入するものであるところ、EB債の償還は、EB債によりリターンを得る主な手段であるといえる。

　このことからすれば、判決❹では、判決❶～❸（ワラント）について指摘したのと同様、顧客がEB債の購入によって取得する権利や負うべき義務の内容、具体的には、有価証券を取得させる行為についての「金融商品の販売に係る取引の仕組み」である有価証券に表示される権利の内容および有価証券を取得させる行為が行われることにより顧客が負うこととなる義務の内容（3条5項2号）について説明をしなければならないことが示されていると考えられる。

　また、業者は、上記のような説明を行わなければならない前提として、「当該証券取引による利害損失を判断するのに必要かつ適切な情報について説明する信義則上の義務」を負うとされており、より具体的には、顧客がリスクを的確に認識できるような説明を行う義務を負うものとされているといえる。このことからすれば、判決❹では、業者は、リスクを生じさせる「金融商品の販売に係る取引の仕組み」について説明をしなければならないとされているものと考えられる。

(3) 投資信託の事案についての裁判例（判決❺～❼）

　投資信託の事案（判決❺～❼）では、当該投資信託の組入れ資産等を含めた商品構造（注12）、さらに具体的には、「証券会社を窓口として募集された出資金が委託会社から受託会社に信託され、受託会社から株式市場に投資されて運用される」ものであるという仕組み（判決❺）、「取引による利得や損失の危険」（判決❺）、当該投資信託の価格に関する事項（注13）といった事項を説明すべきものとされている。

これらは、当該取引によりどの程度の利益を得る可能性があり、購入額と比べてどの程度の損失を被る可能性があるかや、当該投資信託を、市場でどの程度の価格で売却しうるかに関する事項であるといえる。

　前述のワラントやEB債について述べたのと同様、顧客は、通常、投資信託を含めた金融商品を、購入額以上のリターンを求めてそのリスクを引き受けたうえで取得するところ、当該投資信託を保有して収益の分配を受けることや、売却や解約等により、売却代金や解約金等を取得することは、投資信託によりリターンを得る主な手段であると考えられる。

　このことからすれば、判決❺～❼では、判決❶～❸（ワラント）や判決❹（EB債）について指摘したのと同様、顧客がEB債の購入によって取得する権利や義務、具体的には、有価証券を取得させる行為についての「金融商品の販売に係る取引の仕組み」である有価証券に表示される権利の内容および有価証券を取得させる行為が行われることにより顧客が負うこととなる義務の内容（3条5項2号）について説明をしなければならないことが示されていると考えられる。

　また、業者は、上記のような説明を行わなければならない前提として、「顧客自らの判断で取引ができるよう配慮すべき信義則上の義務」（判決❺）、「投資の適否を判断することを可能とするため、その判断に必要な情報を提供する義務」（判決❻）、「取引に伴う危険についての説明をすべき信義則上の義務」（判決❼）といった義務を負うとされており、より具体的には、顧客がリスクを的確に認識できるような説明を行う義務を負うものとされているといえる。このことからすれば、判決❺～❼では、リスクを生じさせる「金融商品の販売に係る取引の仕組み」について説明をしなければならないとされているものと考えられる。

(注12) 業者が説明すべき事項として、「当該商品の取引に不可欠な商品の構造」（判決❺）、「投資信託の仕組みや組入れ商品」（判決❻）、「商品の内容、仕組み」（判決❼）といった事項があげられている。
(注13) 業者が説明すべき事項として、「商品価格の変動の仕組み」（判決❺）、「投資信託商品の基準価額の形成メカニズム」（判決❻）といった事項があげられ

ている。

(4) オプション取引、外国為替証拠金取引、海外商品オプション取引の事案についての裁判例（判決❽〜❿）

オプション取引（判決❽）、外国為替証拠金取引（判決❾）、海外商品オプション取引（判決❿）といったデリバティブ取引の事案では、業者は、「オプション取引の仕組み」（判決❽）や「取引の仕組み」（判決❾および❿）について説明をしなければならないとされている。

また、より具体的には、「手数料の負担等の損失に関する要因」（判決❽）や、「計算上の損失が必要証拠金の30％以上となった場合には追加証拠金が発生すること」（判決❾）について説明をしなければならないとされている。

このように判決❽〜❿では、顧客が当該デリバティブ取引によって取得する権利や負うべき義務の内容、具体的には、デリバティブ取引についての「金融商品の販売に係る取引の仕組み」である「取引の仕組み」（3条5項5号および6号・金融商品販売法施行令8条2号）について説明をしなければならないことが示されていると考えられる。

さらに、上記説明は、投資を行うための「的確な理解と決断を誘引するものとして十分なものである」（判決❽）必要があるとされ、業者は上記のような説明を行わなければならない前提として「顧客が取引を開始する際に、その危険性についての正当な認識を形成するに足りる説明を行う義務」（判決❾）や「顧客が危険性の高い取引を安易に行うことのないようにすべき注意義務」（判決❿）を負うとされている。このことからすれば、判決❽〜❿では、業者は、リスクを生じさせる「金融商品の販売に係る取引の仕組み」について説明をしなければならないとされているものと考えられる。

(5) 全体（裁判例等）についての考察（平成18年改正との関係）

以上のとおり、判決❶〜❿においては、いずれにおいても、業者は、リスクを生じさせる「金融商品の販売に係る取引の仕組み」について説明をしなければならないとされており、また、その内容については実質的に判断されているものと考えられる。

この点については、金融商品販売法においても、平成18年改正により、リスク（「元本欠損が生ずるおそれ」等）を生じさせる「金融商品の販売に係る取引の仕組みのうちの重要な部分」について説明をしなければならないとされた。また、金融商品販売法では、金融商品販売業者等の専門性（顧客との関係における情報優位性）および顧客がこれを信頼して取引せざるをえない状況にあること等にかんがみて、金融商品販売業者等に対して顧客への説明義務が課されている。このような金融商品販売法の趣旨からすれば、説明義務の対象事項については、顧客が金融商品を購入するかどうかの判断をするにあたって重要な事項であるというべきであり、「金融商品の販売に係る取引の仕組みのうちの重要な部分」（3条1項1号～6号各ハ）についても、裁判例と同様に実質的に判断されるべきものである。

　したがって、平成18年改正によって説明義務の対象事項に追加された「『元本欠損が生ずるおそれ』等を生じさせる『金融商品の販売に係る取引の仕組みのうちの重要な部分』」についても、裁判実務に近い形での解釈・運用が可能であると考えられる。

2　顧客の適合性に照らした説明（3条2項）

1　はじめに

　第1節でも述べたとおり、業者の顧客に対する説明義務違反（民法上の不法行為責任）が認められた従前の裁判例をみると、業者の説明義務違反の認定にあたって、顧客の適合性（知識、経験、財産状況や投資意向等）を考慮するものが多くみられ、説明義務と適合性原則（広義）を組み合わせて判断されている（第2章第3節**1**参照）。

　平成18年改正では、適合性原則の意義を認めた前掲の最高裁判例（平成17年7月14日。民集59巻6号1323頁、金融法務事情1762号41頁。第2章第3節**3**　1(1)参照）（注14）や裁判例の動向）等をふまえ、金融商品販売法上の説明義務について、「説明は、顧客の知識、経験、財産の状況及び当該金融商品の販

売に係る契約を締結する目的に照らして、当該顧客に理解されるために必要な方法及び程度によるものでなければならない」（3条2項）と規定され、説明義務を尽くしたかどうかを判断するにあたっての解釈基準として、適合性原則（広義）の考え方を取り入れることとした。

以下では、かかる裁判例の動向について、判決❶～❿をもとに考察を加えることとする。なお、この点については、❶の取引の仕組みと異なり、金融商品・取引の種類によって、具体的な内容にそれほど相違が生じないと考えられることから、金融商品・取引の種類ごとではなく、全体的に考察を加える。

(注14)　「証券会社の担当者が、顧客の意向と実情に反して、明らかに過大な危険を伴う取引を積極的に勧誘するなど適合性の原則から著しく逸脱した証券取引の勧誘をしてこれを行わせたときは、当該行為は不法行為上も違法となると解するのが相当である」「顧客の適合性を判断するに当たっては、［中略］顧客の投資経験、証券取引の知識、投資意向、財産状態等といった諸要素を総合的に考慮する必要があるというべきである」とされている。

2　具体的な裁判例

(1)　ワラントの事案についての裁判例

判決❶　横浜地方裁判所平成10年5月13日判決

判決❶では、「現実に行うべき説明行為の内容と程度（注15）は、［中略］相手方顧客の投資経験の程度、商品に対する顧客の理解の程度、顧客の資力の程度その他の状況に応じて個別的に判定すべき」とされている。

(注15)　「現実に行うべき説明行為の内容と程度」を判定する際の考慮要素として、「勧誘する商品の内容性質」もあげられているが、勧誘する商品の内容等の複雑さ等との相関関係で、顧客の適合性に照らした説明といえるかどうかが判断されるのは当然のことであり、この点は金融商品販売法3条2項でも当然予定していると考えられる。

判決❷　大阪高等裁判所平成10年10月23日判決

判決❷では、「投資家の［中略］資産、証券取引に関する知識や経験、投資目的に照らし、ワラントの商品構造と取引の仕組み［中略］を十分に説明し、それについて顧客の理解を得るようにすべき義務があるといわなければ

ならない」と判断されている（注16）。

「原告にとって<u>ワラント取引は初めてであ［る］</u>」「したがって、証券外務員［中略］としては、こうした原告に対してワラント取引を勧誘するに当たっては、前記のようなワラントの商品構造や取引の仕組みをよく説明し、十分な理解を得た上で取引を受注すべきであったのに、［中略］（証券外務員が）説明した内容［中略］は<u>ワラント取引のおおまかな内容にすぎず、しかも電話による説明であって</u>、それによっては原告が自らの責任と判断でワラントの売買を行えるだけの理解を得るに至っていなかったことは明らかである」等として、証券外務員の説明義務違反が認定され、そのうえで民法715条に基づいて証券会社の損害賠償責任が認定されている。

(注16)　顧客の属性としては、「職業」「年齢」もあげられているところ、これらは、金融商品販売法3条2項で顧客の属性として明確にあげられているものではないが、同項で顧客の属性とされている「知識」「経験」の判断の一要素ともいえる（たとえば、職業の内容によっては、通常、商品・取引に関する知識や経験が豊富であると判断されうると考えられる）。

判決❸　大阪高等裁判所平成12年8月24日判決

判決❸では、証券会社やその使用人の説明義務（**1** 2⑴ 判決❸）は、「投資者の［中略］(注17)<u>財産状態、投資経験、投資目的等の具体的状況に応じて</u>、投資者が当該取引に伴う危険性について的確な認識を形成するに足りる<u>情報を提供すべき注意義務（説明義務）</u>」とされている。

(注17)　(注12)に同じ。

(2)　他社株転換条件付社債（EB債）の事案についての裁判例

判決❹　大阪地方裁判所平成16年5月28日

判決❹では、証券会社およびその従業員の説明義務**1** 2⑵の指摘にあたって、「証券会社及びその従業員は、一般投資家に対して、当該投資家の<u>知識、経験、能力等に応じて</u>、当該証券取引による利害損失を判断するのに必要かつ適切な情報について<u>説明する信義則上の義務</u>を負うところ、EBを一般投資家に対して販売する証券会社及びその従業員は、その販売に際して、証券会社およびその従業員が説明する義務があるとされている事項（**1** 2⑵）に

ついて、EBを購入する一般投資家の能力等に応じて、当該投資家が理解できる程度に説明しなければならないというべきである」とされている。

(3) 投資信託の事案についての裁判例

|判決❺| 大阪高等裁判所平成10年7月3日判決

判決❺では、証券外務員の説明義務（■2(3)|判決❺|）の判断にあたって、業者は「顧客に説明しその理解を得るべき義務があるというべきである」とされている。

|判決❻| 大阪地方裁判所平成15年6月26日判決

判決❻では、「証券会社としては、情報を提供すればよいと［いう］ものではなく、顧客の属性に即して必要な情報を提供すべきものである」とされている。

|判決❼| 大阪地方裁判所平成18年4月26日判決（判決❼）

■2(3)で指摘したとおり、「顧客の知識、経験に応じて、取引に伴う危険についての説明をすべき信義則上の義務を負［う］」「原告らの属性等を踏まえ、原告らの取引意向に沿うべく十分に説明して理解させる義務があったというべきである」と判示されている。

(4) オプション取引の事案についての裁判例

|判決❽| 東京地方裁判所平成17年7月22日

判決❽では、「相手方の知識、能力、［中略］（注18）投資経験等に応じて、［中略］わかりやすく的確に説明する［中略］義務があるというべきである」と判断されている。

(注18) 顧客の属性としては、「経歴」もあげられているところ、これは、金融商品販売法3条2項で顧客の属性として明確にあげられているものではないが、同項で顧客の属性とされている「知識」「経験」の判断の一要素ともいえる（たとえば、経歴によっては、通常、商品・取引に関する知識や経験が豊富であると判断されうると考えられる）。

(5) 外国為替証拠金取引の事案についての裁判例

|判決❾| 大阪地方裁判所平成16年4月15日判決

判決❾では、説明義務を尽くしたといえるかどうかは、当該顧客をして上

記内容を理解せしめたか否かが重要なのであるから、顧客の理解能力や属性等に鑑み判断されるべきである」とされている。

(6) 海外商品オプション取引の事案についての裁判例

判決❿ 大阪地方裁判所平成10年11月19日

判決❿では、「被告は、原告と本件オプション取引（注19）を開始するに当たり、その内容や仕組み及び危険性を十分に説明すべき注意義務を負っていたと解されるが、[中略] 被告担当者 [中略] は、原告に対し、「オプショントレードガイド」（注20）等の解説書を交付しているものの、その内容は一般人にとって容易に理解できるものでなかった」とされたうえで、被告の説明義務違反が認定されている。

(注19) なお、判決❿では「海外商品先物取引オプション取引」（本判決ではこのように称されているが、いわゆる海外商品オプション取引と考えられる）について「本件オプション取引」と略されている。

(注20) 本件オプション取引の解説書として指摘されている。

3 裁判例等についての考察（平成18年改正との関係）

判決❶～❿では、いずれにおいても、「説明が十分になされたか」等の説明義務を尽くしたかの判断にあたって、顧客の属性が考慮されているといえる。

具体的には、

・判決❶～❹、判決❼および判決❽では、考慮すべき属性が指摘されたうえで説明を顧客の属性に応じて行うべきこととされており、判決❻および判決❾では、考慮すべき属性の具体的内容は示されていないものの、顧客の「属性」を考慮すべきことが示されている。

・判決❶、判決❷、判決❹、判決❺、判決❾および判決❿では、顧客の属性として理解の程度を考慮し、または、説明が理解できる程度のものであることを必要とすること等により、説明義務を尽くしたかの判断にあたって顧客に応じた説明が求められているといえる。

また、判決❶～❿で、考慮すべき顧客の属性として具体的にあげられてい

第4章 裁判例および考察　43

るのは、顧客の知識、経験、財産状況や投資意向等である。

　判決❶〜❿にもみられるとおり、裁判実務では、顧客の「理解」を前提とした説明を求めることが明示されているものが多く、このことも考えあわせると、「説明は、顧客の知識、経験、財産の状況及び当該金融商品の販売に係る契約を締結する目的に照らして、当該顧客に理解されるために必要な方法及び程度によるものでなければならない」と規定する金融商品販売法3条2項については、従前の裁判実務に近い形で解釈・運用されることが期待される。

第Ⅱ編

逐条解説

第 5 章
第1条（目的）

(目的)
第1条　この法律は、金融商品販売業者等が金融商品の販売等に際し顧客に対して説明をすべき事項等及び金融商品販売業者等が顧客に対して当該事項について説明をしなかったこと等により当該顧客に損害が生じた場合における金融商品販売業者等の損害賠償の責任並びに金融商品販売業者等が行う金融商品の販売等に係る勧誘の適正の確保のための措置について定めることにより、顧客の保護を図り、もって国民経済の健全な発展に資することを目的とする。

1　概　　要

　本条は、金融商品販売法の目的を定めた規定であり、本条では、本法律が定める2つの措置が示されるとともに、この措置による直接の目的および最終的な目的が明らかにされている。本条の規定は、平成18年改正により、本法律による、金融商品の販売等に際しての金融商品販売業者等の民事的義務が拡大されたこと（断定的判断の提供等の禁止の追加）に伴い、従来の規定が改正されたが、実質的な内容の変更はない。

2　具体的内容

1　「措置」

　本法律は具体的に2つの「措置」を定めている。
　1つめの「措置」は、金融商品販売業者等が金融商品の販売等に際し顧客

に対して説明をすべき事項等および金融商品販売業者等が顧客に対して当該事項の説明をしなかったこと等により顧客に損害が生じた場合における金融商品販売業者等の損害賠償の責任である。なお、ここで「説明をすべき事項『等』」「説明をしなかったこと『等』」とされているのは、平成18年改正により、新たに金融商品販売業者等に対して断定的判断の提供等が禁止されており（4条）、これについても損害賠償責任の対象とされている（5条）ことから、この措置を本法律が定める「措置」に含める趣旨である。

　2つめの措置は、金融商品販売業者等が行う金融商品の販売等に係る勧誘の適正の確保のための措置である。具体的には、本法律では、金融商品販売業者等が、業として行う金融商品の販売等について、その勧誘の適正の確保に努めなければならない（8条）とともに、その勧誘に関する方針を定め、これを公表しなければならない（9条）とされている。

2　直接的な目的

　本法律の直接の目的は、顧客の保護を図ることである。

　金融商品の多様化・複線化が進んでいるなかで、金融商品の販売等に対する顧客の信頼を確保していくためには、金融商品に内在するリスク等の、金融商品の販売等について顧客の判断に影響を与える重要な情報を、的確かつ適正に顧客に提供することが求められる。一般に金融商品の販売等に際して、金融商品販売業者等と比較して、顧客は、その知識、経験、情報量等において劣っており、業者からの情報を信頼して取引せざるをえない状況にある。

　そこで、金融商品に内在するリスク等の金融商品の販売について顧客の判断に影響を与える重要な事項に係る説明義務等およびその違反についての損害賠償責任ならびに金融商品販売業者等が行う金融商品の販売等に係る勧誘の適正の確保のための措置を定めることにより、適正な金融商品の販売等を確保し、金融商品販売業者等の側に有利に傾きがちなバランスを顧客の側に引き戻すことにより、適切な顧客保護を図ることが本法律の直接的な目的である。

3　最終的な目的

本法律の最終的な目的は、国民経済の健全な発展に資することである。

具体的には、金融商品の販売に係る説明義務等およびその違反についての損害賠償責任、金融商品販売業者等が行う金融商品の販売等に係る勧誘の適正の確保のための措置を定めることによって、金融商品の販売等に係る顧客の保護がいっそう図られることになることから、国民がいっそう安心して金融商品を購入することが可能になり、国民の有する金融資産の運用対象の選択肢が拡大することが期待される。

そして、このことにより、国民の有する金融資産の運用の適正化・効率化が図られ、金融市場に対する資金供給が円滑・効率的に行われることが期待され、ひいては国民経済の健全な発展も期待される。

第 6 章
第 2 条（定義）

1　第 1 項

（定義）
第 2 条　この法律において「金融商品の販売」とは、次に掲げる行為をいう。
　一　預金、貯金、定期積金又は銀行法（昭和56年法律第59号）第 2 条第 4 項に規定する掛金の受入れを内容とする契約の預金者、貯金者、定期積金の積金者又は同項に規定する掛金の掛金者との締結
　二　無尽業法（昭和 6 年法律第42号）第 1 条に規定する無尽に係る契約に基づく掛金（以下この号において「無尽掛金」という。）の受入れを内容とする契約の無尽掛金の掛金者との締結
　三　信託財産の運用方法が特定されていないことその他の政令で定める要件に該当する金銭の信託に係る信託契約（当該信託契約に係る受益権が金融商品取引法（昭和23年法律第25号）第 2 条第 2 項第 1 号又は第 2 号に掲げる権利であるものに限る。）の委託者との締結
　四　保険業法（平成 7 年法律第105号）第 2 条第 1 項に規定する保険業を行う者が保険者となる保険契約（以下この号において「保険契約」という。）又は保険若しくは共済に係る契約で保険契約に類するものとして政令で定めるものの保険契約者又はこれに類する者との締結
　五　有価証券（金融商品取引法第 2 条第 1 項に規定する有価証券又は

同条第2項の規定により有価証券とみなされる権利をいい、同項第1号及び第2号に掲げる権利を除く。）を取得させる行為（代理又は媒介に該当するもの並びに第8号及び第9号に掲げるものに該当するものを除く。）

六　次に掲げるものを取得させる行為（代理又は媒介に該当するものを除く。）

　　イ　金融商品取引法第2条第2項第1号又は第2号に掲げる権利

　　ロ　譲渡性預金証書をもって表示される金銭債権（金融商品取引法第2条第1項に規定する有価証券に表示される権利又は同条第2項の規定により有価証券とみなされる権利であるものを除く。）

七　不動産特定共同事業法（平成6年法律第77号）第2条第3項に規定する不動産特定共同事業契約（金銭をもって出資の目的とし、かつ、契約の終了の場合における残余財産の分割若しくは出資の返還が金銭により行われることを内容とするもの又はこれらに類する事項として政令で定めるものを内容とするものに限る。）の締結

八　金融商品取引法第2条第21項に規定する市場デリバティブ取引若しくは同条第23項に規定する外国市場デリバティブ取引又はこれらの取引の取次ぎ

九　金融商品取引法第2条第22項に規定する店頭デリバティブ取引又はその取次ぎ

十　金利、通貨の価格その他の指標の数値としてあらかじめ当事者間で約定された数値と将来の一定の時期における現実の当該指標の数値の差に基づいて算出される金銭の授受を約する取引（前2号に掲げるものに該当するものを除く。）であって政令で定めるもの又は当該取引の取次ぎ

> 十一　前各号に掲げるものに類するものとして政令で定める行為

1　概　　要

　本法律は、幅広い金融商品を対象として、金融商品販売業者等の義務（説明義務、断定的判断の提供等の禁止）の違反により損害を被った顧客の民事的救済に資する法律であり、かかる観点からは、金融商品について抽象的・包括的な定義を置くことが望ましいとも考えられる。

　しかしながら、本法律は、金融商品販売業者等の義務違反に対して損害賠償責任等の民事効を付す法律であるところ、かかる民事効を付与するには、少なくともその要件について相当程度明確化することが必要となる。このような観点から、本項では、本法律の対象となる金融商品について明確化が図られており、現在存在すると考えられる金融商品が幅広く個別に列挙されるとともに（1号～10号）、今後の新たな金融商品が法整備の状況や被害状況等を勘案したうえで、本法律の対象とできるよう、対象となる金融商品を政令で追加指定できることとされている（11号）。

　平成18年改正後においても、本項のこのような基本的性格に変更はないが、平成18年証取法等改正法により、金融商品取引法のもとでは、従来の証券取引法上の有価証券および有価証券デリバティブ取引の範囲が拡大された（金融商品取引法2条）ことから、平成18年改正後は、さらに本法律の対象範囲が拡大された。

　また、本法律では、従前は海外商品市場デリバティブ取引は明示されていなかったが、平成18年証取法等改正法および平成18年整備等法の施行に伴う金融商品取引法制に関する政府令整備により、海外商品市場デリバティブ取引が新たに対象とされた（本項11号に基づく金融商品販売法施行令5条2号・3号）。

2　具体的内容（「金融商品の販売」）

(1)　総　　論

　金融商品については、一般的には、預金、株、債券など貯蓄や利殖に利用するものと認識されていると考えられる。もっとも、美術品はアンティーク商品なども利殖の対象となりうるものであるが、これらが一般的に「金融商品」と認識されていないことは明らかであると考えられ、「金融商品」についての一般的な定義づけを行うことは困難である。

　そもそも本法律は、金融商品販売業者等に、資金を拠出して金融商品を購入した顧客に対して、「元本欠損が生ずるおそれ」（購入額を下回るリターンしか得られないこと等により損失が生ずるおそれ）といったリスク等の説明を行う義務等を課し、この違反につき損害賠償責任を負わせることを中核ともするものである。このことも考慮すると、「金融商品」については、①物やサービスそのものの取引ではなく、その内容が抽象的で将来の収益が不確実であるという特徴を有することに加えて、②顧客から金融商品販売業者等へのキャッシュフローの移転と、金融商品販売業者等から顧客へのリスクの負担の変更（リスクの転換）を取引内容とすることが、一応のメルクマールとなると考えられる。このメルクマールに沿いつつ、個々の取引の実態や本法律の目的等に照らして、本法律の対象とすべきものが本項に「金融商品の販売」として幅広く列挙されている。

　本法律では、預金、信託、保険、有価証券、デリバティブ取引等、幅広い商品・取引等が対象とされている。そのうちには、預金や有価証券のように「金融商品」という概念にもなじむものだけではなく、デリバティブ取引のように「金融商品」という概念にはなじまず、「行為」という概念になじむものもある。このことから、本法律では、「金融商品」が定義されるのではなく、対象となる「行為」が「金融商品の販売」として定義されている。

　なお、本法律の対象とされていないものに、たとえば、ゴルフ会員権や宝くじ、馬券等がある。これらが対象とされないのは、①本来の性質としては商品・サービスそのものの消費や利用が予定されている取引であって、一般

的にその内容が具体的であると考えられるもの、②くじや賭けごととして社会的に認知され、制度化されている取引であって、そのリスクが十分理解されていると考えられるものだからである。

　また、融資を受けること（資金を借りること）も、金融商品の購入とはされていない。これは、融資では、貸手となる業者側から顧客へのキャッシュフローの移転と、業者側によるリスクの引受けが生じるもので、前述のメルクマールに照らしても、本法律の対象とすべきものにはなじまないためである。

(2)　規定の内容

「金融商品の販売」の対象となる「行為」については、その行為形態によるグルーピングが行われたうえで、関連法律の制定順や金融庁設置法における所掌事務の規定順を参考にして、列挙されている。

ⅰ　預金関連（本項1号・2号）
ⅱ　信託関連（本項3号）
ⅲ　保険関連（本項4号）
ⅳ　有価証券関連（本項5号・6号）
ⅴ　不動産特定共同事業関連（本項7号）
ⅵ　デリバティブ取引関連（本項8号～10号）
ⅶ　政令委任（本項11号）

　ⅴおよびⅵのグループに属する行為については、規定上、キャッシュフローの移転の方向が示されておらず（注1）、これらの行為を行う各当事者は相互に相手方に対して「金融商品の販売」を行っていることになる。したがって、たとえば、各当事者が業として不動産特定共同事業契約の締結やデリバティブ取引を行っている場合には、原則として、各当事者が金融商品販売業者等として、相互に相手方に対して、本法律3条（説明義務）および4条（断定的判断の提供等の禁止）の義務を負うことになる。

（注1）　これに対して、たとえば、本項1号では、「預金、貯金、定期積金又は銀行法（昭和56年法律第59号）第2条第4項に規定する掛金の受入れを内容と

する契約」についての「預金者、貯金者、定期積金の積金者又は同項に規定する掛金者との締結」とされ、預金者等から預金等を受け入れる側へのキャッシュフローの移転が示されている。この場合、預金者等が本法律により保護される「顧客」（本条4項）、預金等を受け入れる側が本法律により義務（説明義務、断定的判断の提供等の禁止）を課される「金融商品販売業者等」（本条3項）となる。

3 各　　論

(1) 第1号

> 一　預金、貯金、定期積金又は銀行法（昭和56年法律第59号）第2条第4項に規定する掛金の受入れを内容とする契約の預金者、貯金者、定期積金の積金者又は同項に規定する掛金の掛金者との締結

① 概　　要

本号は以下の契約の締結を対象としている。

i　預金を内容とする契約の預金者との締結

ii　貯金を内容とする契約の貯金者との締結

iii　定期積金を内容とする契約の定期積金の積金者との締結

iv　銀行法2条4項に規定する掛金の受入れを内容とする契約の同項に規定する掛金の掛金者との締結

なお、本号では、「預金、貯金、定期積金又は銀行法（昭和56年法律第59号）第2条第4項に規定する掛金の受入れを内容とする契約」についての「預金者、貯金者、定期積金の積金者又は同項に規定する掛金の掛金者との締結」とされ、預金者等から預金等を受け入れる側へのキャッシュフローの移転が示されている（2(2)の（注1）でも指摘）。

② 具体的内容

i　「預金」

「預金」とは、広義では、金融機関を受託者とする金銭の消費寄託（寄託（民法657条）のうち、「受寄者が契約により寄託物を消費できる場合」（民法666条1項）である）をいい、貯金も含まれる。しかしながら、本号では、「預金」

とは別に「貯金」が掲げられていることから、本号の「預金」は、貯金と対比した狭義の預金をいい、銀行、信用金庫、労働金庫や信用協同組合等を受託者とするものを指している。

預金は、返済の期限や方法等の態様によって、当座預金、普通預金、通知預金や定期積金等に分類されるが、それらの分類を問わない。また、外貨預金も含まれる。

なお、総合口座の開設については、一般に、総合口座として、1つの口座開設を行うことにより、普通預金取引や定期預金取引等の複数の取引を行えるようになるものであり、預金契約の締結が含まれているから、本号に該当する。

ⅱ 「貯金」

「貯金」とは、農業協同組合や水産業協同組合等を受託者とするものを指し、一般に、比較的零細な、かつ貯蓄性の強い商品について貯金という用語が用いられている。ただし、本号においては、預金と貯金を並べて規定し、それらの受入れを内容とする契約の締結行為を対象としているもので、かかる行為であれば、受け入れる機関や、預金・貯金という名称の区別に関係なく、本号に該当する。

ⅲ 「定期積金」

「定期積金」とは、銀行法2条3項で定義されているように、期限を定めて一定金額の給付を行うことを約して、定期または一定の期間内において数回にわたり受け入れる金銭をいう。機能的には、預金と類似しているが、預金が消費寄託契約であるのに対して、定期積金は無名契約とされている。

ⅳ 「銀行法第2条第4項に規定する掛金」

「銀行法第2条第4項に規定する掛金」は、旧相互銀行法において規定されていた相互掛金が、平成5年に相互銀行法が廃止された際に銀行法に規定されたものである。一定の期間を定め、その中途または満了の時において一定の金額の給付を行うことを約して、当該期間内に受け入れる掛金である。

相互掛金は、実態面でみた場合にはその商品内容は定期積金と似ているが、

定期積金は満期に顧客に給付するものであるのに対して、当該掛金は掛金を積み立てていく過程で中途解約できる点が異なる。

【参考】
○銀行法2条4項
　（定義等）
　第2条
　4　この法律において「定期積金等」とは、定期積金のほか、一定の期間を定め、その中途又は満了の時において一定の金額の給付を行うことを約して、当該期間内において受け入れる掛金をいう。

ⅴ　「内容とする契約」

契約内容に「預金」等が含まれていればよく、「預金」等のみを内容とする契約である必要はないとの意味である。なお、契約内容に本号に掲げられているもの以外のものが含まれている場合には、組合せ商品ということになる。

ⅵ　数度にわたって金銭の預入れ等がなされた場合について

「金融商品の販売」は、銀行等による預金や貯金の受入れという事実行為自体ではなく、契約の締結行為として定義されていることから、銀行等の1回1回の預金等の受入れがすべて「金融商品の販売」に該当するとは限らず、1回1回の受入れによって個別の預金契約等が締結されているか否かによって判断されることになる。

(2) 第2号

> 二　無尽業法（昭和6年法律第42号）第1条に規定する無尽に係る契約に基づく掛金（以下この号において「無尽掛金」という。）の受入れを内容とする契約の無尽掛金の掛金者との締結

無尽とは、一定の口数と給付金額とを定めて定期に掛金を払い込ませ、一口ごとに抽選、入札その他類似の方法により掛金者に対し金銭以外の財産の給付をなすことをいう（無尽業法1条）。

昭和26年の相互銀行法制定前の無尽業法は、給付する財産が金銭である金

銭無尽、給付する財産が金銭以外の財産である物品無尽の双方を対象としていたが、相互銀行法の制定により、金銭無尽は相互銀行のみ取り扱えることとされ、無尽業法は物品無尽を対象とするものとされた。

本号においては、「無尽業法に規定する無尽に係る契約に基づく掛金の受入れを内容とする契約」について規定しており、物品無尽に係るもののみが対象とされている。

なお、平成5年に相互銀行法が廃止されたが、相互銀行が相互掛金業務として行っていた金銭無尽は、銀行法に引き継がれた。これについては、1号で「銀行法第2条第4項に規定する掛金の受入れを内容とする契約」と規定されている。

(3) 第3号

> 三　信託財産の運用方法が特定されていないことその他の政令で定める要件に該当する金銭の信託に係る信託契約（当該信託契約に係る受益権が金融商品取引法（昭和23年法律第25号）第2条第2項第1号又は第2号に掲げる権利であるものに限る。）の委託者との締結

① 概　要

本号は、信託財産の運用方法が特定されていないことその他政令で定める要件に該当する金銭信託に係る信託契約で、当該信託契約に係る受益権が金融商品取引法の信託受益権（金融商品取引法2条2項1号）または外国信託受益権（同項2号）であるものを本法律の対象とするものである。

② 具体的内容

i 「信託」

「信託」とは、信託法に定義されているとおりである。具体的には、信託法で定められている方法（信託法3条1号～3号）のいずれかにより、特定の者が一定の目的（もっぱらその者の利益を図る目的を除く）に従い財産の管理または処分およびその他の当該目的の達成のために必要な行為をすべきものとすることである（同法2条1項）。

ii 「金銭の信託に係る」

　本法律の対象とする商品・取引等のメルクマールが、「キャッシュフローの移転とリスク負担の変更」であることから、原則として、金銭の信託とした。

　なお、「金銭の信託以外」のものについては、11号の委任に基づく金融商品販売法施行令5条1号で本法律の対象（金融商品の販売）に指定されている。

iii 「当該信託契約に係る受益権が金融商品取引法（中略）第2条第2項第1号又は第2号に掲げる権利であるものに限る」

　金融商品取引法2条2項1号の信託受益権または同項2号の外国信託受益権の譲渡行為は、2条1項6号イで対象とされている。

　本号では、これらの権利についての「設定行為」が対象であることを明示した。

iv 「信託財産の運用方法が特定されていないことその他の政令で定める要件」

○金融商品の販売等に関する法律施行令
（金銭の信託の要件）
第2条　法第2条第1項第3号に規定する政令で定める要件は、信託財産の運用方法が特定されていないこととする。

　「信託財産の運用方法が特定されていないことその他の政令で定める要件」としては、現時点では、「信託財産の運用方法が特定されていないこと」という要件だけが定められている。

　本号の「信託」にこのような要件が課されているのは、運用方法が特定されているものについては、受託者が委託者やその代理人の指図に従い運用を行うもので、受託者は運用の裁量権を与えられておらず、資産の管理者にすぎないため、資産の運用に伴うリスクは委託者が負うべきと考えられることから、受託者に本法律による義務を負わせることは適当でないと考えられたためである。

③ 他の信託関連規定（金融商品の販売）との関係

信託については、本号のほか、「（みなし）有価証券」とされる信託受益権および外国信託受益権（投資信託・外国投資信託・貸付信託・特定目的信託・受益証券発行信託）が本項5号で本法律の対象とされ、またこれらを除く信託受益権および外国信託受益権が本項6号イで本法律の対象とされている。

投資信託・外国投資信託・貸付信託・特定目的信託・受益証券発行信託については、信託行為が行われる段階で「（みなし）有価証券」が発行されたといえることから、信託行為といったん組成された信託受益権を第三者に取得される行為とは区別されることなく、「有価証券を取得させる行為」（本項5号）とされている。これに対して、一般の信託受益権については、上記の信託とは異なり、信託行為が行われる段階で「（みなし）有価証券」が発行されたといえるかどうかは、必ずしも明らかではない。このため、金融商品販売法においては、信託行為（本号）といったん組成された信託受益権を第三者に取得させる行為（本項6号イ）とを区別して規定することとされた。

なお、このように本号に規定される行為は、本項6号イに規定する権利を組成する行為とされている。このような観点から、本号の信託契約については、「当該信託契約に係る受益権が金融商品取引法第2条第2項第1号又は第2号に掲げる権利（＝一般の信託受益権）であるものに限る」との要件が設けられている。

また、「金銭の信託以外の信託であって信託財産の運用方法が特定されていないものに係る信託契約の締結」については、本項11号の委任に基づく金融商品販売法施行令5条1号で、本法律の対象（金融商品の販売）とされている（注2）。

これらの規定の関係については、図表5のとおりである。

(注2) 金融商品販売法施行令5条1号は、本号と、対象とする信託が「金銭の信託」か「金銭以外の信託」かという点で異なっているが、投資信託・外国投資信託・貸付信託・特定目的信託・受益証券発行信託についての本項5号との関係や、「当該信託契約に係る受益権が金融商品取引法第2条第2項第1号又は第2号に掲げる権利（＝一般の信託受益権）であるものに限る」との要件が設けられている点では、本号と同様である。

図表5　信託受益権についての整理（金融商品の販売）

	設定行為	譲渡行為
信託受益権のうち、金融商品取引法2条1項に掲げられているもの	以下の信託受益権(いずれも金融商品取引法2条1項・2項の「有価証券」に該当する)を受益者に取得させる行為(金融商品販売法2条1項5号) ① 投資信託及び投資法人に関する法律に規定する投資信託または外国投資信託の受益権（金融商品取引法2条1項10号・2項） ② 貸付信託の受益権（金融商品取引法2条1項12号・2項） ③ 資産の流動化に関する法律に規定する特定目的信託の受益権（金融商品取引法2条1項13号・2項） ④ 信託法に規定する受益証券発行信託の受益権（金融商品取引法2条1項14号・2項）	
信託受益権のうち、金融商品取引法2条2項に掲げられているもの（＝上記以外のもの）	信託財産の運用方法が特定されていない信託に係る信託契約であって、当該契約に係る受益権が信託受益権または外国信託受益権（①～④の信託受益権を除く）である信託契約の締結(金融商品販売法2条1項3号、金融商品販売法施行令5条(注1)	信託受益権または外国信託受益権（①～④の信託受益権を除く）を取得させる行為（金融商品販売法2条1項6号イ）
	信託財産の運用方法が特定された信託に係る信託契約であって、当該契約に係る受益権が信託受益権または外国信託受益権（①～④の信託受益権を除く）である信託契約の締結（注2）	

(注1) 金銭の信託に係るものについては金融商品販売法2条1項3号に規定されており、金銭の信託以外の信託に係るものについては、同項11号の委任に基づく金融商品販売法施行令5条1号に規定されている。
(注2) 網掛け部分は対象とはならない。

(4) 第 4 号

> 四　保険業法（平成7年法律第105号）第2条第1項に規定する保険業を行う者が保険者となる保険契約（以下この号において「保険契約」という。）又は保険若しくは共済に係る契約で保険契約に類するものとして政令で定めるものの保険契約者又はこれに類する者との締結

① 概　要
本号は以下の2つの行為を規定している。

ⅰ　保険業法2条1項に規定する保険業を行う者が保険者となる保険契約の保険契約者との締結

ⅱ　保険もしくは共済に係る契約で上記のⅰの保険契約に類するものとして政令で定めるものの保険契約者に類する者との締結

② 具体的内容
ⅰ　「保険業法第2条第1項に規定する保険業を行う者」

「保険業法第2条第1項に規定する保険業」とは、「人の生死に関し一定額の保険金を支払うことを約し保険料を収受する保険、一定の偶然の事故によって生ずることのある損害をてん補することを約し保険料を収受する保険その他の保険で、第3条第4項各号又は第5項各号に掲げるものの引受けを行う事業」をいう。

具体的には、生命保険会社、損害保険会社、外国保険会社等がこれに該当し、これらの者が保険契約を締結する行為は金融商品の販売に該当する。

【参考】
○保険業法2条1項
　（定義）
　第2条　この法律において「保険業」とは、人の生死に関し一定額の保険金を支払うことを約し保険料を収受する保険、一定の偶然の事故によって生ずることのある損害をてん補することを約し保険料を収受する保険その他の保険で、第3条第4項各号又は第5項各号に掲げるものの引受けを行う事業（次に掲げるものを除く。）をいう。
　一～三　（略）

○保険業法3条4項・5項
　（免許）
　第3条
4　生命保険業免許は、第1号に掲げる保険の引受けを行い、又はこれに併せて第2号若しくは第3号に掲げる保険の引受けを行う事業に係る免許とする。
　一　人の生存又は死亡（当該人の余命が一定の期間以内であると医師により診断された身体の状態を含む。以下この項及び次項において同じ。）に関し、一定額の保険金を支払うことを約し、保険料を収受する保険（次号ハに掲げる死亡のみに係るものを除く。）
　二　次に掲げる事由に関し、一定額の保険金を支払うこと又はこれらによって生ずることのある当該人の損害をてん補することを約し、保険料を収受する保険
　　イ　人が疾病にかかったこと。
　　ロ　傷害を受けたこと又は疾病にかかったことを原因とする人の状態
　　ハ　傷害を受けたことを直接の原因とする人の死亡
　　ニ　イ又はロに掲げるものに類するものとして内閣府令で定めるもの（人の死亡を除く。）
　　ホ　イ、ロ又はニに掲げるものに関し、治療（治療に類する行為として内閣府令で定めるものを含む。）を受けたこと。
　三　次項第1号に掲げる保険のうち、再保険であって、前2号に掲げる保険に係るもの
5　損害保険業免許は、第1号に掲げる保険の引受けを行い、又はこれに併せて第2号若しくは第3号に掲げる保険の引受けを行う事業に係る免許とする。
　一　一定の偶然の事故によって生ずることのある損害をてん補することを約し、保険料を収受する保険（次号に掲げる保険を除く。）
　二　前項第2号に掲げる保険
　三　前項第1号に掲げる保険のうち、人が外国への旅行のために住居を出発した後、住居に帰着するまでの間（以下この号において「海外旅行期間」という。）における当該人の死亡又は人が海外旅行期間中にかかった疾病を直接の原因とする当該人の死亡に関する保険

ⅱ　「保険若しくは共済に係る契約で保険契約に類するものとして政令で定めるもの」

（ⅰ）「保険」・「共済」

　一般に、「保険」とは、「一定の偶発的事故に起因する経済上の不安定の除去ないし軽減を目的として複数の経済体の結合を前提とした共同の備蓄制度（万一の際に備えるための制度）を意味し、名称が何であるかを問わない」とされる（保険研究会編『コンメンタール保険業法』（財経詳報社）10頁）。

本法律では「保険」について定義されていないが、かかる一般的な「保険」を意味するものである。
　なお、「保険」については、保険業法や商法においても定義されていない。
　また、「共済」とは、一定の地域または職域でつながるものが団体を形成して相互に掛金を拠出し、団体構成員に災害等が発生した場合に一定の給付をなす仕組みであるとされる。
　「保険」と「共済」は、実質的に同じ機能を有しているものであるが、「保険」は不特定の相手方を対象とするのに対して、「共済」は特定の相手方を対象とするという点で異なる。
　(ⅱ)　「政令で定めるもの」(本号の対象となる「保険」・「共済」)
　本法律の対象(金融商品の販売)となる保険・共済については、業者と情報格差のある顧客の保護のため、できるだけ広くとらえることとし、対象とすることに合理性がないものについて、例外的に本法律の対象としないとされている。
　具体的には、「(保険若しくは共済に係る契約で保険契約に類するものとして)政令で定めるもの」を定めた金融商品販売法施行令3条では、「金融商品の販売」に該当しない保険または共済に係る契約を列挙し、これ以外については「政令で定めるもの」に該当するものとして本法律の対象となるものとされている。
　このように本法律の対象とならないものとして列挙されている保険・共済は、以下のものである。
　　a　被保険者・被共済者になる資格のある者が法令により保険・共済契約の締結を義務づけられている(強制加入)保険・共済(年金保険、健康保険等)
　　b　元本割れが生じることが予定されていない保険・共済(国・地方公共団体が保険・共済者となるものおよび特殊法人が保険・共済者となるもの等)
　(ⅲ)　「これに類する者」
　保険または共済に係る契約で、「保険業法第2条第1項に規定する保険業

○金融商品の販売等に関する法律施行令
（保険又は共済に係る契約）
第3条　法第2条第1項第4号に規定する政令で定める契約は、次に掲げる法律の規定により締結される保険又は共済に係る契約に該当しない保険又は共済に係る契約とする。

1　健康保険法（大正11年法律第70号）
2　森林国営保険法（昭和12年法律第25号）
3　船員保険法（昭和14年法律第73号）
4　労働者災害補償保険法（昭和22年法律第50号）
5　貿易保険法（昭和25年法律第67号）
6　中小企業信用保険法（昭和25年法律第264号）
7　中小漁業融資保証法（昭和27年法律第346号）
8　私立学校教職員共済法（昭和28年法律第245号）
9　厚生年金保険法（昭和29年法律第115号。同法第130条の2第1項、第136条の3第1項第2号（同法第164条第3項において準用する場合を含む。）及び第159条の2第1項を除く。）
10　住宅融資保険法（昭和30年法律第63号）
11　消防団員等公務災害補償等責任共済等に関する法律（昭和31年法律第107号）
12　国家公務員共済組合法（昭和33年法律第128号）
13　国民健康保険法（昭和33年法律第192号）
14　国民年金法（昭和34年法律第141号。第10章を除く。）
15　中小企業退職金共済法（昭和34年法律第160号）
16　社会福祉施設職員等退職手当共済法（昭和36年法律第155号）
17　農業信用保証保険法（昭和36年法律第204号）
18　地方公務員等共済組合法（昭和37年法律第152号）
19　小規模企業共済法（昭和40年法律第102号）
20　独立行政法人農業者年金基金法（平成14年法律第127号）
21　預金保険法（昭和46年法律第34号）
22　農水産業協同組合貯金保険法（昭和48年法律第53号）
23　雇用保険法（昭和49年法律第116号）
24　中小企業倒産防止共済法（昭和52年法律第84号）
25　独立行政法人日本スポーツ振興センター法（平成14年法律第162号）
26　介護保険法（平成9年法律第123号）
27　破綻金融機関等の融資先である中堅事業者に係る信用保険の特例に関する臨時措置法（平成10年法律第151号）

を行う者が保険契約者となる保険契約」に類する契約において、保険料や掛金等を支払うこととなる契約当事者のことである。

(5) 第5号

> 五　有価証券（金融商品取引法第2条第1項に規定する有価証券又は同条第2項の規定により有価証券とみなされる権利をいい、同項第1号及び第2号に掲げる権利を除く。）を取得させる行為（代理又は媒介に該当するもの並びに第8号及び第9号に掲げるものに該当するものを除く。）

① 概　　要

平成18年改正前の金融商品販売法でも同様の規定が置かれていたが、平成18年証取法等改正法により、金融商品取引法のもとでは、従来の証券取引法上の有価証券（みなし有価証券を含む）の範囲が拡大されたことから、平成18年改正後は、有価証券に係る対象範囲が拡大された。

② 具体的内容

ⅰ　対象となる「有価証券」

(ⅰ) 平成18年改正前の「有価証券」の範囲

平成18年改正前の本号の「有価証券」については、以下のとおりとされていた。

　　a　証券取引法2条1項に規定する有価証券
　　b　証券取引法2条2項の規定により有価証券とみなされる権利

(ⅱ) 平成18年改正による「有価証券」の範囲の拡充

　　a　「有価証券」の範囲

平成18年改正後の本号の「有価証券」については、以下のとおりとされている。

　　(a)　金融商品取引法2条1項に規定する有価証券
　　(b)　金融商品取引法2条2項により有価証券とみなされる権利（信託受益権（同項1号）および外国信託受益権（同項2号）を除く）

平成18年改正では、平成18年証取法等改正法により、金融商品取引

第6章　第2条（定義）　65

法のもとでは、集団投資スキーム持分がみなし有価証券とされる（金融商品取引法2条2項5号および6号）等、「有価証券」の範囲が拡大されたことから（図表6）、本号の対象範囲も拡大された。

b 集団投資スキーム持分

(a) 意義・背景

近年、金融技術やITの進展、法制面の整備による新たな「器」（ビークル）の導入および資金調達・運用手法の多様化等を背景として、既存の投資者保護法制の対象とならない新しいファンド型の金融商品が出現している。また、多数の一般投資家を対象とした匿名組合形式の事業型ファンド等に関する被害事例もみられたところである。

このような状況に対応して、利用者保護ルールの徹底を図るために規制の「すき間」を埋める観点から、金融商品取引法では、いわゆる「みなし有価証券」に該当する権利として、新たに包括的な定義（金融商品取引法2条2項5号・6号）が設けられた。このような包括的な定義は「集団投資スキーム（ファンド）持分」と呼ぶことができる。

(b) 具体的内容

「集団投資スキーム（ファンド）持分」としては、国内の法令に基づく権利（金融商品取引法2条2項5号）および外国の法令に基づく権利（同項6号）の両方が規定されている。

国内の法令に基づく権利として、民法上の組合契約、商法上の匿名組合契約、投資事業有限責任組合契約および有限責任事業組合契約に基づく権利ならびに社団法人の社員権が列挙されている（金融商品取引法2条2項5号）。これらは、集団投資スキームのビークルとして用いられているものを例示的に列挙するものにすぎず、「その他の権利」が規定されていることからも明らかなように、集団投資スキームに該当するかどうかについては、法形式のいかんは問わないこととされている。

また、集団投資スキーム持分の定義は、以下の3つの要素から構成

図表6　平成18年証取法等改正法による改正後と改正前における「有価証券」の範囲の比較

1．改正後の「有価証券」（金融商品取引法2条）　　2．改正前の「有価証券」（証券取引法2条）

号	1項　この法律において「有価証券」とは、次に掲げるものをいう。	1項　この法律において「有価証券」とは、次に掲げるものをいう。	号
1	国債証券	国債証券	1
2	地方債証券	地方債証券	2
3	特別の法律により法人の発行する債券	特別の法律により法人の発行する債券	3
4	資産流動化法に規定する特定社債券	資産流動化法に規定する特定社債券	3の2
5	社債券	社債券	4
6	特別の法律により設立された法人の発行する出資証券	特別の法律により設立された法人の発行する出資証券	5
7	協同組織金融機関の優先出資証券	協同組織金融機関の優先出資証券	5の2
8	資産流動化法に規定する優先出資証券又は新優先出資引受権を表示する証券	資産流動化法に規定する優先出資証券又は新優先出資引受権を表示する証券	5の3
9	株券、新株予約権証券	株券、新株予約権証券	6
10	投資信託又は外国投資信託の受益証券	投資信託又は外国投資信託の受益証券	7
11	投資証券、投資法人債券、外国投資証券	投資証券、投資法人債券、外国投資証券	7の2
12	貸付信託の受益証券	貸付信託の受益証券	7の3
13	資産流動化法に規定する特定目的信託の受益証券	資産流動化法に規定する特定目的信託の受益証券	7の4
14	信託法に規定する受益証券発行信託の受益証券		
15	内閣府令で定める約束手形（CP）	内閣府令で定める約束手形（CP）	8
16	抵当証券		
17	外国又は外国法人の発行する証券又は証書	外国又は外国法人の発行する証券又は証書	9
18	外国法人の発行する銀行等の貸付債権の信託受益権等を表示する証券又は証書	外国法人の発行する銀行等の貸付債権の信託受益権等を表示する証券又は証書	10
19	オプションを表示する証券又は証書（カバードワラント）	オプションを表示する証券又は証書（カバードワラント）	10の2
20	外国預託証券・証書（DR）	外国預託証券・証書（DR）	10の3
21	政令で定める証券又は証書	政令で定める証券又は証書	11

号	2項　前項に掲げる有価証券は、当該有価証券が発行されていない場合においても、これを当該有価証券とみなす。次に掲げる権利は、有価証券とみなして、この法律を適用する。	2項　前項に掲げる有価証券は、当該有価証券が発行されていない場合においても、これを当該有価証券とみなす。次に掲げる権利は、有価証券とみなして、この法律を適用する。	号
1	信託受益権	銀行等の貸付債権の信託受益権のうち、政令で定めるもの	1
2	外国法人に対する権利で前号の権利の性質を有するもの	外国法人に対する権利で前号の権利の性質を有するもの	2
5	集団投資スキームの持分	投資事業有限責任組合契約の持分、投資事業を行う組合契約の持分、投資事業を行う匿名組合契約の持分	3
		有限責任事業組合契約の持分	4
6	外国集団投資スキームの持分	外国の法令に基づく契約であつて前二号の契約に類するものの持分	5
3	合名会社・合資会社(政令限定)又は合同会社の社員権	合同会社等の社員権	6
4	外国法人に対する権利で前号の権利の性質を有するもの	外国法人に対する権利で前号の権利の性質を有するもの	7
7	経済的性質等を勘案して政令で定める権利	流通の状況や経済的性質等を勘案して政令で定める金銭債権（現在該当なし）	8

（注1）　網掛け部分は、主として今回改正された点である。
（注2）　金融商品取引法2条2項1号および2号の有価証券は、譲渡における局面では、18年改正後の金融商品販売法2条1項5号の対象ではない（同項6号イの対象である）。

第6章　第2条（定義）

される（金融商品取引法2条2項5号）。

イ　権利を有する者（「出資者」）が金銭等を出資または拠出すること。

ロ　出資または拠出された金銭等を充てて事業（「出資対象事業」）が行われること。

ハ　出資者が出資対象事業から生ずる収益の配当または当該事業にかかる財産の分配を受けることができる権利であること。

　ただし、これらの要件すべてを満たす権利であっても、金融商品取引法の適用対象とすることが必ずしも必要でないものもあると考えられることから、集団投資スキーム持分の定義について、一定の適用除外を設ける規定が置かれている（金融商品取引法2条2項5号イ～ニ）。

　なお、「集団」投資スキーム持分という用語からは、複数の者が出資・拠出を行うスキームのみがこれに該当するようにみえるが、法律上、複数の者によって出資・拠出がなされることは集団投資スキームの要件とはされていない。したがって、単数の者が出資・拠出を行う場合であっても、集団投資スキーム持分に係る包括的な定義に該当しうる。

【参考】
○金融商品取引法2条2項5号・6号
　（定義）
　第2条
2　（略）次に掲げる権利は、証券又は証書に表示されるべき権利以外の権利であつても有価証券とみなして、この法律の規定を適用する。
　五　民法（明治29年法律第89号）第667条第1項に規定する組合契約、商法（明治32年法律第48号）第535条に規定する匿名組合契約、投資事業有限責任組合契約に関する法律（平成10年法律第90号）第3条第1項に規定する投資事業有限責任組合契約又は有限責任事業組合契約に関する法律（平成17年法律第40号）第3条第1項に規定する有限責任事業組合契約に基づく権利、社団法人の社員権その他の権利（外国の法令に基づくものを除く。）のうち、当該権利を有する者（以下この号において「出資者」という。）が出資又は拠出をした金銭（これに類するものとして政令で定めるものを含む。）を充てて行う事業（以下この号において「出資対象事業」という。）から生ずる収益の配当又は当該出資対象事業に係る財産の分配を受けるこ

とができる権利であつて、次のいずれにも該当しないもの（前項各号に掲げる有価証券に表示される権利及びこの項（この号を除く。）の規定により有価証券とみなされる権利を除く。）
　　イ　出資者の全員が出資対象事業に関与する場合として政令で定める場合における当該出資者の権利
　　ロ　出資者がその出資又は拠出の額を超えて収益の配当又は出資対象事業に係る財産の分配を受けることがないことを内容とする当該出資者の権利（イに掲げる権利を除く。）
　　ハ　保険業法（平成7年法律第105号）第2条第1項に規定する保険業を行う者が保険者となる保険契約、農業協同組合法（昭和22年法律第132号）第10条第1項第10号に規定する事業を行う同法第5条に規定する組合と締結した共済契約、中小企業等協同組合法（昭和24年法律第181号）第9条の2第7項に規定する共済事業を行う同法第3条に規定する組合と締結した共済契約又は不動産特定共同事業法（平成6年法律第77号）第2条第3項に規定する不動産特定共同事業契約に基づく権利（イ及びロに掲げる権利を除く。）
　　ニ　イからハまでに掲げるもののほか、当該権利を有価証券とみなさなくても公益又は出資者の保護のため支障を生ずることがないと認められるものとして政令で定める権利
　六　外国の法令に基づく権利であつて、前号に掲げる権利に類するもの

ⅱ　「有価証券を取得させる行為」

　顧客が有価証券を取得する結果を生じさせることとなる行為であり、流通の局面における行為（有価証券の売買の取次ぎ、媒介または代理等）に限らず、発行の局面における行為についても広く含まれる。

ⅲ　「代理又は媒介に該当するもの（中略）を除く」

（i）「代理」「媒介」について

　「代理」とは、「本人」のためにすることを示してする意思表示であって、その意思表示により本人に直接効果が生じるものである。この場合、代理をする者が、本人名義で本人の計算で取引を行うことになる。

　「媒介」とは、媒介をする者が他者の間の法律行為の成立のために尽力する事実行為である。この場合、媒介を行う者ではなく、他者が、当該他者の名義で当該他者の計算で取引を行うことになる。

　「代理」および「媒介」の場合には、顧客に有価証券を取得させることと

なる契約（売買契約等）の当事者は、「代理」「媒介」を行った者ではなく、「代理」における「本人」または「媒介」における「他者」であることから、本法律による義務を負う主体を第一次的にはこれらの者とし、代理または媒介に該当するものについては「金融商品の販売」に含まれていない。

一方、「金融商品の販売」の代理または媒介を行う行為は、「金融商品の販売等」（本条2項）として、いわば第二次的に、本法律の対象とされる。この場合、「金融商品の販売」の代理または媒介を業として行う者は、「金融商品販売業者等」（金融商品の販売等を業として行う者（本条3項）として、本法律による義務（説明義務、断定的判断の提供等の禁止、勧誘方針の策定・公表義務等）を負うことになる）。

(ii) 「取次ぎ」について

「取次ぎ」とは、自己の名をもって他者の計算において法律行為をすることを引き受ける行為であり、有価証券に関していえば、証券会社の中心的な業務であるといえる。

「取次ぎ」の場合には、顧客に有価証券を取得させることとなる契約（売買契約等）の当事者は、「取次ぎ」を行った者であることから、この者に本法律による第一次的な義務を負わせることとし、「取次ぎ」に該当するものについては「金融商品の販売」とされた。

なお、本項8号および9号の「取引」については、「取引」そのものに「取次ぎ」が含まれるものと解することはできないが、実務上、これらの「取引」は取次ぎ行為を伴う形態も多いこと等から、「取引」に加えて「これらの取引の取次ぎ」を規定した。

iv 「第8号及び第9号に掲げるものに該当するものを除く」

市場デリバティブ取引および外国市場デリバティブ取引（本項8号）ならびに店頭デリバティブ取引（本項9号）のうち、有価証券に係る先物取引、先渡取引やオプション取引等において現物決済が行われる場合には、「有価証券を取得させる行為」が行われることになる。しかしながら、これらの取引は「金融商品の販売」に該当し、これらの取引を行おうとする業者に本法

律による義務が課されている。

このため、重複を避けるため、「有価証券を取得させる行為」(本号)から本項8号および9号に該当するものを除くとされた。

(6) 第6号

> 六　次に掲げるものを取得させる行為（代理又は媒介に該当するものを除く。）
> 　イ　金融商品取引法第2条第2項第1号又は第2号に掲げる権利
> 　ロ　譲渡性預金証書をもって表示される金銭債権（金融商品取引法第2条第1項に規定する有価証券に表示される権利又は同条第2項の規定により有価証券とみなされる権利であるものを除く。）

① 概　　要

平成18年改正前においては、本号では、対象物が有価証券ではないが、その商品の性格が有価証券に類似するため、「有価証券を取得させる行為」に類似した行為を規定していた。

平成18年改正では、証取法等改正法によって、従来の証券取引法上の有価証券（みなし有価証券を含む）の範囲が拡大されたこと等に伴い、本号について整理が行われた。

平成18年改正により、改正前に本号に掲げられていたもののうち、抵当証券（改正前のロ）については、改正後は金融商品取引法2条1項16号に規定される有価証券に該当し、また、商品投資受益権（同改正前のハ）については、改正後は金融商品取引法2条2項5号および6号の有価証券または金融商品取引法2条2項1号もしくは2号の（みなし）有価証券（信託受益権または外国信託受益権）に該当することとなった。

このため、平成18年改正では、平成18年改正前の本号ロおよびハについては削除し、これらを取得させる行為は、改正後の本項5号または6号イに吸収されるものと整理された。

② 具体的内容

i 権利・債権等について

(i) イについて

「金融商品取引法第2条第2項第1号又は第2号に掲げる権利」

いわゆる信託受益権または外国信託受益権（一般の信託受益権）である。

平成18年改正前の「信託の受益権」（同改正前本号イ）については、平成18年証取法等改正法による改正前の証券取引法2条1項・2項では、「(みなし)有価証券」とはされていなかったが、同改正によって「(みなし)有価証券」とされた（金融商品取引法2条2項1号・2号）。

金融商品販売法では、「(みなし)有価証券を取得させる行為」は、原則として2条1項5号に規定されているが、一般の信託受益権については、信託行為が行われる段階において「(みなし)有価証券」が発行されたといえるかどうかは、必ずしも明らかではない。そこで、金融商品販売法においては、一般の信託受益権については、信託行為（本項3号）といったん組成された信託受益権を第三者に取得させる行為（本項6号イ）とを区別して規定することとし、これらが区別されていない本項5号の対象からは除外された（なお、投資信託・外国投資信託・貸付信託・特定目的信託・受益証券発行信託の受益証券が発行される信託は本項5号の対象）（注3）。

(注3) 3(3)③参照。

【参考】
○金融商品取引法2条2項1号・2号
　（定義）
　第2条
　2　（略）次に掲げる権利は、証券又は証書に表示されるべき権利以外の権利であつても有価証券とみなして、この法律の規定を適用する。
　　一　信託の受益権（前項第10号に規定する投資信託の受益証券に表示されるべきもの及び同項第12号から第14号までに掲げる有価証券に表示されるべきものを除く。）
　　二　外国の者に対する権利で前号に掲げる権利の性質を有するもの（前項第10号に規定する外国投資信託の受益証券に表示されるべきもの並びに同項第17号及び第18号に掲げる有価証券に表示されるべきものに該当するものを除

く。)
(ⅱ) ロについて
a 「譲渡性預金」

　銀行の預金は、特約で譲渡が禁止されているのが一般であるが、譲渡性預金は、このような特約がなされておらず、譲渡が可能な預金のことである。

b 「金融商品取引法第2条第1項に規定する有価証券に表示される権利又は同条第2項の規定により有価証券とみなされる権利であるものを除く」

(a) 総　論

　譲渡性預金証書のうち有価証券に表示される権利（金融商品取引法2条1項）またはみなし有価証券とされる権利（同条2項）については、本項5号との重複を避けるため、除外された。平成18年改正前の金融商品販売法のもとでも、譲渡性預金証書のうちの特定権利、すなわち有価証券に表示される権利（証券取引法2条1項）またはみなし有価証券とされる権利（同条2項）については、重複を避けるために除外されており、同様の除外を行ったものである。

(b) 外国法人が発行する譲渡性預金証書

　平成18年証取法等改正法による改正前の証券取引法2条1項11号では、同項1号から10号の3までに掲げられた証券または証書以外の証券または証書のほか、「流通性その他の事情を勘案し、公益又は投資者の保護を確保することが必要と認められるものとして政令で定める証券又は証書」が規定されており、この規定に基づいて証券取引法施行令1条により外国法人が発行する譲渡性預金証書が指定されていた。したがって、平成18年改正前の金融商品販売法のもとでは、外国法人が発行する譲渡性預金証書を取得させる行為は、本項5号の対象であり、本号の対象ではなかった。

　平成18年改正後においても、この点については実質的な変更はない

ものと考えられる。金融商品取引法では、2条1項21号に上記の証券取引法2条1項11号と同様の政令指定規定が置かれ、同項1号から20号までに掲げられた証券または証書のほか、「流通性その他の事情を勘案し、公益又は投資者の保護を確保することが必要と認められるものとして政令で定める証券又は証書」が規定されている。当該政令（金融商品取引法施行令1条1号）では、外国法人が発行する譲渡性預金（払戻しについて期限の定めがある預金で指名債権でないもの）の預金証書が指定されている。したがって、外国法人が発行する譲渡性預金証書を取得させる行為については、本項5号の対象であり、本号の対象とはならない（すなわち、本号の対象となるのは、日本国内の法人が発行する譲渡性預金証書である）。

【参考】
○金融商品取引法2条1項21号
　（定義）
　第2条　この法律において「有価証券」とは、次に掲げるものをいう。
　　二十一　前各号に掲げるもののほか、流通性その他の事情を勘案し、公益又は投資者の保護を確保することが必要と認められるものとして政令で定める証券又は証書

○証券取引法2条1項11号（平成18年証取法等改正法による改正前）
　第2条　この法律において「有価証券」とは、次に掲げるものをいう。
　　十一　前各号に掲げるもののほか、流通性その他の事情を勘案し、公益又は投資者の保護を確保することが必要と認められるものとして政令で定める証券又は証書

○金融商品取引法施行令1条1号
　（有価証券となる証券又は証書）
　第1条　金融商品取引法（以下「法」という。）第2条第1項第21号に規定する政令で定める証券又は証書は、次に掲げるものとする。
　　一　譲渡性預金（払戻しについて期限の定めがある預金で、指名債権でないものをいう。）の預金証書のうち、外国法人が発行するもの

○証券取引法施行令1条（平成18年証取法等改正法による改正前）
　（法第2条第1項第11号の有価証券）

第1条　証券取引法（以下「法」という。）第2条第1項第11号に規定する政令で定める証券又は証書は、譲渡性預金（払戻しについて期限の定めがある預金で、指名債権でないものをいう。）の預金証書のうち、外国法人が発行するものとする。

ⅱ　「取得させる行為」

　一般の信託受益権については、「取得させる行為」とは譲渡行為のみである。なお、一般の信託受益権の設定行為については、3号で規定されている。

ⅲ　「代理又は媒介に該当するものを除く」

　5号において「代理又は媒介に該当するもの（中略）を除く」とされていることと同趣旨のため、5号の解説（3⑸②ⅲ）を参照されたい。

(7)　第7号

> 七　不動産特定共同事業法（平成6年法律第77号）第2条第3項に規定する不動産特定共同事業契約（金銭をもって出資の目的とし、かつ、契約の終了の場合における残余財産の分割若しくは出資の返還が金銭により行われることを内容とするもの又はこれらに類する事項として政令で定めるものを内容とするものに限る。）の締結

①　概　　要

　不動産特定共同事業法は、不動産を利用する投資スキームとして、不動産特定共同事業契約によるスキームを設けて所要の規制を行っている。本号は、かかる不動産特定共同事業契約のうち、金銭をもって出資の目的とする等一定の要件を満たすものの締結を「金融商品の販売」として、本法律の対象とするものである。なお、本号は、平成18年改正により8号から7号に変更されたが、規定の内容は変更されていない。

②　具体的内容

ⅰ　「不動産特定共同事業契約」

　総　　論

　不動産特定共同事業法は、不動産特定共同事業契約について、以下の4つの方式を設けており（不動産特定共同事業法2条3項1号～4号）、また、これ

以外の方式についても政令で定めることができるとしている（同項5号。現行は、この政令は定められていない）。

 a 任意組合方式（1号）
 b 匿名組合方式（2号）
 c 賃貸方式（3号）
 d 外国の法令に基づくもの（4号）

ⅱ 各 論
 (ⅰ) 任意組合方式

　不動産所有者と投資者（事業参加者）との不動産共有持分権の売買契約が行われ、投資者が当該契約により取得した共有持分権を任意組合に出資し、当該組合は、対象不動産の賃貸および一定期間経過後の一括売却という不動産取引を予定して、業務執行者に業務執行権限を与え、投資者は、当該業務執行者の管理・処分行為により生じた組合収益の分配を受ける、といったスキームのもとに投資者および事業者間全員の間で任意組合契約が締結される方式である。なお、任意組合契約において金銭出資を行う形態とすることも可能である。

 (ⅱ) 匿名組合方式

　投資者（事業参加者）は事業者の行う不動産取引のために事業者に金銭を出資し、事業者は出資された金銭で不動産の取得を行ったうえで、不動産取引を行い、この不動産取引から生じる利益を投資者に分配する、といったスキームのもとに投資者（事業参加者）と営業者（事業者）との間で匿名組合契約が締結される方式である。

 (ⅲ) 賃貸方式

　投資者は、単純共有持分の売買契約に引き続いて、売主またはその関連会社（事業者）との間で賃貸借契約または賃貸の委任契約を締結し、事業者は、自らが賃貸人となり、または投資者の委任により投資者を賃貸人としてエンドユーザーに賃貸し、当該エンドユーザーからの賃料収入を投資者に分配する、といったスキームがとられる方式である。

(ⅳ) 外国の法令に基づくもの

外国の法令に基づくもので、(ⅰ)～(ⅲ)（不動産特定共同事業法2条3項1号～3号）に相当するものである。

ⅲ 「金銭をもって出資の目的とし、かつ、契約の終了の場合における残余財産の分割若しくは出資の返還が金銭により行われることを内容とするもの（中略）に限る」

不動産特定共同事業契約のうち、金銭で出資し金銭で返還を受ける形態のものが、まさに金融商品の性格を有していると認められ、本法律の規定の適用対象とすることが適当であると考えられることから、このような要件が付されているものである。

ⅳ 「政令で定めるもの」

不動産特定共同事業法49条1項1号の「政令で定めるもの」に対応するものを規定することが予定されているものである。現行は、当該政令は定められていない。このことから、本号の「政令で定めるもの」についても、現行は定められていない。

【参考】
○不動産特定共同事業法2条3項
　（定義）
　第2条
　3　この法律において「不動産特定共同事業契約」とは、次に掲げる契約（予約を含む。）であって、契約（予約を含む。）の締結の態様、当事者の関係等を勘案して収益又は利益の分配を受ける者の保護が確保されていると認められる契約（予約を含む。）として政令で定めるものを除いたものをいう。
　　一　各当事者が、出資を行い、その出資による共同の事業として、そのうちの一人又は数人の者にその業務の執行を委任して不動産取引を営み、当該不動産取引から生ずる収益の分配を行うことを約する契約
　　二　当事者の一方が相手方の行う不動産取引のため出資を行い、相手方がその出資された財産により不動産取引を営み、当該不動産取引から生ずる利益の分配を行うことを約する契約
　　三　当事者の一方が相手方の行う不動産取引のため自らの共有に属する不動産の賃貸をし、又はその賃貸の委任をし、相手方が当該不動産により不動産取引を営み、当該不動産取引から生ずる収益の分配を行うことを約する契約

四　外国の法令に基づく契約であって、前 3 号に掲げるものに相当するもの
五　前各号に掲げるもののほか、不動産取引から生ずる収益又は利益の分配を行うことを約する契約（外国の法令に基づく契約を含む。）であって、当該不動産取引に係る事業の公正及び当該不動産取引から生ずる収益又は利益の分配を受ける者の保護を確保することが必要なものとして政令で定めるもの

(8)　第 8 号・第 9 号

> 八　金融商品取引法第 2 条第21項に規定する市場デリバティブ取引若しくは同条第23項に規定する外国市場デリバティブ取引又はこれらの取引の取次ぎ
> 九　金融商品取引法第 2 条第22項に規定する店頭デリバティブ取引又はその取次ぎ

① 概　要

　平成18年改正前の金融商品販売法では、デリバティブ取引については、有価証券デリバティブ取引および金融先物取引が対象とされていた（本項 9 号・10号）が、平成18年証取法等改正法により、金融商品取引法のもとでは、従来の証券取引法上の有価証券デリバティブ取引および金融先物取引法上の金融先物取引に加えて、その範囲が拡大された（図表 7 および図表 8 ）ことから、デリバティブ取引に係る対象範囲が拡大された。

　具体的には、平成18年改正前の金融商品販売法では、以下の取引またはこれらの取引の取次ぎが想定されていた。

(a)　取引所において取引される有価証券デリバティブ取引および金融先物取引（改正前 9 号）：（有価証券先物取引、有価証券指数等先物取引（証券取引法同条21項）、有価証券オプション取引（同条22項）、外国市場証券先物取引（同条23項）、取引所金融先物取引等（金融先物取引法 2 条 2 項））
(b)　相対で行われる店頭取引の有価証券デリバティブ取引および金融先物取引（改正前10号）：（有価証券先渡取引、有価証券店頭指数等先渡取引（証券取引法 2 条25項）、有価証券店頭オプション取引（同条26項）、有価証券店頭指数等スワップ取引（同条27項）、店頭金融先物取引（金融先物取引法 2 条 4 項））

図表7　金融商品取引法における市場デリバティブ取引のイメージ

取引類型＼原資産・参照指標	有価証券	通　貨　等	その他の資産を政令指定	資産の裏付のない指標を政令指定
先物取引	有価証券先物取引【証取法2条20項】			
取引所指標先物取引	有価証券指数等先物取引【証取法2条21項】	取引所金融先物取引【金先法2条2項】	原資産・参照指標を拡大 →	
取引所オプション取引	有価証券オプション取引【証取法2条22項】			
取引所指標スワップ取引				
取引所クレジット・デリバティブ等取引	↓ 取引類型を拡大			
取引類型を政令指定				

（右側に「市場デリバティブ取引」と括る）

　これに対して、平成18年改正後は、これらより広い概念である、以下の取引またはこれらの取引の取次ぎについて規定された。

(a) 市場デリバティブ取引（金融商品取引法2条21項）および外国市場デリバティブ取引（同条23項）（本項8号）：（先物取引、取引所指標先物取引、取引所オプション取引、取引所指標スワップ取引、取引所クレジット・デリバティブ等取引）

(b) 店頭デリバティブ取引（金融商品取引法2条22項）（本項9号）：（先渡取引、指標先渡取引、店頭オプション取引、店頭指標オプション取引、店頭指標スワップ取引、店頭クレジット・デリバティブ等取引）

図表8　金融商品取引法における店頭デリバティブ取引のイメージ

取引類型＼原資産・参照指標	有価証券	通貨等	その他の資産を政令指定	資産の裏付のない指標を政令指定
先渡取引	有価証券先渡取引【証取法2条24項】	店頭金融先物取引【金先法2条4項】		
指標先渡取引	有価証券店頭指数等先渡取引【証取法2条25項】		天候先物	
店頭オプション取引	有価証券店頭オプション取引【証取法2条26項】			
店頭指標オプション取引			天候オプション	
店頭指標スワップ取引	有価証券店頭指数等スワップ取引【証取法2条27項】	通貨・金利スワップ	クレジット・デリバティブ	
店頭クレジット・デリバティブ等取引				
取引類型を政令指定			地震デリバティブ	

（矢印：原資産・参照指標を拡大／取引類型を拡大／店頭デリバティブ取引）

② 具体的内容

i　金融商品取引法における市場デリバティブ取引、外国市場デリバティブ取引または店頭デリバティブ取引

（i）「デリバティブ取引」

　金融商品取引法において「デリバティブ取引」とは、「市場デリバティブ取引、店頭デリバティブ取引又は外国市場デリバティブ取引」をいうものとされている（金融商品取引法2条20項）。具体的内容は以下のとおりである。

　a　市場デリバティブ取引

　　金融商品市場において、これを開設する者の定める基準および方法に従い行う一定の類型のデリバティブ取引である（金融商品取引法2条21

項)。
　　b　外国市場デリバティブ取引
　　　　外国金融商品市場において行う市場デリバティブ取引と類似の取引である（金融商品取引法2条23項）。
　　c　店頭デリバティブ取引
　　　　金融商品市場および外国金融商品市場によらないで行う一定の類型のデリバティブ取引である（金融商品取引法2条22項）。

ⅱ　「デリバティブ取引」の取引類型
　「デリバティブ取引」の取引類型は、基本的には、
　(ⅰ)　現物取引の対象となる資産を「原資産」とする取引類型
　(ⅱ)　それ自体は現物取引の対象とならない数値を「参照指標」とする取引類型
　(ⅲ)　これら以外の取引類型
に分類される。
　具体的には、
　　a　(ⅰ)については、先物取引・先渡取引（金融商品取引法2条21項1号・22項1号）、オプション取引（同条21項3号・22項3号）
　　b　(ⅱ)については、指標先物取引・指標先渡取引（金融商品取引法2条21項2号・22条2号）、指標オプション取引（同条21項3号ロカッコ書・22項4号）、指標スワップ取引（同条21項4号・22項5号）
　　c　(ⅲ)については、クレジット・デリバティブ取引（金融商品取引法2条21項5号・22項6号）
が規定されている。

ⅲ　「デリバティブ取引」の原資産
　有価証券、預金債権等、通貨が規定されているほか、「同一の種類のものが多数存在し、価格の変動が著しい資産」を政令指定できることとされている（金融商品取引法2条24項）。現時点では、当該政令は定められていない。

ⅳ　「デリバティブ取引」の参照指標（金融指標）

金融商品の価格・利率等、気象観測数値を規定しているほか、「その変動に影響を及ぼすことが不可能若しくは著しく困難であつて、事業者の事業活動に重大な影響を与える指標」または「社会経済の状況に関する状況に関する統計の数値」を政令指定できることとされている(金融商品取引法2条25項)。

Ⅴ　総　括

　金融商品取引法では、「デリバティブ取引」の定義を取引類型と原資産・参照指標から構成したうえで、取引類型と原資産・参照指標のいずれについても、その範囲を拡大し、かつ政令指定を可能としている。たとえば、通貨・金利スワップ取引（注4）、クレジット・デリバティブ取引（注5）、天候デリバティブ取引（注6）といった「デリバティブ取引」が金融商品取引法で新たに対象とされた。

(注4)　通貨・金利スワップ取引

　　　　利率等（金融商品取引法2条25項1号）を参照指標とするスワップ取引（同条21項4号・22項5号）として位置づけられる。たとえば、当事者の一方が円建ての金利を支払い、これに対して相手方が外貨建ての金利を支払う取引や、当事者の一方が円建ての金利を支払い、これに対して相手方が外貨建ての金利を支払う取引や、当事者の一方が変動金利を支払い、これに対して相手方が固定金利を支払う取引等が該当する。

(注5)　クレジット・デリバティブ取引

　　　　金融商品取引法2条21項5号イまたは22項6号イに規定する取引として位置づけられる。たとえば、当事者の一方が相手方の保有する債権の債務者が倒産した場合に相手方に対して当該債権の券面額等の一定額を支払うことを約し、あらかじめその対価として相手方から手数料を受領する取引等がこれに該当する。

(注6)　天候デリバティブ取引

　　　　気象観測数値（金融商品取引法2条25項2号）を参照指標とする指標先物取引または指標先渡取引（同条21項2号・22項2号）として位置づけることが可能である。たとえば、当事者の一方が一定期間内に気温が一定の数値を超過した日数に応じて相手方に対して金銭を支払うことを約し、あらかじめその対価として相手方から手数料を受領する取引等がこれに該当する。

　　　　また暴風、豪雨、豪雪、洪水、高潮、地震、津波、噴火その他の異常な自然現象（金融商品取引法施行令1条の14第1号）を支払事由とするクレジット・デリバティブ取引（同条21項5号・22項6号）として位置づけることも可能である。

③ 各取引類型の具体的内容

i 市場デリバティブ取引（8号）

(i) 先物取引

先物取引とは、金融商品市場において、金融商品市場を開設する者の定める基準および方法に従い行う取引のうち、売買の当事者が将来の一定の時期において金融商品およびその対価の授受を約する売買であって、当該売買の目的となっている金融商品の転売または買戻しをしたときは差金の授受によって決済することができる取引である（金融商品取引法2条21項1号）。

(ii) 取引所指標先物取引

取引所指標先物取引とは、金融商品市場において、金融商品市場を開設する者の定める基準および方法に従い行う取引のうち、当事者があらかじめ金融指標として約定する数値（約定数値）と将来の一定の時期における現実の当該金融指標の数値（現実数値）の差に基づいて算出される金銭の授受を約する取引である（金融商品取引法2条21項2号）。

(iii) 取引所オプション取引（指標オプション取引を含む）

取引所オプション取引とは、金融商品市場において、金融商品市場を開設する者の定める基準および方法に従い行う取引のうち、当事者の一方の意思表示により当事者間において

　a 金融商品の売買（金融商品取引法2条21項1号（＝先物取引）に掲げる取引を除く。）

　b 金融商品取引法2条21項1号（＝先物取引）、2号（＝取引所指標先物取引）、4号（＝取引所指標スワップ取引）、5号（＝取引所クレジット・デリバティブ等取引）および6号（＝政令指定取引）に掲げる取引（同項2号に掲げる取引（＝取引所指標先物取引）に準ずる取引で金融商品取引所の定めるものを含む）

を成立させることができる権利を相手方が当事者の一方に付与し、当事者の一方がこれに対して対価を支払うことを約する取引である（金融商品取引法2条21項3号）。

(iv) 取引所指標スワップ取引

　取引所指標スワップ取引とは、金融商品市場において、金融商品市場を開設する者の定める基準および方法に従い行う取引のうち、当事者が元本として定めた金額について当事者の一方が相手方と取り決めた金融商品（通貨を除く。以下(iv)において同じ）の利率等（利率、金融商品に係る収益その他これに準ずるものの配当率および割引の方法により発行された金融商品の割引率（注7）をいう。以下(iv)において同じ）または金融指標（金融商品の利率等およびこれに基づいて算出した数値を除く。以下同じ）の約定した期間における変化率に基づいて金銭を支払い、相手方が当事者の一方と取り決めた金融商品の利率等または金融指標の約定した期間における変化率に基づいて金銭を支払うことを相互に約する取引（これらの金銭の支払とあわせて当該元本として定めた金額に相当する金銭または金融商品を授受することを約するものを含む）である（金融商品取引法2条21項4号）。

(注7)　金融商品取引法第二条に規定する定義に関する内閣府令19条で定められている。

(v) 取引所クレジット・デリバティブ等取引

　取引所クレジット・デリバティブ等取引とは、金融商品市場において、金融商品市場を開設する者の定める基準および方法に従い行う取引のうち、当事者の一方が金銭を支払い、これに対して当事者があらかじめ定めた

　　a　法人の信用状態に係る事由その他これに類似するものとして政令で定めるもの（注8）

　　b　当事者がその発生に影響を及ぼすことが不可能または著しく困難な事由であって、当該当事者その他の事業者の事業活動に重大な影響を与えるものとして政令で定めるもの（aに掲げるものを除く）（注9）

のうちのいずれかの事由が発生した場合において相手方が金銭を支払うことを約する取引（当該事由が発生した場合において、当事者の一方が金融商品、金融商品に係る権利または金銭債権（金融商品であるものおよび金融商品に係る権利であるものを除く）を移転することを約するものを含み、金融商品取引法2条21項

2号（＝取引所指標先物取引）、3号（＝取引所オプション取引）および4号（＝取引所指標スワップ取引）に掲げるものを除く）である（金融商品取引法2条21項5号）。

(注8) 金融商品取引法制に関する政府令整備において、金融商品取引法施行令1条の13および金融商品取引法第二条に規定する定義に関する内閣府令20条により、法人でない者の信用状態に係る事由、債務者の経営再建または支援を図ることを目的として行われる金利の減免、利息の支払猶予、元本の返済猶予、債権放棄その他の債務者に有利となる取決めが指定された。

(注9) 金融商品取引法制に関する政府令整備において、金融商品取引法施行令1条の14・金融商品取引法第二条に規定する定義に関する内閣府令21条により、以下が指定された。
① 暴風、豪雨、豪雪、洪水、高潮、地震、津波、噴火その他の異常な自然現象
② 戦争、革命、内乱、暴動、騒乱、外国政府・外国の地方公共団体その他これらに準ずる者により実施される為替取引の制限・禁止、私人の債務の支払の猶予・免除について講ずる措置、またはその債務に係る債務不履行宣言

(vi) 具体例等

具体的な類型と類型ごとの具体例については、図表9参照。

ⅱ 店頭デリバティブ取引（9号）(注10)

(注10) 以下のものは、金融商品取引法2条22項の店頭デリバティブ取引から除外される（金融商品取引法施行令1条の15）。
① 預金保険法2条2項に規定する預金等および農水産業協同組合貯金保険法2条2項に規定する貯金等の受入れを内容とする取引に付随する金融商品取引法2条22項3号（ロを除く）に掲げる取引（通貨の売買に係るものに限る）
② 保険業法2条1項に規定する保険業および同項各号に掲げる事業に係る契約の締結
③ 債務の保証に係る契約の締結
④ 貸付けに係る債務の全部または一部の弁済がなされないこととなった場合において、その債権者に対してその弁済がなされないこととなった額の一部を補てんすることを内容とする契約の締結（③を除く）

(i) 先渡取引

先渡取引とは、金融商品市場および外国金融商品市場によらないで行う取

図表 9　金融商品取引法における市場デリバティブ取引の類型

類　　型		具　体　例
市場デリバティブ取引	先物取引（2条21項1号）	個別株先物 通貨先物
	指標先物取引（2条21項2号）	日経225先物 金利先物 <u>天候先物</u>
	オプション取引（指標オプション取引を含む。）（2条21項3号）	株券オプション 通貨オプション 日経225オプション 金利オプション <u>天候オプション</u>
	指標スワップ取引（2条21項4号）	エクイティスワップ <u>金利スワップ</u> <u>通貨スワップ</u>
	クレジット・デリバティブ等取引（2条21項5号）	<u>クレジットデフォルトスワップ</u> <u>地震デリバティブ</u>
	政令指定（2条21項6号）	

（注）　下線を付したものは金融商品取引法（平成18年証取法等改正法による改正）のもとで新たに対象となったものである。

引のうち、売買の当事者が将来の一定の時期において金融商品（金融商品取引法 2 条24項 5 号（注11）に掲げるものを除く。以下同じ）およびその対価の授受を約する売買であって、当該売買の目的となっている金融商品の売戻しまたは買戻しその他政令（注12）で定める行為をしたときは差金の授受によって決済することができる取引である（金融商品取引法 2 条22項 1 号）。

（注11）　同条24項 1 号もしくは 2 号に掲げるものまたは 4 号に掲げるもののうち内閣府令が定めるものについて、金融商品取引所が、市場デリバティブ取引を円滑化するため、利率、償還期限その他の条件を標準化して設定した標準物。なお、本号の内閣府令は現時点では制定されていない。

（注12）　金融商品取引法制に関する政府令整備において、金融商品取引法施行令 1 条の16により、金融商品市場および外国金融商品市場によらないで、将来の一定の時期において金融商品およびその対価の授受を約する売買に関し、当該売買の当事者がその売買契約を解除する行為が指定された。

【参考】
○金融商品取引法2条24項
　第2条
　24　この法律において「金融商品」とは、次に掲げるものをいう。
　　一　有価証券
　　二　預金契約に基づく債権その他の権利又は当該権利を表示する証券若しくは証書であつて政令で定めるもの（前号に掲げるものを除く。）
　　三　通貨
　　四　前3号に掲げるもののほか、同一の種類のものが多数存在し、価格の変動が著しい資産であつて、当該資産に係るデリバティブ取引（デリバティブ取引に類似する取引を含む。）について投資者の保護を確保することが必要と認められるものとして政令で定めるもの（商品取引所法（昭和25年法律第239号）第2条第4項に規定する商品を除く。）
　　五　第1号若しくは第2号に掲げるもの又は前号に掲げるもののうち内閣府令で定めるものについて、金融商品取引所が、市場デリバティブ取引を円滑化するため、利率、償還期限その他の条件を標準化して設定した標準物

○金融商品取引法施行令1条の17
　（預金契約に基づく債権その他の権利又は当該権利を表示する証券若しくは証書）
　第1条の17　法第2条第24項第2号に規定する政令で定めるものは、外国為替及び外国貿易法（昭和24年法律第228号）第6条第1項第7号に規定する支払手段（通貨に該当するものを除く。）、同項第11号に規定する証券及び同項第13号に規定する債権とする。
　（法2条24項4号の政令は現時点では制定されていない）

(ⅱ)　指標先渡取引

　指標先渡取引とは、金融商品市場および外国金融商品市場によらないで行う取引のうち、当事者があらかじめ金融指標として約定する数値（約定数値）と将来の一定の時期における現実の当該金融指標の数値（現実数値）の差に基づいて算出される金銭の授受を約する取引またはこれに類似する取引である（金融商品取引法2条22項2号）。

(ⅲ)　店頭オプション取引

　店頭オプション取引とは、金融商品市場および外国金融商品市場によらないで行う取引のうち、当事者の一方の意思表示により当事者間において

　　a　金融商品の売買（金融商品取引法2条22項1号に掲げる取引（＝先渡取引）

を除く）

　　b　金融商品取引法2条22項1号（＝先渡取引）、2号（＝指標先渡取引）、5号（＝店頭指標スワップ取引）、6号（＝店頭クレジットデリバティブ等取引）、7号（＝政令指定取引）に掲げる取引

を成立させることができる権利を相手方が当事者の一方に付与し、当事者の一方がこれに対して対価を支払うことを約する取引またはこれに類似する取引である（金融商品取引法2条22項3号）。

　(iv)　店頭指標オプション取引

　店頭指標オプション取引とは、金融商品市場および外国金融商品市場によらないで行う取引のうち、当事者の一方の意思表示により当事者間において当該意思表示を行う場合の金融指標としてあらかじめ約定する数値と現に当該意思表示を行った時期における現実の当該金融指標の数値の差に基づいて算出される金銭を授受することとなる取引を成立させることができる権利を相手方が当事者の一方に付与し、当事者の一方がこれに対して対価を支払うことを約する取引またはこれに類似する取引である（金融商品取引法2条22項4号）。

　(v)　店頭指標スワップ取引

　店頭指標スワップ取引とは、金融商品市場および外国金融商品市場によらないで行う取引のうち、当事者が元本として定めた金額について当事者の一方が相手方と取り決めた金融商品（通貨を除く。以下(v)において同じ）の利率等（利率その他金融商品に係る収益その他これに準ずるものの配当率および割引の方法により発行された金融商品の割引率をいう。以下同じ）（注13）もしくは金融指標（金融商品の利率等およびこれに基づいて算出した数値を除く。以下(v)において同じ）の約定した期間における変化率に基づいて金銭を支払い、相手方が当事者の一方と取り決めた金融商品の利率等もしくは金融指標の約定した期間における変化率に基づいて金銭を支払うことを相互に約する取引（これらの金銭の支払とあわせて当該元本として定めた金額に相当する金銭または金融商品を授受することを約するものを含む）またはこれに類似する取引である

（金融商品取引法2条22項5号）。

(注13) (注7) に同じ。

(vi) 店頭クレジット・デリバティブ等取引

店頭クレジット・デリバティブ等取引とは、金融商品市場および外国金融商品市場によらないで行う取引のうち、当事者の一方が金銭を支払い、これに対して当事者があらかじめ定めた

a 法人の信用状態に係る事由その他これに類似するものとして政令で定めるもの（注14）

b 当事者がその発生に影響を及ぼすことが不可能または著しく困難な事由であって、当該当事者その他の事業者の事業活動に重大な影響を与えるものとして政令で定めるもの（aに掲げるものを除く）（注15）

のうちのいずれかの事由が発生した場合において相手方が金銭を支払うことを約する取引（当該事由が発生した場合において、当事者の一方が金融商品、金融商品に係る権利または金銭債権（金融商品であるものおよび金融商品に係る権利であるものを除く）を移転することを約するものを含み、金融商品取引法2条22項2号から5号までに掲げるもの（＝指標先渡取引、店頭オプション取引、店頭指標オプション取引、店頭指標スワップ取引）を除く）またはこれに類似する取引である（金融商品取引法2条22項6号）。

(注14) (注8) に同じ。
(注15) (注9) に同じ。

(vii) 具体例等

具体的な類型と類型ごとの具体例については、図表10参照。

(viii) 「これらの取引の取次ぎ」「その取次ぎ」

「取次ぎ」とは、自己の名をもって他者の計算において法律行為をすることを引き受ける行為である。なお、本項8号のデリバティブ取引、すなわち、市場デリバティブ取引および外国市場デリバティブ取引については、取引所において取引されるデリバティブ取引であって、取引所会員等の間で行われるものである（当該取引においては、相互に相手方が特定顧客に該当し、本法律

図表10　金融商品取引法における店頭デリバティブ取引の類型

類　型	具　体　例
先渡取引（2条22項1号）	個別株先渡 通貨先渡
指標先渡取引（2条22項2号）	日経225先渡 金利先渡 <u>天候先渡</u>
オプション取引（2条22項3号）	株券オプション 通貨オプション
指標オプション取引（2条22項4号）	日経225オプション 金利オプション <u>天候オプション</u>
指標スワップ取引（2条22項5号）	エクイティスワップ <u>金利スワップ</u> <u>通貨スワップ</u>
クレジット・デリバティブ等取引（2条22項6号）	<u>クレジットデフォルトスワップ</u> <u>地震デリバティブ</u>
政令指定（2条22項7号）	

※左側に「店頭デリバティブ取引」の縦書きラベル

(注)　下線を付したものは金融商品取引法（平成18年証取法等改正法による改正）のもとで新たに対象となったものである。

による説明義務、勧誘方針策定・公表義務を負わないこととなる）ことから、実際に本法律の適用が問題となるのは、金融商品販売業者等が一般顧客からの取次ぎを行う場合であると考えられる。

(9)　第10号

> 十　金利、通貨の価格その他の指標の数値としてあらかじめ当事者間で約定された数値と将来の一定の時期における現実の当該指標の数値の差に基づいて算出される金銭の授受を約する取引（前2号に掲げるものに該当するものを除く。）であって政令で定めるもの又は当該取引の取次ぎ

① 趣　　旨

本号では、本項8号および9号で規定されるデリバティブ取引以外のデリバティブ取引の一部につき、政令で定めることにより本法律の適用対象（金融商品の販売）とできるものとしている。

② 内　　容

i 「金利、通貨の価格その他の指標の数値としてあらかじめ当事者間で約定された数値と将来の一定の時期における現実の当該指標の差に基づいて算出される金銭の授受を約する取引」

本号の対象とされる取引について、「金利、通貨の価格その他の指標の数値としてあらかじめ当事者間で約定された数値と将来の一定の時期における現実の当該指標の数値の差に基づいて算出される金銭の授受を約する取引」のうち「前二号に掲げるものに該当するものを除く」とされているのは、本項8号や9号に掲げられた取引もこの定義のなかに含まれうるので、これらを除外する趣旨である。

なお、この定義に該当しないデリバティブ取引については、本項8号、9号または本号に類するものとして、本項11号に基づき政令で指定することができる。

ii 「政令で定めるもの」

> ○金融商品の販売等に関する法律施行令
> （差金の授受を約する取引）
> 第4条　法第2条第1項第10号に規定する政令で定める取引は、金利、通貨の価格その他の指標の数値としてあらかじめ当事者間で約定された数値と将来の一定の時期における現実の当該指標の数値の差に基づいて算出される金銭の授受を約する取引（商品取引所法（昭和25年法律第239号）第2条第8項に規定する先物取引及び同法第349条第6項に規定する店頭商品先物取引等（次条第2号において「商品先物取引等」という。）に該当するものを除く。）とする。

本号の対象となる取引（「金利、通貨の価格その他の指標の数値としてあらかじめ当事者間で約定された数値と将来の一定の時期における現実の当該指標の数値

の差に基づいて算出される金銭の授受を約する取引」）については、相対で行われるデリバティブ取引にさまざまなタイプの取引があること等から、対象範囲が無限に広がり、金融商品であるという一般的な認識が確立していないものも含まれる可能性がある（たとえば、純粋な賭博行為であっても該当しうる）。そこで、本法律の適用の有無が不明確となるのを避けるため金融商品としての認識が確立して、本法律による顧客保護を図るべきであると認められるものを「政令で定める」こととされている。

具体的には、「政令で定めるもの」については、「金利、通貨の価格その他の指標の数値としてあらかじめ当事者間で約定された数値と将来の一定の時期における現実の当該指標の数値の差に基づいて算出される金銭の授受を約する取引」であって「商品取引所法第2条第8項に規定する先物取引及び同法第349条第6項に規定する店頭商品先物取引等に…（中略）…該当するもの」を除いたものが指定されている（金融商品販売法施行令4条）。

なお、「金利、通貨の価格その他の指標の数値」が「金融指標」（金融商品取引法2条25項）であるものは、金融商品取引法の「デリバティブ取引」、すなわち、指標先物取引（2条21項2号）、これに類する外国市場デリバティブ取引（2条23項）、指標先渡取引（2条22項2号）に含まれており、本条の「金利、通貨の価格その他の指標の数値」は、「金融指標」以外を指すものである。

金融商品販売法施行令4条については、金融商品取引法制に関する政府令整備においても実質的な内容は変更されていない。

ⅲ　商品先物取引が対象とされない理由

金融商品販売法においては、平成18年改正前および改正後とも、商品先物取引については対象とされていない。また、金融商品販売法施行令4条でも、商品先物取引を「金融商品の販売」から除外している。

これは、商品先物取引については、商品取引所法により、商品取引員の義務違反により損害を被った顧客に対する業者の損害賠償責任等について規定されており、金融商品販売法と同等の顧客保護が図られているためである。

具体的には、平成18年証取法等改正法による改正前から、
(i) 商品取引員の顧客に対する説明義務に関し、
　a　取引の仕組み（商品取引所法217条1項1号）、
　b　当初元本を上回る損失が生ずるおそれ（商品取引所法217条1項2号）の説明義務およびこれに違反した場合の業者の損害賠償責任（商品取引所法218条1項）が規定されていた。
また、平成18年証取法等改正法により、商品取引所法が改正され、
(ii) 商品取引員の顧客に対する説明義務に関し、その方法・程度の解釈基準として顧客の属性（適合性）を考慮する規定が設けられた（商品取引所法218条2項）。
(iii) 商品取引員に説明義務の違反行為があった場合に課される損害賠償責任について、損害額の推定等の規定の対象とされた（商品取引所法220条の3による金融商品販売法6条の準用）。
(iv) 商品取引員の断定的判断の提供等を禁止する規定について、従前の「利益を生ずることが確実であると誤解させるべき断定的判断を提供」することの禁止（平成18年証取法等改正法による改正前の商品取引所法214条1項1号）を改正して、「不確実な事項について断定的判断を提供し、又は確実であると誤認させるおそれのあることを告げ」ることを禁止することとし（商品取引所法214条1号）、かつ、この違反行為があった場合に損害賠償責任が課されるとともに（商品取引所法218条3項）、損害額の推定等の規定の対象とされた（商品取引所法220条の3による金融商品販売法6条の準用）。

【参考】
○商品取引所法214条1号、217条1項、218条、220条の3
　（不当な勧誘等の禁止）
　第214条　商品取引員は、次に掲げる行為をしてはならない。
　　一　商品市場における取引等につき、顧客に対し、不確実な事項について断定的判断を提供し、又は確実であると誤認させるおそれのあることを告げてその委託を勧誘すること。

（受託契約の締結前の書面の交付）
第217条　商品取引員は、受託契約を締結しようとするときは、主務省令で定めるところにより、あらかじめ、顧客に対し次に掲げる事項を記載した書面を交付しなければならない。
　一　当該受託契約に基づく取引（第2条第8項第4号に掲げる取引にあつては、同号の権利を行使することにより成立する同号イからハまでに掲げる取引）の額（当該受託契約に係る上場商品構成物品又は上場商品指数に係る商品指数ごとに商品取引所の定める取引単位当たりの価額に、当該受託契約に基づく取引の数量を乗じて得た額をいう。）が、当該取引について顧客が預託すべき取引証拠金、委託証拠金、取次証拠金又は清算取次証拠金（次号及び第220条の2第1項において「取引証拠金等」という。）の額に比して著しく大きい旨
　二　商品市場における相場の変動により当該受託契約に基づく取引について当該顧客に損失が生ずることとなるおそれがあり、かつ、当該損失の額が取引証拠金等の額を上回ることとなるおそれがある旨
　三　前2号に掲げるもののほか、当該受託契約に関する事項であつて、顧客の判断に影響を及ぼすこととなる重要なものとして政令で定めるもの
　四　前3号に掲げるもののほか、当該受託契約の概要その他の主務省令で定める事項

（商品取引員の説明義務及び損害賠償責任）
第218条　商品取引員は、受託契約を締結しようとする場合において、顧客が商品市場における取引に関する専門的知識及び経験を有する者として主務省令で定める者以外の者であるときは、主務省令で定めるところにより、あらかじめ、当該顧客に対し、前条第1項各号に掲げる事項について説明をしなければならない。
　2　前項の説明は、顧客の知識、経験、財産の状況及び当該受託契約を締結しようとする目的に照らして、当該顧客に理解されるために必要な方法及び程度によるものでなければならない。
　3　商品取引員は、顧客に対し第1項の規定により説明をしなければならない場合において、第214条（第1号に係る部分に限る。）の規定に違反したとき、又は前条第1項第1号から第3号までに掲げる事項について説明をしなかつたときは、これによつて当該顧客の当該受託契約につき生じた損害を賠償する責めに任ずる。

（金融商品の販売等に関する法律の準用）
第220条の3　金融商品の販売等に関する法律（平成12年法律第101号）第6条から第9条までの規定は、商品取引員が行う受託契約の締結について準用する。

この場合において、同法第6条第1項中「前条」とあるのは「商品取引所法第218条第3項」と、同項及び同法第7条中「重要事項について説明をしなかったこと又は断定的判断の提供等を行ったこと」とあるのは「商品取引所法第214条（第1号に係る部分に限る。）の規定に違反したこと又は同法第217条第1項第1号から第3号までに掲げる事項について説明をしなかったこと」と、同法第9条第2項第1号中「当該金融商品の販売に係る契約」とあるのは「商品取引所法第214条第2号の受託契約」と読み替えるものとするほか、必要な技術的読替えは、政令で定める。

○商品取引所法214条1項1号（証取法等改正法による改正前）
（不当な勧誘等の禁止）
第214条　商品取引員は、次に掲げる行為をしてはならない。
　一　商品市場における取引等につき、顧客に対し利益を生ずることが確実であると誤解させるべき断定的判断を提供してその委託を勧誘すること。

⑽　第11号

| 十一　前各号に掲げるものに類するものとして政令で定める行為 |

① 概　要

　金融商品販売法では、対象となる「金融商品の販売」を、2条1項1号〜10号に個別に列挙しているが、本号により、これらに類する新しい商品等が現れたときには、法整備の状況および被害の発生状況等をふまえたうえで、政令で定めることにより追加することが可能とされている。本号については、平成18年改正前の12号が、同改正により11号に変更された。

　金融商品取引法制に関する政府令整備において、法整備の状況や被害の発生状況等をふまえて、新たに海外商品市場デリバティブ取引を「金融商品の販売」に指定した（金融商品販売法施行令5条3号）。

② 具体的内容
ⅰ 「前各号に類するもの」

　「前各号に類するもの」とは、その行為の性質に即して社会通念に従い、本項1号〜10号に掲げる行為に類すると判断されるものであることをいう。

　本項1号〜10号に掲げるいずれにも類しないような金融商品が登場するこ

とは現時点では想定しにくく、新たな金融商品については、通常は、前述のとおり、法整備の状況および被害の発生状況等をふまえたうえで本号の委任に基づき、政令指定が可能であるものと考えられる。

ⅱ 「前各号に掲げるものに類するものとして政令で定める行為」（金融商品の販売となる行為）

○金融商品の販売等に関する法律施行令
（金融商品の販売となる行為）
第5条　法第2条第1項第11号に規定する政令で定める行為は、次に掲げる行為とする。
　一　金銭の信託以外の信託であって信託財産の運用方法が特定されていないものに係る信託契約（当該信託契約に係る受益権が金融商品取引法（昭和23年法律第25号）第2条第2項第1号又は第2号に掲げる権利であるものに限る。）の委託者との締結
　二　銀行法（昭和56年法律第59号）第10条第2項第14号に規定する金融等デリバティブ取引（前条の取引、商品先物取引等及び次号に規定する取引を除く。）又は当該取引の取次ぎ
　三　海外商品市場（海外商品市場における先物取引の受託等に関する法律（昭和57年法律第65号）第2条第2項に規定する海外商品市場をいう。以下この号において同じ。）において、海外商品市場を開設する者の定める基準及び方法に従い行う次に掲げる取引又は当該取引の取次ぎ
　　イ　売買の当事者が将来の一定の時期において商品（海外商品市場における先物取引の受託等に関する法律第2条第2項に規定する商品をいう。以下この号において同じ。）及びその対価の授受を約する売買であって、当該売買の目的となっている商品の転売又は買戻しをしたときは差金の授受によって決済することができる取引
　　ロ　当事者の一方の意思表示により当事者間においてイ又はニに掲げる取引を成立させることができる権利を相手方が当事者の一方に付与し、当事者の一方がこれに対して対価を支払うことを約する取引又はこれに類似する取引
　　ハ　当事者の一方の意思表示により当事者間において当該意思表示を行う場合の商品指数（2以上の商品の価格の水準を総合的に表した数値をいう。以下この号において同じ。）又は商品の価格としてあらかじめ約定する数値と現に当該意思表示を行った時期にお

>   ける現実の当該商品指数又は商品の価格の数値の差に基づいて算
>   出される金銭を授受することとなる取引を成立させることができ
>   る権利を相手方が当事者の一方に付与し、当事者の一方がこれに
>   対して対価を支払うことを約する取引又はこれに類似する取引
>   ニ　当事者が数量を定めた商品について当事者の一方が相手方と取
>   り決めた次に掲げる数値の約定した期間における変化率に基づい
>   て金銭を支払い、相手方が当事者の一方と取り決めた次に掲げる
>   数値の約定した期間における変化率に基づいて金銭を支払うこと
>   を相互に約する取引又はこれに類似する取引
>   (1)　商品指数の数値
>   (2)　商品の価格の数値

(i)　金銭の信託以外の信託に係る信託契約の締結

信託財産の運用方法が特定されていない金銭の信託以外の信託に係る信託契約で、当該信託契約に係る受益権が金融商品取引法の信託受益権（金融商品取引法2条2項1号）および外国信託受益権（同項2号）であるものは、金融商品販売法施行令5条1号により本法律の対象とされている。

なお、信託財産の運用方法が特定されていない「金銭の信託」については、金融商品販売法2条1項3号において、以下の要件のもとに「金融商品の販売」となることとされている（金融商品販売法施行令2条）。

　a　金銭の信託に係るもの
　b　信託財産の運用方法が特定されていない信託に係るもの
　c　当該信託契約に係る受益権が金融商品取引法2条2項1号または2号
　　に掲げる権利（一般の信託受益権）であるもの

金融商品販売法5条1号は、bおよびcを要件としている点で、本項3号と同じであるが、「金銭の信託以外の信託に係るもの」を要件としている点で本項3号と異なっている（a参照）。

金融商品のメルクマールがキャッシュフローの移転またはリスクの転換であることから、基本的には、本項3号により、金銭の信託が本法律の対象とされている。

一方、①信託財産の運用方法が特定されていない信託（bの要件に該当）

に係る信託契約の締結については、金銭の信託以外の信託であっても、受益者に対して重要事項（リスク情報等）の説明が適切に行われる必要があること、また、②信託契約の締結時において信託財産が金銭以外の物または権利であったとしても時価による金銭換算は可能であると考えられることから、本号に規定する信託契約についても、「金融商品の販売」とされたものである（図表5（60頁）参照）。

　(ⅱ)　金融等デリバティブ取引等

　金融等デリバティブ取引およびその取次ぎは、金融商品販売法施行令5条2号により「金融商品の販売」とされている。同号については、平成18年改正前の金融商品販売法施行令5条3号とおおむね同内容であり、実質的な改正は行われていない。

　なお、本号で規定する銀行法上の「金融等デリバティブ取引」の定義（同法10条2項14号）は、その詳細が内閣府令に委任されている（銀行法施行規則13条の2の2）。具体的には、商品デリバティブ取引（商品取引所法による商品先物取引や店頭商品先物取引業者間取引等を除く）や算定割当量等（いわゆる排出権）に係る指標先渡取引・オプション取引またはその取次ぎが本号の対象となる。

【参考】
○銀行法10条2項14号
　　（業務の範囲）
　第10条　（略）
　2　銀行は、前項各号に掲げる業務のほか、次に掲げる業務その他の銀行業に付随する業務を営むことができる。
　　十四　金利、通貨の価格、商品の価格その他の指標の数値としてあらかじめ当事者間で約定された数値と将来の一定の時期における現実の当該指標の数値の差に基づいて算出される金銭の授受を約する取引又はこれに類似する取引であつて、内閣府令で定めるもの（次号において「金融等デリバティブ取引」という。）（第5号及び第12号に掲げる業務に該当するものを除く。）

○銀行法施行規則13条の2の2第1項
　　（金融等デリバティブ取引）
　第13条の2の2　法第10条第2項第14号に規定する内閣府令で定めるものは、次

に掲げるものとする。
一　当事者が数量を定めた商品について当該当事者間で取り決めた商品相場に基づき金銭の支払を相互に約する取引その他これに類似する取引（差金の授受によつて決済される取引に限る。以下「商品デリバティブ取引」という。）
二　当事者が数量を決めた算出割当量（地球温暖化対策の推進に関する法律（平成10年法律第117号）第2条第6項に規定する算定割当量その他これに類似するものをいう。以下同じ。）について当該当事者間で取り決めた算定割当量の相場に基づき金銭の支払を相互に約する取引その他これに類似する取引（差金によつて決済される取引に限る。）
三　当事者の一方の意思表示により当事者間において前2号に掲げる取引を成立させることができる権利を相手方が当事者の一方に付与し、当事者の一方がこれに対して対価を支払うことを約する取引その他これに類似する取引

(iii)　海外商品市場デリバティブ取引等

　a　概　　要

　いわゆる海外商品市場デリバティブ取引およびその取次ぎは、金融商品販売法施行令5条3号により「金融商品の販売」とされている。

　海外商品市場デリバティブ取引は、平成18年改正後においても、平成18年改正前と同様に金融商品販売法の対象としては明示されていない。しかしながら、たとえば、海外商品先物取引については、これを規制する「海外商品市場における先物取引の受託等に関する法律」においては、商品取引所法とは異なり、業者の義務違反について顧客に対する損害賠償責任（民事効）を認める規定は置かれておらず、民事効の対象とされていないとの問題があった。

　また、たとえば、海外商品先物オプション取引については、そもそも顧客が業者の義務や義務違反についての損害賠償責任（民事効）を請求する際の端緒となりうる法令が存在しないとの問題があった。

　この点、昨今では、一般顧客が、もっぱら投資手段として、海外商品市場デリバティブ取引の勧誘を受け、多大な損失を被る事例が多数報じられる状況となった。このような社会的背景を勘案のうえ、金融商品取引法制に関する政府令整備において、金融商品販売法施行令が改正され、早期に利用者保護を図るべく、海外商品市場デリバティブ取引およびその取次ぎが「金融商

品の販売」とされた。

　　b　具体的な内容

　金融商品販売法施行令5条3号では、いわゆる海外商品市場デリバティブ取引として、海外商品市場において当該市場を開設する者の定める基準・方法に従い行う以下の取引が規定されている。

　(a)　先物取引（金融商品取引法2条21項1号参照）

　(b)　オプション取引（金融商品取引法2条21項3号参照）

　(c)　指標オプション取引（金融商品取引法2条21項3号ロカッコ書参照）

　(d)　指標スワップ取引（金融商品取引法2条21項4号参照）

　また、海外商品市場デリバティブ取引のうちで、金融商品取引法の指標先物取引（2条21項2号）に相当する取引については、本号には規定されていないが、本条2号の「金融等デリバティブ取引」（このうち銀行法施行規則13条の2の2第1号の「商品デリバティブ取引」）に該当し、金融商品販売法施行令5条2号の対象となる（注16）。

(注16)　「金融庁考え方」671頁参照。

　(11)　平成18年改正により削除された規定について

　証取法等改正法により、従来の証券取引法上の有価証券（みなし有価証券を含む）の範囲が拡大されたこと等に伴い、実質的に他の号に規定されている行為に吸収される行為に係る規定については削除された（改正前本項6号ロ・ハ、7号、12号、改正前金融商品販売法施行令5条2号）。

　なお、削除された規定および平成18年改正後に対応する規定は、図表11のとおりである。

【参考】
○抵当証券法1条1項
　第1条　土地、建物又ハ地上権ヲ目的トスル抵当権ヲ有スル者ハ其ノ登記ヲ管轄スル登記所ニ抵当証券ノ交付ヲ申請スルコトヲ得

○商品投資に係る事業の規制に関する法律2条5項・6項
　（定義）
　第2条

図表11　平成18年改正により削除された規定

	内　　容	平成18年改正後
旧法2条1項6号ロ	抵当証券法1条1項に規定する抵当証券	金融商品取引法2条1項6号に規定される有価証券に該当 ⇒金融商品販売法2条1項5号の「有価証券」に吸収される。
旧法2条1項6号ハ	商品投資に係る事業の規制に関する法律（以下「商品ファンド法」ということがある）2条3項1号に規定する商品投資受益権およびこれに類するものに係る3号 （注）　平成18年整備等法による改正後は、商品投資受益権については商品ファンド法2条6項1号およびこれに類するものに係る同項3号で規定。	金融商品取引法2条2項5号および6号に該当 ⇒金融商品販売法2条1項5号の「有価証券」に吸収される。
	商品投資に係る事業の規制に関する法律2条3項2号に規定する商品投資受益権およびこれに類するものに係る3号 （注）　平成18年整備等法による改正後は、商品投資受益権については商品ファンド法2条6項2号およびこれに類するものに係る同項3号で規定。	金融商品取引法2条2項1号および2号に該当 ⇒金融商品販売法2条1項6号イに掲げられた「権利」（信託受益権または外国信託受益権）に吸収される。
旧法2条1項7号	商品投資に係る事業の規制に関する法律2条2項に規定する商品投資契約の締結 （注）　平成18年整備等法による改正後は、「商品投資契約」については商品ファンド法2条5項で規定。	金融商品取引法2条2項5号および6号に該当 ⇒金融商品販売法2条1項5号の「有価証券」に吸収される。
旧法2条1項12号、令5条2号	不動産の信託の受益権に対する投資事業に係る匿名組合契約の匿名組合員との締結	金融商品取引法2条2項5号および6号に該当 ⇒金融商品販売法2条1項5号の「有価証券」に吸収される。

5　この法律において「商品投資契約」とは、次に掲げる契約であって、商品投資に係る事業の公正及び投資者の保護を確保することが必要なものとして政令で定めるものをいう。
　一　当事者の一方が相手方の営業のために出資を行い、相手方がその出資された財産の全部又は一部を商品投資により運用し、当該運用から生ずる利益の分配及び当該出資の価額（当該出資が損失によって減少した場合にあっては、その残額）の返還（次項第1号において「利益の分配等」という。）を行うことを約する契約
　二　各当事者が出資を行い、業務の執行を委任された者が共同の事業としてその出資された財産の全部又は一部を商品投資により運用し、当該運用から生ずる収益の分配及び当該出資の価額に応じて分割された残余財産の価額の返還（次項第1号において「収益の分配等」という。）を行うことを約する契約
　三　外国の法令に基づく契約であって、前2号に掲げるものに類するもの
6　この法律において「商品投資受益権」とは、次に掲げる権利であって、商品投資に係る事業の公正及び投資者の保護を確保することが必要なものとして政令で定めるものをいう。
　一　商品投資契約に係る利益の分配等又は収益の分配等を受ける権利
　二　信託財産の全部又は一部を商品投資により運用することを目的とする信託の収益の分配及び元本の返還を受ける権利
　三　外国の法令に準拠して設立された法人（次条及び第39条において「外国法人」という。）に対する権利であって、前2号に掲げるものに類するもの

2　第2項

> 2　この法律において「金融商品の販売等」とは、金融商品の販売又はその代理若しくは媒介（顧客のために行われるものを含む。）をいう。

1　趣　　旨

本法律による義務（説明義務（3条）、断定的判断の提供等の禁止（4条）、勧誘方針の策定・公表義務（9条）等）の対象となる行為の範囲を定めた規定である。

2 内　　容

(1) 「代理」

「代理」とは、本人のためにすることを示してする意思表示であって、その意思表示により本人に直接効果が生じるものである（本人の名義で本人の計算で取引を行うこととなる）。

この場合、①金融販売業者を代理する場合と、②顧客を代理する場合が考えられるが、いずれについても「代理」に含まれる（②については(3)参照）。

①の場合には、代理業者は金融商品販売業者の名で顧客と取引を成立させる。この場合、キャッシュフローとリスク負担の移転は、金融商品販売業者と顧客との間で生じ、代理業者と顧客との間では生じない。しかし、代理業者は金融商品販売業者の代理人として顧客と接する立場にあり、代理業者から顧客に説明が行われることが合理的であることや、通常、代理業者は、当該金融商品の販売について金融商品販売業者に相当する専門性をもっていると考えられることから、顧客への説明義務を負うべきであると考えられる。

また、②の場合には、代理業者は顧客の名で金融商品販売業者と取引を成立させる。この場合にも、①の場合と同様、キャッシュフローとリスク負担の移転は金融商品販売業者と顧客の間で行われ、代理業者と顧客との間では生じない。しかし、代理業者は顧客の代理人として金融商品販売業者と接し、説明を受けるべき立場にあると考えられることから、顧客への説明義務を負うべきであると考えられる。

(2) 「媒介」

「媒介」とは、他人の間の法律行為の成立のために尽力することであり、代理とは異なり事実行為である。

この場合、①金融商品販売業者の依頼による媒介と、②顧客の依頼による売買が考えられるが、いずれについても「媒介」に含まれる（②については(3)参照）。

すなわち、媒介業者は金融商品販売業者と顧客との取引成立を媒介するという事実行為を行うにすぎず、キャッシュフローとリスク負担の移転は、①

の場合と同様、金融商品販売業者と顧客との間では生じない。しかしながら、媒介業者は顧客と直接接する立場にあり、通常金融商品販売業者に相当する専門性をもっていると考えられることから、①の代理の場合と同様に、顧客に対する説明義務を負うべきであると考えられるものである。

(3)「顧客のために行われるものを含む」

「金融商品の販売」として本条1項各号に掲げられている行為のうち、同項7号～10号に掲げられている行為については、行為自体に取引の流れ（キャッシュフローの移転の方向）が示されていないことから、取引のいずれの当事者のためであっても、その代理・媒介は、金融商品の販売の代理または金融商品の販売の媒介に該当し、当然に「金融商品の販売等」に当たる。

これに対して、本条1項1号～6号の行為については、取引の流れ（キャッシュフローの移転の方向）が明確に示されており、金融商品の販売の代理または金融商品の販売の媒介は、通常は、一方の当事者のみ、つまり、これらの行為の主体のために行うもののみを指すこととなる。このうち、これらの行為の相手方である「顧客」のために代理・媒介を行う者は、顧客と直接接する立場にあり、かつ、通常は、金融商品販売業者に相当する専門性をもっていると考えられることから、顧客に対する説明義務を負わせることが相当である。そこで、本条1項1号～6号の行為について、顧客たる当事者のために代理・媒介を行う者も「金融商品販売業者等」に含めることとされた。

仮に、本条1項1号～6号の行為について、顧客のために代理・媒介を行うことが「金融商品の販売等」に含まれないとすると、たとえば、保険仲立人が、保険契約者（顧客）のために、同項4号に掲げられている保険業を行う者が保険者となる保険契約の保険契約者との締結の媒介を行う場合には、当該保険仲立人（媒介業者）は保険契約者に対して本法律による説明義務等を負わないことになってしまう。しかしながら、保険仲立人は保険契約の締結の媒介であって保険会社のために行う保険契約の締結の媒介以外のものを行う者とされているが（保険業法2条25項）、専門性をもって保険契約の締結に尽力するものであることからすれば、保険仲立人に本法律による顧客に対

する説明義務等を課すことが適当である。このことからも、本条1項1号～6号の行為について、顧客たる当事者のために代理・媒介を行うことも「金融商品の販売等」に含めることが適当である。

【参考】
○保険業法2条25項
　（定義）
　第2条
　25　この法律において「保険仲立人」とは、保険契約の締結の媒介であって生命保険募集人、損害保険募集人及び少額短期保険募集人がその所属保険会社等のために行う保険契約の締結の媒介以外のものを行う者（法人でない社団又は財団で代表者又は管理人の定めのあるものを含む。）をいう。

(4)　複数の業者が媒介を行う場合

たとえば、投資家Aが、上場株式の売却を証券会社（金融商品取引業者）Bに依頼し、Bが証券取引所の非会員証券会社Cを経由して証券取引所（金融商品取引所）の会員証券会社Dに注文を発注し、Dが証券取引所において会員証券会社Eと取引を成立させた場合を例に、複数の業者が媒介を行う場合、各業者が顧客に対して本法律による説明義務を負うか（「金融商品の販売等」に該当するか）につき解説を加える。

この場合、投資家Aが「顧客」であり、B、Cは媒介を行っており、Dが取次ぎを行っている。

この場合には、媒介業者Bは、投資家Aと直接接する立場にあり、投資家Aに対して本法律による義務（説明義務等）を負う。

これに対して、媒介業者Cは、媒介業者Bの委託を受けて直接、投資家Aと取次業者Dの媒介を行っている場合には、投資家Aに対して説明義務を負うが、媒介業者Bの使者としてBの媒介行為の一部を担っているにすぎない場合には、C自らが独立した業者として投資家Aに対して説明義務を負うものではないと考えられる。また、媒介業者Cが媒介業者Bと共同で媒介を行っていると考えられる場合には、媒介業者Bと共同で投資家Aに対して説明義務を負うものと考えられる。

なお、取次業者Dは、投資家Aからの委託を受けて取次ぎを行うものであ

り、投資家Aに対して説明義務を負う。また、業者Eは、投資家Aに対する直接の取引当事者ではなく、投資家Aに対して説明義務を負わない。

3 第3項

> 3 この法律において「金融商品販売業者等」とは、金融商品の販売等を業として行う者をいう。

1 総　論
本法律による義務（説明義務（3条）、断定的判断の提供等の禁止（4条）、勧誘方針の策定・公表義務（9条）等）の主体についての定義規定である。

2 各　論
(1) 「業として行う」

「業として」とは、同種の行為を反復継続して行うことが、社会通念上、事業の遂行とみることができる程度のものをいい、営利の目的を問わない。

なお、「業として行う」といえるためには、業法上の免許・許可等の有無を問わない。このため、無免許・無許可業者が行う行為であっても、「業として行う」に該当しうる。

(2) 「金融商品販売業者等」

① 概　要

金融販売業者等としては、たとえば、以下のようなものがある（「金融商品の販売」（本条1項）の類型ごとに例をあげることとし、複数の号にわたるものについては、最も代表的な業務に係る号の例としてあげる。なお、本項1号〜10号を、以下では、1号〜10号という）。

・1号（預金の受入関係）……銀行、信用金庫、信用金庫連合会、労働金庫、労働金庫連合会、農業協同組合、農業協同組合連合会、漁業協同組合、漁業協同組合連合会、水産加工業協同組合、水産加工業協同組合連合

会、日本銀行、農林中央金庫または商工組合中央金庫
・2号（無尽の受入関係）……無尽業者
・3号（信託の引受関係）……信託会社
・4号（保険・共済の引受関係）……保険会社、外国保険会社、農業共済組合、農業共済組合連合会、共済水産業協同組合連合会、事業協同組合、協同組合連合会、火災共済協同組合、消費生活協同組合または消費生活協同組合連合会
・5号（有価証券に係る取引関係）……金融商品取引業者
・6号イ（信託受益権に係る取引関係）……金融商品取引業者
・6号ロ（譲渡性預金に係る取引関係）……銀行
・7号（不動産特定共同事業関係）……不動産特定共同事業者
・8号〜10号（デリバティブ取引関係）……金融商品取引業者

　②　検　　討
ⅰ　事業会社
　商社等の事業会社には、業法上の免許等を受けて金融商品の販売を行っているのではなくても、もっぱら自己の投資目的で反復継続的に有価証券の売買やデリバティブ取引を行う者がある。有価証券の売買や有価証券関係のデリバティブ取引については、金融商品取引法上、これらを業として行えば金融商品取引業に当たる（金融商品取引法2条8項1号・4号）が、単に自己のポートフォリオの改善のために行う場合には、利益を目的として頻繁に行っていても、金融商品取引業には該当しないと考えられる。
　すなわち、金融商品取引法2条8項各号の行為類型についてはすべて、「業として」行うことが「金融商品取引業」の要件とされており（同項柱書）、一般に「対公衆性」のある行為で「反復継続性」をもって行うものをいうと解されている（注17）。
　本法律においても、事業会社がもっぱら自己の投資目的で有価証券の売買やデリバティブ取引を行っていたり、自己の発行する社債・株式をもっぱら証券会社に対して引き受けさせているような場合には、当該行為は本法律の

「業として」には該当しないものと考えられる。

　もっとも、事業会社が自己の発行する社債・株式を直接に一般投資家に取得させているような場合には、当該事業会社は本法律の「業として」有価証券を取得させているものとして、金融商品販売業者等に該当し、金融商品販売法による説明義務（3条1項）等の義務を負うものと考えられる。
(注17)　「金融庁考え方」35頁参照。
　ⅱ　融資付金融商品の融資業者
　バックファイナンス付きで金融商品を販売した場合（たとえば、顧客が銀行融資付きで変額保険に加入した場合）、銀行融資を行うこと自体は、顧客への「金融商品の販売」には当たらないため、融資を行った銀行は金融商品販売業者には該当しない。

　なお、当該銀行が、保険会社と顧客との間の変額保険契約の締結に尽力した場合には、媒介業者として「金融商品販売業者等」に該当する可能性があり、この場合、当該銀行は本法律による義務を負う。もっとも、説明義務（3条1項）については、保険会社がこれを尽くしていれば、銀行が顧客に対して別途説明を行う必要はない（3条6項）。
　ⅲ　確定拠出年金制度の商品提供機関
　確定拠出年金制度におけるいわゆる商品提供機関（注18）は、確定拠出年金の加入者との関係で金融商品販売業者等には該当しない。

　同制度のもとで「商品提供機関」が行う取引の相手方は「資産管理会社」であって、加入者と対面することは想定されておらず、また、金融商品販売法の重要事項（3条1項）の説明義務も含めて、加入者への説明義務は確定拠出年金法令の規定に基づいて「運営管理機関」が行うものとされている（同法24条、73条、同法施行規則20条、59条1項）。これらのことからも、加入者が「商品提供機関」の「顧客」に該当するとは考えにくく、「商品提供機関」が行う取引は、一般的には、加入者ではなく、「資産管理会社」を「顧客」として行われているものと考えられる。

　なお、たとえば当該「資産管理会社」が信託銀行である場合には、信託銀

行は適格機関投資家（金融商品取引法2条3項1号、金融商品取引法第二条に規定する定義に関する内閣府令10条1項4号）として金融商品取引法の「特定投資家」とされており（金融商品取引法2条31項1号）、金融商品販売法の「特定顧客」（同法3条7項1号、同法施行令10条1項）に該当することから、「商品提供機関」は、当該「資産管理会社」たる信託銀行との関係において、説明義務が免除される（第7章**7**）。

ただし、「商品提供機関」が加入者を直接勧誘するような場合においては、加入者が「商品提供機関」の「顧客」に該当することもありうるものと考えられる（注19）。

(注18) 商品提供機関とは、確定拠出年金法23条1項各号に掲げる運用の方法を提供する者をいい、自己が運用の方法を提供する者である場合を含むとされる（金融庁の事務ガイドライン第三分冊：金融会社関係「11．確定拠出年金運営管理機関関係」）。

(注19) 「金融庁考え方」661頁参照。

【参考】
○確定拠出年金法（平成13年法律第88号）
　第2章　企業型年金
　　第4節　運用
　　（運用の方法の選定及び提示）
　　第23条　企業型年金加入者等に係る運用関連業務を行う確定拠出年金運営管理機関（運用関連業務を行う事業主を含む。以下「企業型運用関連運営管理機関等」という。）は、政令で定めるところにより、次に掲げる運用の方法のうち政令で定めるものを企業型年金規約で定めるところに従って少なくとも3以上選定し、企業型年金加入者等に提示しなければならない。この場合において、その提示する運用の方法（第25条第2項及び第26条において「提示運用方法」という。）のうちいずれか1以上のものは、元本が確保される運用の方法として政令で定めるものでなければならない。
　　　一　銀行その他の金融機関を相手方とする預金又は貯金の預入
　　　二　信託会社又は信託業務を営む金融機関への信託
　　　三　有価証券の売買
　　　四　生命保険会社又は農業協同組合（農業協同組合法第10条第1項第10号の事業のうち生命共済の事業を行うものに限る。）その他政令で定める生命共済の事業を行う者への生命保険の保険料又は生命共済の共済掛金の払込み

五　損害保険会社への損害保険の保険料の払込み
　　六　前各号に掲げるもののほか、投資者の保護が図られていることその他の政令で定める要件に適合する契約の締結
　２　（略）

　（運用の方法に係る情報の提供）
　第24条　企業型運用関連運営管理機関等は、厚生労働省令で定めるところにより、前条第１項の規定により提示した運用の方法について、これに関する利益の見込み及び損失の可能性その他の企業型年金加入者等が次条第１項の運用の指図を行うために必要な情報を、当該企業型年金加入者等に提供しなければならない。

第３章　個人型年金
　第５節　企業型年金に係る規定の準用
　第73条　前章第４節の規定は積立金のうち個人型年金加入者等の個人別管理資産の運用について、同章第５節の規定は個人型年金の給付について、第43条第１項から第３項までの規定は連合会について準用する。この場合において、第22条中「事業主」とあり、並びに第25条第３項及び第４項、第29条第２項、第33条第３項、第34条、第37条第３項並びに第40条中「資産管理機関」とあるのは、「連合会」と読み替えるほか、同章第４節及び第５節並びに第43条第１項から第３項までの規定に関し必要な技術的読替えは、政令で定める。

○確定拠出年金法施行規則（平成13年厚生労働省令第175号）
　第１章　企業型年金
　　第４節　運用
　（運用の方法に係る情報の提供）
　第20条　法第24条の規定により企業型運用関連運営管理機関等が企業型年金加入者等に情報を提供する場合にあっては、各運用の方法ごとに、次に掲げる情報を提供するものとする。
　　一　運用の方法の内容（次に掲げるものを含む。）に関する情報
　　　イ　利益の見込み(利益の見込みを示すことが困難である場合にあっては、その旨）及び損失の可能性に関する事項
　　　ロ　運用の方法に係る資金の拠出の単位又は上限額があるときは、その内容に関する事項
　　　ハ　運用の方法に係る利子、配当その他の利益の分配方法に関する事項
　　二　当該運用の方法を企業型年金加入者等に提示した日の属する月の前月の末日から起算して過去10年間（当該運用の方法の過去における取扱期間が10年間に満たない場合にあっては、当該期間）における当該運用の方法に

係る利益又は損失の実績
　三　令第1条第1号の持分の計算方法
　四　企業型年金加入者等が運用の方法を選択し、又は変更した場合に必要となる手数料その他の費用の内容及びその負担の方法に関する情報
　五　次のイからニまでに掲げる運用の方法の区分に応じ、当該イからニまでに掲げる情報
　　イ　預貯金の預入　預金保険制度（預金保険法（昭和46年法律第34号）の規定に基づき預金保険機構が実施する制度をいう。）又は農水産業協同組合貯金保険制度（農水産業協同組合貯金保険法（昭和48年法律第53号）の規定に基づき農水産業協同組合貯金保険機構が実施する制度をいう。）（以下この条において「預金保険制度等」という。）の対象となっているか否かについての情報（預金保険制度等の対象となっている場合にあっては、企業型年金加入者等が受ける保護の内容を含む。）
　　ロ　金融債（特別の法律により銀行、農林中央金庫、商工組合中央金庫又は全国を地区とする信用金庫連合会の発行する債券をいう。）の売買　預金保険制度等の対象となっているか否かについての情報（預金保険制度等の対象となっている場合にあっては、企業型年金加入者等が受ける保護の内容を含む。）
　　ハ　金銭信託（貸付信託を含む。）の預入　預金保険制度等の対象となっているか否かについての情報（預金保険制度等の対象となっている場合にあっては、企業型年金加入者等が受ける保護の内容を含む。）
　　ニ　生命保険又は損害保険への保険料の払込み　保険契約者保護機構（保険業法第259条の保険契約者保護機構をいう。以下この号において同じ。）による保護の対象となっているか否かについての情報（保険契約者保護機構による保護の対象となっている場合にあっては、企業型年金加入者等が受ける保護の内容を含む。）
　六　金融商品の販売等に関する法律（平成12年法律第101号）第3条第1項に規定する重要事項に関する情報
　七　前各号に掲げるもののほか、企業型年金加入者等が運用の指図を行うために必要な情報
2　企業型運用関連運営管理機関等は、専門的な知見に基づいて、前項各号に掲げる情報を、運用の方法を企業型年金加入者等に提示するときその他必要に応じ企業型年金加入者等に提供しなければならない。
3　企業型運用関連運営管理機関等は、銀行法（昭和56年法律第59号）第21条、保険業法第111条　その他の法令の規定により公衆の縦覧に供している金融機関（当該企業型運用関連運営管理機関等が企業型年金加入者等に提示した運用の方法に係る契約の相手方である金融機関に限る。）の業務及び財産の状況に関する説明書類を、企業型運用関連運営管理機関等の営業所（事業主が

運用関連業務を行う場合にあっては、当該事業主の主たる事業所)に備え置き、企業型年金加入者等の縦覧に供しなければならない。
　4　前項の説明書類の内容が、電磁的方法により記録され、当該記録が必要に応じ電子計算機その他の機器を用いて直ちに表示されることができるようにして備え置かれるときは、当該記録の備置きをもって前項の説明書類の備置きに代えることができる。

第2章　個人型年金
　第4節　雑則
　（準用規定）
　第59条　前章第4節の規定は個人型年金加入者等の個人別管理資産の運用について、同章第5節の規定は個人型年金の給付について準用する。この場合において、第18条から第22条までの規定中「企業型運用関連運営管理機関等」とあるのは「個人型運用関連運営管理機関」と、「企業型年金加入者」とあるのは「個人型年金加入者」と、「企業型記録関連運営管理機関等」とあるのは「個人型記録関連運営管理機関」と、「企業型年金規約」とあるのは「個人型年金規約」と読み替えるものとする。
　2　（略）

4　第 4 項

> 4　この法律において「顧客」とは、金融商品の販売の相手方をいう。

1　概　　要

　本法律による義務（説明義務（3条1項）、断定的判断の提供等の禁止（4条）、勧誘方針の策定・公表義務（9条）等）により保護される客体についての定義規定である。

2　具体的内容

　「顧客」とは、金融商品の販売に係る契約の当事者である。
　具体的には、
　(1)　預貯金契約等（本項1号）、無尽掛金の受入れを内容とする契約（本項2号）にあっては、預貯金者、掛金出資者

(2) 信託契約（本項3号）にあっては、委託者
(3) 保険契約等（本項4号）にあっては、保険契約者
(4) 有価証券（本項5号）、信託受益権（本項6号イ）、譲渡性預金債権（本項6号ロ）を取得させる行為にあっては、これらを取得する者
(5) 不動産特定共同事業契約の締結（本項7号）にあっては、事業参加者
(6) デリバティブ取引（本項8号～10号）にあっては、契約当事者

等である。

　なお、不動産特定共同事業契約の締結、デリバティブ取引にあっては、契約の両当事者の双方が、契約の相手方との関係で、金融商品販売業者等にも顧客にも当たりうることとなる。

第 7 章
第 3 条
（金融商品販売業者等の説明義務）

（金融商品販売業者等の説明義務）

第 3 条　金融商品販売業者等は、金融商品の販売等を業として行おうとするときは、当該金融商品の販売等に係る金融商品の販売が行われるまでの間に、顧客に対し、次に掲げる事項（以下「重要事項」という。）について説明をしなければならない。

一　当該金融商品の販売について金利、通貨の価格、金融商品市場（金融商品取引法第 2 条第14項に規定する金融商品市場をいう。以下この条において同じ。）における相場その他の指標に係る変動を直接の原因として元本欠損が生ずるおそれがあるときは、次に掲げる事項

　イ　元本欠損が生ずるおそれがある旨

　ロ　当該指標

　ハ　ロの指標に係る変動を直接の原因として元本欠損が生ずるおそれを生じさせる当該金融商品の販売に係る取引の仕組みのうちの重要な部分

二　当該金融商品の販売について金利、通貨の価格、金融商品市場における相場その他の指標に係る変動を直接の原因として当初元本を上回る損失が生ずるおそれがあるときは、次に掲げる事項

　イ　当初元本を上回る損失が生ずるおそれがある旨

　ロ　当該指標

　ハ　ロの指標に係る変動を直接の原因として当初元本を上回る

損失が生ずるおそれを生じさせる当該金融商品の販売に係る取引の仕組みのうちの重要な部分

三　当該金融商品の販売について当該金融商品の販売を行う者その他の者の業務又は財産の状況の変化を直接の原因として元本欠損が生ずるおそれがあるときは、次に掲げる事項

　　イ　元本欠損が生ずるおそれがある旨

　　ロ　当該者

　　ハ　ロの者の業務又は財産の状況の変化を直接の原因として元本欠損が生ずるおそれを生じさせる当該金融商品の販売に係る取引の仕組みのうちの重要な部分

四　当該金融商品の販売について当該金融商品の販売を行う者その他の者の業務又は財産の状況の変化を直接の原因として当初元本を上回る損失が生ずるおそれがあるときは、次に掲げる事項

　　イ　当初元本を上回る損失が生ずるおそれがある旨

　　ロ　当該者

　　ハ　ロの者の業務又は財産の状況の変化を直接の原因として当初元本を上回る損失が生ずるおそれを生じさせる当該金融商品の販売に係る取引の仕組みのうちの重要な部分

五　第1号及び第3号に掲げるもののほか、当該金融商品の販売について顧客の判断に影響を及ぼすこととなる重要なものとして政令で定める事由を直接の原因として元本欠損が生ずるおそれがあるときは、次に掲げる事項

　　イ　元本欠損が生ずるおそれがある旨

　　ロ　当該事由

　　ハ　ロの事由を直接の原因として元本欠損が生ずるおそれを生じさせる当該金融商品の販売に係る取引の仕組みのうちの重

要な部分
　六　第2号及び第4号に掲げるもののほか、当該金融商品の販売について顧客の判断に影響を及ぼすこととなる重要なものとして政令で定める事由を直接の原因として当初元本を上回る損失が生ずるおそれがあるときは、次に掲げる事項
　　イ　当初元本を上回る損失が生ずるおそれがある旨
　　ロ　当該事由
　　ハ　ロの事由を直接の原因として当初元本を上回る損失が生ずるおそれを生じさせる当該金融商品の販売に係る取引の仕組みのうちの重要な部分
　七　当該金融商品の販売の対象である権利を行使することができる期間の制限又は当該金融商品の販売に係る契約の解除をすることができる期間の制限があるときは、その旨

1　第1項

1　概　要

　金融商品販売業者等が、顧客が金融商品の販売に係る契約を締結するか否かの判断に影響を及ぼす事項（重要事項）についての説明義務を負う旨の規定である。
　平成18年改正では、重要事項の範囲が大幅に拡大された。
① 平成18年改正前は説明義務対象とされていなかった「金融商品の販売に係る取引の仕組みのうちの重要な部分」について、新たに説明義務の対象とされた（1号〜6号各ハ、5項）。
② 平成18年改正前は「元本欠損が生ずるおそれ」に含まれていた「当初元本を上回る損失が生ずるおそれ」について、新たに「元本欠損が生ずるおそれ」（1号・3号・5号、3項）と区別して、その「旨」、その直接の原因となる「指標」（市場リスク）や「者」（信用リスク）等および「当

初元本を上回る損失が生ずるおそれ」を生じさせる「金融商品の販売に係る取引の仕組みのうちの重要な部分」が説明義務の対象とされた（2号・4号・6号、4項）。

なお、金融商品販売業者等はこの義務に違反すると、無過失責任かつ直接責任である損害賠償責任（5条）を負い、かつ、これについては損害額の推定規定（6条）の対象とされる。

2 具体的内容

(1) 本　文

① 「業として行おうとするとき」

「業として」とは、同種の行為を反復継続して行うことが、社会通念上、事業の遂行とみることができる程度のものをいい、営利の目的を問わない。

なお、「業として行おうとする」といえるためには、業法上の免許・許可等の有無を問わない。このため、無免許・無許可業者が行おうとする行為であっても、「業として行おうとするとき」に該当しうる。

金融商品販売業者等であれば、その取り扱うすべての金融商品について直ちに「金融商品の販売等」になるわけではない。たとえば、業法で規制されている金融商品を取り扱う金融商品販売業者等が、その金融商品の取扱いとは別に、一事業者として自己の運用のために取引を行うような場合には、当該金融商品に関しては説明義務は課されないことになる。

② 「金融商品の販売が行われるまでの間」

説明義務を負う者は、「金融商品の販売等」を行う者であるところ、この「金融商品の販売等」には、金融商品の販売（2条1項）のほかその代理または媒介も含まれる（2条2項）。金融商品の販売、その代理および媒介のいずれの場合であっても、業者（金融商品販売業者等）は、金融商品の販売が行われるまでの間に本項の説明をする義務を負うことになる。

具体的には、たとえば、預貯金（2条1項1号）・信託（同項3号）・保険（同項4号）等、契約の締結行為とされているものについては、金融商品販売業者

等は、当該契約の締結までの間に顧客に対し重要事項を説明する必要がある。

これに対して、「金融商品の販売」に含まれる取次ぎ（2条1項5号・6号・8号～11号）（注1）については、取次ぎが注文の委託から取引の成立までを含む一連の行為を指すこと、取引所取引における取次ぎにおいては、取次業者がいったん取引所に注文を出してしまえば、その後、取次業者から説明を受けた顧客が契約を行わない旨の判断を行い注文を撤回しようとしても、撤回しようとしている間に取引が成立してしまう可能性があり、顧客保護を図るためには、取次業者に取次行為までの間に顧客に説明を行わせる必要があることから、取次業者（金融商品販売業者等）は、注文を受けるまでの間に説明をする義務を負う。

なお、代理・媒介の場合には、代理・媒介を行う業者（金融商品販売業者等）は、これらの業者と顧客とが代理・媒介に係る契約を締結するときまでではなく、金融商品の販売が行われるまでの間に説明をすれば足りる。これは、代理・媒介業者自身は、商品・取引等のリスクを承知しておらず、金融商品販売業者からそのリスク等について説明を受けたうえで、顧客に説明するケースも十分考えられ、かつ、かかるケースについても顧客が説明を聞いたうえで商品・取引等を行わないことは十分可能であると考えられるためである。

(注1) 「取次ぎ」は、2条1項8号～10号では明示的に規定されており、同項5号・6号では明示的に規定されていないが、各号に掲げられた行為（「取得させる行為」）に含まれているものと解される（第6章 **1** 3(5)②iii(ii)）。また、同項11号は政令委任規定であり、この規定に基づく金融商品販売法施行令5条2号・3号で「取次ぎ」が明示的に規定されている。

③ 「重要事項」

顧客が金融商品の販売に係る契約を締結するか否かの判断に影響を及ぼすこととなる重要なものとして、金融商品販売業者等が説明義務を負う事項（重要事項）の概要は、以下のものである（注2）。

i 当該金融商品の販売についてリスクがある旨、当該リスクの内容、当該リスクの要因および当該リスクを生じさせる「金融商品の販売に係る取引

の仕組み」(1号〜6号)

ⅱ　権利行使が可能な期間の制限または契約解除が可能な期間の制限(7号)

　具体的には、ⅰのリスクの内容、リスクの要因およびリスクを生じさせる「金融商品の販売に係る取引の仕組み」は、以下のものである。

(ⅰ)　リスクの内容(1号〜6号各イ)

　　a　元本欠損が生ずるおそれ

　　b　当初元本を上回る損失が生ずるおそれ

(ⅱ)　リスクの要因(1号〜6号各ロ)

　　a　金利、通貨の価格、金融商品市場の相場その他の指標に係る変動がリスクの直接の要因であるとき(市場リスク)は、その要因である「指標」(1号・2号各ロ)

　　b　金融商品の販売を行う者その他の者の業務または財産の状況の変化がリスクの直接の要因であるとき(信用リスク)は、そのリスクを生じさせる主体である「者」(3号・4号各ロ)

　　c　金融商品の販売について顧客の判断に影響を及ぼすこととなる重要なものとして政令で定める事由がリスクの直接の要因であるときは、その「事由」(5号・6号各ロ)

(ⅲ)　リスクを生じさせる取引の仕組みのうちの重要な部分(1号〜6号各ハ)

　具体的には、市場リスク・信用リスク等((ⅱ)のリスクの要因)により「元本欠損が生ずるおそれ」や「当初元本を上回る損失が生ずるおそれ」((ⅰ)のリスクの内容)を生じさせる金融商品の販売に係る取引の仕組みである。

(注2)　消費者契約法における「重要事項」については、「消費者の当該消費者契約を締結するか否かについての判断に通常影響を及ぼすべきもの」であると定義されている(消費者契約法4条4項)。

　この「消費者の当該消費者契約を締結するか否かについての判断に通常影響を及ぼすべきもの」については、「契約締結の時点の社会通念に照らし、当該消費者契約を締結しようとする一般平均的な消費者が当該消費者契約を

締結するか否かについて、その判断を左右すると客観的に考えられるような、当該消費者契約についての基本的事項(通常予見される契約の目的に照らし、一般平均的な消費者が当該消費者契約の締結について合理的な意思形成を行ううえで通常認識することが必要とされる重要なもの)をいう」とされている(内閣府国民生活局消費者企画課編『逐条解説消費者契約法[新版]』(商事法務、2007年)127頁)。

④ 「説明」

i 方法・程度

金融販売業者等は、形式的に「重要事項」に該当する事項を顧客に告げさえすれば本条による説明義務を尽くしたことになるものではない。当該義務を尽くしたといえるためには、顧客の知識、経験、財産の状況および契約締結の目的に照らして、当該顧客に理解されるために必要な方法および程度により「重要事項」を告げる必要がある(本条2項)。

ii 業法上の義務との関係

たとえば、金融商品取引法では、金融商品取引業者等の説明義務として、金融商品取引契約を締結しようとするときはあらかじめ顧客に対して契約締結前交付書面を交付しなければならないとされている(金融商品取引法37条の3第1項)。そして、この説明義務の形骸化を避け、実質化を図るために、契約締結前交付書面に関して、あらかじめ、顧客に対して、「顧客が行う金融商品取引行為について金利、通貨の価格、金融商品市場における相場その他の指標に係る変動により損失が生ずるおそれがあるときは、その旨」等の事項を説明をすることなく、金融商品取引契約を締結する行為が禁止されている(金融商品取引法38条6号、金融商品取引業等に関する内閣府令117条1号イ)。

このように、業法において、業者に、本法律により説明をしなければならないとされている事項(3条1項各号)や説明を行わなければならない時期等について、本法律による義務と重複がある説明義務が課されている場合がある。

この点については、金融商品取引法等の業法上の説明義務は、行政規制であるのに対して、本法律による説明義務は民事上の義務であり、業者が違反した場合には損害賠償責任を負う(5条)という民事上の効果が生じるもの

である。このように、本項による説明義務と業法上の説明義務とは、その性質や効果等が異なるものである。

　ただし、それぞれについて別個の説明行為を行わなければならないわけではなく、双方の要件を満たす形での1回の説明行為を行うことにより、双方の義務を果たすことは可能であると考えられる。

【参考】
○金融商品取引法37条の3第1項3号～7号
　（契約締結前の書面の交付）
　第37条の3　金融商品取引業者等は、金融商品取引契約を締結しようとするときは、内閣府令で定めるところにより、あらかじめ、顧客に対し、次に掲げる事項を記載した書面を交付しなければならない。ただし、投資者の保護に支障を生ずることがない場合として内閣府令で定める場合は、この限りでない。
　　三　当該金融商品取引契約の概要
　　四　手数料、報酬その他の当該金融商品取引契約に関して顧客が支払うべき対価に関する事項であつて内閣府令で定めるもの
　　五　顧客が行う金融商品取引行為について金利、通貨の価格、金融商品市場における相場その他の指標に係る変動により損失が生ずることとなるおそれがあるときは、その旨
　　六　前号の損失の額が顧客が預託すべき委託証拠金その他の保証金その他内閣府令で定めるものの額を上回るおそれがあるときは、その旨
　　七　前各号に掲げるもののほか、金融商品取引業の内容に関する事項であつて、顧客の判断に影響を及ぼすこととなる重要なものとして内閣府令で定める事項

○金融商品取引法38条6号
　（禁止行為）
　第38条　金融商品取引業者等又はその役員若しくは使用人は、次に掲げる行為をしてはならない。ただし、第3号から第5号までに掲げる行為にあつては、投資者の保護に欠け、取引の公正を害し、又は金融商品取引業の信用を失墜させるおそれのないものとして内閣府令で定めるものを除く。
　　六　前各号に掲げるもののほか、投資者の保護に欠け、若しくは取引の公正を害し、又は金融商品取引業の信用を失墜させるものとして内閣府令で定める行為

○金融商品取引業等に関する内閣府令117条1号イ
　（禁止行為）

第117条　法第38条第6号に規定する内閣府令で定める行為は、次に掲げる行為とする。
一　次に掲げる書面の交付に関し、あらかじめ、顧客（特定投資家（法第34条の2第5項の規定により特定投資家以外の顧客とみなされる者を除き、法第34条の3第4項（法第34条の4第4項において準用する場合を含む。）の規定により特定投資家とみなされる者を含む。以下同じ。）を除く。以下この号において同じ。）に対して、法第37条の3第1項第3号から第7号までに掲げる事項（ニに掲げる書面を交付する場合にあっては、当該書面に記載されている事項であって同項第3号から第7号までに掲げる事項に係るもの）について顧客の知識、経験、財産の状況及び金融商品取引契約を締結する目的に照らして当該顧客に理解されるために必要な方法及び程度による説明をすることなく、金融商品取引契約を締結する行為
　　イ　契約締結前交付書面

(2)　1号〜6号

① 「元本欠損が生ずるおそれ」と「当初元本を上回る損失が生ずるおそれ」の関係

「元本欠損が生ずるおそれ」と「当初元本を上回る損失が生ずるおそれ」については、いずれも金融商品販売法に定義が置かれている（本条3項・4項）。

「元本欠損が生ずるおそれ」は、取引を通じての総支払額が総取得額を上回る可能性があるという概念であり、「当初元本を上回る損失が生ずるおそれ」は、顧客に当初の支払額を超える損失が生じる可能性があるという概念である。

このように、概念上は、「元本欠損が生ずるおそれ」と「当初元本を上回る損失が生ずるおそれ」は別のものであり、金融商品販売業者等は顧客に両者を説明する義務を負うことになる。しかしながら、基本的には、「当初元本を上回る損失が生ずるおそれ」がある場合には、「元本欠損が生ずるおそれ」もあるといえる。よって、通常、「当初元本を上回る損失が生ずるおそれ」がある場合には、「当初元本を上回る損失が生ずるおそれ」があるときに説明をしなければならない事項（3条1項2号・4号・6号）を顧客に説明すれば、「元本欠損が生ずるおそれ」のあるときに説明をしなければならない事

項（同項1号・3号・5号）をあわせて説明したことになるものと考えられる。

② 「当該指標」

「当該指標」（1号・2号各ロ）とは、金利、通貨の価格、金融商品市場における相場その他の指標に係る変動を直接の原因として元本欠損が生ずるおそれや当初元本を上回る損失が生ずるおそれ（市場リスク）がある場合における当該おそれをもたらす要因となる指標である。

当該「指標」としては、たとえば、外貨預金（2条1項1号に該当）における為替相場、株式を取得させる行為（2条1項5号に該当）における株式相場等である。

③ 「当該者」

「当該者」（3号・4号各ロ）とは、一定の者の業務または財産の状況の変化を直接の原因として元本欠損が生ずるおそれや当初元本を上回る損失が生ずるおそれ（信用リスク）がある場合における当該おそれをもたらす要因となる主体である。

この主体については条文上、「金融商品の販売を行う者その他の者」と規定されている。この「金融商品の販売を行う者」とは金融商品販売業者等であり、「その他の者」には有価証券の発行者等が含まれる。

なお、金融商品の販売を行う者その他の者の業務または財産の状況が実際にどの程度であるか、また、どの程度になれば実際に元本欠損が生ずるおそれや当初元本を上回る損失が生ずるおそれがあるかについての説明までは求められていない。

たとえば、有価証券の発行者の業務または財産の状況については、金融商品取引法上のディスクロージャーに関する規定等に基づき開示されることになり、顧客はそうした情報を参考に取引等を行うことになる。

④ 「直接の原因として」（1号～6号）

金融商品販売業者等に金融商品の価値の変動と因果関係のある要因をすべて説明することを義務づけると、当該要因の範囲が無限定に広がるおそれがあり、金融商品販売業者等にとってその履行が困難と考えられる。また、顧

客にとっては、取引等を開始するかの判断にあたって、当該金融商品の価値の直接的な変動要因が何かを理解することが重要であると考えられるが、上記のように広く変動要因を説明されると、かえって、どの要因が本質的なものかを理解することが困難となり、望ましくないものと考えられる。

このことから、本法律が説明を義務づけるリスクを生じさせることとなる、金融商品の価値変動要因のうち、当該リスクと直接的な因果関係がある要因のみを説明すべきこととした。

たとえば、輸出企業の株式についていえば、この価格（株価）が変動することを直接の原因として元本欠損が生ずるおそれがある。ただし、当該株価は、当該企業の財産・業務の状況の変化を原因として変動するものと考えられるところ、当該状況は外国為替相場の変動の影響を受けて変化しうるものである。この場合、金融商品販売業者等は、これらの株式に係る価値変動要因のうち、当該輸出企業の株価が変動することにより元本欠損が生じるおそれがある旨の説明を行えば足りることとなる。

(3) 第7号

金融商品の販売の対象である権利を行使することができる期間の制限または金融商品の販売に係る契約の解除をすることができる期間に制限があるときは、顧客が当該金融商品の販売に係る契約を締結するか否かの判断に重大な影響を及ぼすことから、金融商品販売業者等が説明をしなければならない事項とされたものである。

これは、本項1号～6号までに規定されているようなリスクを回避するための手段を講じることの可否等に関する情報である。

具体的には、「当該金融商品の販売の対象となる権利を行使することができる期間の制限」とは、たとえば、ワラントの権利行使期間が制限されていることなどである。

また、「当該金融商品の販売に係る契約の解除をすることができる期間の制限」とは、たとえば、ある種の投資信託については、設定後一定期間は解約できないとされていることなどである。

2 第 2 項

> **（金融商品販売業者等の説明義務）**
> 第3条
> 2　前項の説明は、顧客の知識、経験、財産の状況及び当該金融商品の販売に係る契約を締結する目的に照らして、当該顧客に理解されるために必要な方法及び程度によるものでなければならない。

1　概　　要

本項は、業者が説明義務を尽くしたかどうかを判断するにあたっての解釈基準として適合性の原則の考え方を取り込んだ規定であり、平成18年改正により新設された。

2　具体的内容

(1)　平成18年改正の概要

①　適合性の原則

適合性の原則は、利用者保護のための販売・勧誘に関するルールの柱となるべき原則であり、金融商品取引法においてもそのように位置づけられている（金融商品取引法40条1号）。

【参考】
○金融商品取引法40条1号
　（適合性の原則等）
　第40条　金融商品取引業者等は、業務の運営の状況が次の各号のいずれかに該当することのないように、その業務を行わなければならない。
　一　金融商品取引行為について、顧客の知識、経験、財産の状況及び金融商品取引契約を締結する目的に照らして不適当と認められる勧誘を行つて投資者の保護に欠けることとなつており、又は欠けることとなるおそれがあること。

②　最高裁判決・裁判例

適合性の原則については、最高裁判決（平成17年7月14日。民集59巻6号1323頁、金融法務事情1762号41頁）においても、その意義が認められており、

証券会社の従業員が顧客に日経平均株価オプションの売り取引を勧誘してこれを行わせた行為について、「証券会社の担当者が、顧客の意向と実情に反して、明らかに過大な危険を伴う取引を積極的に勧誘するなど、適合性の原則から著しく逸脱した証券取引の勧誘をしてこれを行わせたときは、当該行為は不法行為法上も違法となると解するのが相当である」「顧客の適合性を判断するに当たっては、（中略）顧客の投資経験、証券取引の知識、投資意向、財産状態等の諸要素を総合的に考慮する必要があるというべきである」とされている。これは、金融商品取引法上の適合性原則の本質である「狭義の適合性原則（ある特定の利用者に対してはいかに説明を尽くしても一定の商品の販売・勧誘を行ってはならないとのルール）を取り扱ったものと考えられる。

また、裁判例をみると、業者の説明義務違反の認定にあたって、顧客の適合性（知識、経験、財産状況や投資意向等）を考慮するものが多くみられ、説明義務と適合性の原則を組み合わせて判断されている。これらは、「広義の適合性原則」（業者が利用者の知識・経験・財産等に適合した形で販売・勧誘を行わなければならないとのルール）を取り扱ったものと考えられる。

③ 平成18年改正

現実の金融商品の販売等の場面において適合性原則（狭義）が遵守され、また、適合性原則（広義）の考え方のもと、業者が説明を行う際に、顧客の属性等を勘案したものとなっていることは、顧客保護の観点からきわめて重要である。

このような観点から、平成18年改正では、前述の最高裁判例等の趣旨をふまえ、金融商品販売法上の説明義務について、本項のとおり「顧客の知識、経験、財産の状況及び当該金融商品の販売に係る契約を締結する目的に照らして、当該顧客に理解されるために必要な方法及び程度によるものでなければならない」と規定し、説明義務を尽くしたかどうかを判断するにあたっての解釈基準として、適合性原則（広義）の考え方が取り入れられた。

この改正によって、金融商品販売業者等は、顧客に対して適合性原則（広義）に照らして適切な説明を行っていない場合には、損害賠償責任を負うも

のと考えられる。

(2)「理解されるために必要な」

当該顧客が現実に業者の説明を理解したかどうかは、顧客の主観にかかわり他者にはわからないことから、本項では「理解された」ことまでは求められていない。金融商品販売業者等は、当該顧客と同様の属性を有する顧客が社会通念上「理解する」と判断される方法・程度による説明を基本としたうえで、「当該顧客」ごとに個別に適切な方法・程度によって説明を行う必要があるものと考えられる。

なお、顧客が、金融商品販売業者等が金融商品販売法3条1項の重要事項の説明を行った後、「説明内容を理解できない」と述べる等、金融商品販売業者等にとって、顧客が説明内容を理解していないことが明らかであるにもかかわらず、当該金融商品販売業者等が当該顧客に対して、金融商品の販売等を行った場合には、当該顧客に対して民法上の不法行為（民法709条、715条）等に基づく損害賠償責任を負う可能性がある。

(3)「方法及び程度」

「方法及び程度」については本法律および本法律施行令に特段の定めはないが、説明の態様等に関する形式的・手続的な面よりも、顧客の属性（知識、経験、財産の状況および契約締結の目的）に照らして当該顧客が当該説明事項の内容を的確に理解するかという実質面が重視されることになると考えられる。したがって、必ずしも一定の形式的な手続・方法を履践すれば足りるというものではない点に留意が必要と考えられる。

また、あくまでも個別の顧客の属性に応じた多様・柔軟かつ適切な説明を求めるものである。したがって、投資経験の豊富な顧客に販売する場合と投資経験の少ない顧客に販売する場合とで説明内容・方法を一律とする必要はないと考えられる（注3）。

いずれにせよ、当該規定に適合して顧客への説明義務が尽くされているかどうかは、個別事例ごとに実態に即して実質的に判断されるべきものと考えられる。

（注3） 金融庁・証券取引等監視委員会「金融商品取引法の疑問に答えます」（平成20年2月21日）質問③参照。

(4) 非対面取引の場合

こうした考え方は、たとえば、対面取引と非対面取引（電話・ATM・インターネット取引等）とで異なるものではない。業者にとって、当該顧客が真に理解しているかを正確に把握することは困難と考えられるが、たとえば、業者が当該顧客の理解度をなんらかの方法で確認するなど、実務上の工夫を行うことは有用であると考えられる。

特に非対面取引の場合には、その特性にかんがみ、たとえば、顧客が画面上に表示される説明事項の内容をよく読んだ旨を確認すること、顧客からの問合せに適切に対応できる体制を整備すること、および照会頻度の高い質問についての「Q&A」を掲載することなど、実務上の工夫が必要であると考えられる（金融庁「金融サービスの電子取引の進展と監督行政」（電子金融研究会報告書・平成12年4月18日）参照）。

なお、この点に関連して、「金融商品取引業者等向けの総合的な監督指針」（注4）では「インターネットを通じた説明の方法」に係る実務上の工夫の例示として、「金融商品取引をインターネットを通じて行う場合においては、顧客がその操作する電子計算機の画面上に表示される説明事項を読み、その内容を理解した上で画面上のボタンをクリックする等の方法で、顧客が理解した旨を確認すること」があげられている（注5）。

（注4）「金融商品取引業者等向けの総合的な監督指針」（平成19年7月31日公表）38頁。
（注5）「金融庁考え方」672頁参照。

(5) 法人や未成年者への説明

① 問題の所在

顧客が法人や未成年者である場合には、本項の顧客の属性について具体的には誰を基準とすべきか、また具体的な説明（本条1項）を誰に対して行わなければならないかについて、実務上必ずしも明確でないように思われる。

法人の場合には、実際に金融商品販売業者等から説明を受けるのは法人の役職員とならざるをえず、また、未成年者の場合には、単に未成年者が権利を得または義務を免れる法律行為等を除き、未成年者単独では契約を締結できず、法定代理人の同意が必要とされるからである（民法5条1項）。

　本条1項および本項は、金融商品の販売の相手方となる者（顧客）が金融商品の販売に係る契約を締結するか否かの判断に影響を及ぼす事項について、その属性にあわせて理解するために必要な方法および程度による説明を受けることができるようにする趣旨のものである。このことから、基本的には、顧客である法人自体や未成年者自身を基準とすることになると考えられる。

　② 法人の場合

　したがって、まず、法人が顧客である場合、その属性のうち、経験、財産の状況や金融商品の販売に係る契約を締結する目的については、当該法人を基準とすることになると考えられる。

　一方、属性のうちの知識や誰に理解されるために必要な方法および程度であるかについては、一般的・抽象的には当該法人を基準とするとしても、具体的には誰を基準とするのかが問題となる。この点については、法人は、契約締結の意思決定を行う一連のプロセスを有しており、当該プロセスに関わる役職員についても内規等により決められているのが通常であると考えられる。

　一方で、金融商品販売業者等が、個々の契約ごとに顧客である法人内部の契約締結の意思決定を行う一連のプロセスに関わる者を把握することは困難である。そこで、本項の知識や誰に理解されるために必要な方法および程度であるかについては、当該法人の規模・業種等を勘案して、意思決定を行う一連のプロセスに関与すると考えられる担当の役職員（以下「担当者」という）を想定し、当該担当者を基準とすることが合理的であると考えられる。

　また、本条1項による説明を行うべき相手方も当該担当者と考えられる。ただし、複数の担当者が当該プロセスに関与すると想定される場合、すべて

の担当者に対して口頭により直接説明を行うまでの必要はないと考えられることから、たとえば、一人の担当者に説明書類を交付するとともに口頭説明を行ってその理解を得る等により、当該担当者が当該説明書類や金融商品販売業者等から受けた説明をふまえて法人内で契約締結の意思決定を行うこと等が通常想定されるのであれば、当該担当者に対する説明が本条1項による説明といえるものと考えられる。

③ 未成年者の場合

次に、顧客が未成年者である場合であって法定代理人の同意が必要な契約について、具体的な説明の対象を誰にすべきかを検討する。その前提として、そもそも未成年者の場合、特にリスクが高く、仕組みが複雑な金融商品・取引を中心に、行政規制上の「狭義の適合性原則」に照らして勧誘を行うことが適当でない場合も多いものと考えられる（商品先物取引に係る経済産業省「商品先物取引の委託者の保護に関するガイドライン」（平成19年9月27日）参照）。

仮に「狭義の適合性原則」に照らして未成年者に勧誘することが可能と判断される場合、基本的には未成年者が契約を締結するか否かの判断を行うことになり、法定代理人は同意権をもつにとどまることからすると、未成年者を基準として、未成年者に対して、本条1項による説明が行われなければならないと考えられる。

この場合、法定代理人は同意する否かを判断するにとどまることから、必ずしも法定代理人にまで説明する必要はないものと考えられる。

一方、たとえば法定代理人の求めに応じて法定代理人に対して説明するような場合に、誰の属性を基準にすべきかが問題になる。まず、財産の状況や契約締結の目的は、当該契約締結に適合しているかの判断に必要なものであるから、当該未成年者を基準とすることになると考えられる。

一方、知識・経験や誰に理解されるために必要な方法および程度であるかについては、当該契約を締結するかどうかについて適切な判断をするために必要なものであると考えられることから、契約締結に同意するかどうかの判断を行う主体である法定代理人の知識・経験等を基準とすることになると考

えられる。

　なお、未成年者の法定代理人が包括代理権（民法824条）を行使して契約を締結する場合には、当該法定代理人に対して説明を行うことになると考えられる。この場合における基準となる属性については、上記の同意権を有する法定代理人に対する説明の場合と同様であると考えられる。

3　第3項

（金融商品販売業者等の説明義務）

第3条

3　第1項第1号、第3号及び第5号の「元本欠損が生ずるおそれ」とは、当該金融商品の販売が行われることにより顧客の支払うこととなる金銭の合計額（当該金融商品の販売が行われることにより当該顧客の譲渡することとなる金銭以外の物又は権利であって政令で定めるもの（以下この項及び第6条第2項において「金銭相当物」という。）がある場合にあっては、当該合計額に当該金銭相当物の市場価額（市場価額がないときは、処分推定価額）の合計額を加えた額）が、当該金融商品の販売により当該顧客（当該金融商品の販売により当該顧客の定めるところにより金銭又は金銭以外の物若しくは権利を取得することとなる者がある場合にあっては、当該者を含む。以下この項において「顧客等」という。）の取得することとなる金銭の合計額（当該金融商品の販売により当該顧客等の取得することとなる金銭以外の物又は権利がある場合にあっては、当該合計額に当該金銭以外の物又は権利の市場価額（市場価額がないときは、処分推定価額）の合計額を加えた額）を上回ることとなるおそれをいう。

1　概　　要

　顧客にとって元本欠損のおそれがあるかどうかは金融商品を購入するかどうか等を判断するにあたって重要な情報であることから、平成18年改正前の

金融商品販売法においても、「元本欠損が生ずるおそれ」がある旨およびその要因（市場リスク、信用リスク、政令で定めるリスク）の説明義務が規定されていた。

金融商品販売業者等がこの義務を負うことについては、平成18年改正後も変更はなく、「元本欠損が生ずるおそれ」の意味についても、平成18年改正の前後を通じて実質的な変更はない。

2　具体的内容

(1)　「元本欠損が生ずるおそれ」

「元本欠損が生ずるおそれ」とは、以下の①＋②の合計額が③＋④の合計額を上回ることとなるおそれをいう（3条3項）。

① 　金融商品の販売が行われることにより顧客の支払うこととなる金銭の合計額

② 　金融商品の販売が行われることにより顧客の譲渡することとなる金銭以外の物または権利であって政令で定めるもの（金銭相当物）の市場価額（市場価額がないときは処分推定価額）の合計額

③ 　金融商品の販売により顧客等（顧客に加えて、「金融商品の販売により顧客の定めるところにより金銭または金銭以外の物もしくは権利を取得することとなる者」を含む。以下④において同じ）の取得することとなる金銭の合計額

④ 　金融商品の販売により顧客等の取得することとなる金銭以外の物または権利の市場価額（市場価額がないときは処分推定額）の合計額

(2)　「金融商品の販売が行われることにより顧客の支払うこととなる金銭」

この顧客が支払うこととなる金銭は、預金額（2条1項1号の「金融商品の販売」）や株式の対価（同項5号の「金融商品の販売」）等、いわゆる元本相当額に限られず、手数料、税金等を含むと考えられる。

また、金融商品の購入に代理業者・媒介業者等が関与する場合には、代理業者・媒介業者等に支払うこととなる手数料等も含まれると解される。

一方、融資を得て金融商品を購入する場合における融資利息は、含まれない。

(3)　「金銭相当物」

通常、金融商品の購入は実務上は金銭で行われることが多いが、金銭以外で行われる場合もあるため、金銭以外の物または権利であっても、実質的にみれば金銭の支払に相当することとなるものについては、「顧客の支払うこととなる金銭の合計額」に含めるとされた。

「当該金融商品の販売が行われることにより当該顧客の譲渡することとなる金銭以外の物又は権利であって政令で定めるもの」を「金銭相当物」としている。この政令としては、金融商品販売法施行令6条が設けられており、金銭相当物については、金融商品販売法施行令5条1号に規定する信託契約の締結に伴い顧客の譲渡することとなる金銭以外の物または権利とされている。

○金融商品の販売等に関する法律施行令
（金銭相当物の範囲）
第6条　法第3条第3項に規定する政令で定める金銭以外の物又は権利は、前条第1号に規定する信託契約の締結に伴い顧客の譲渡することとなる金銭以外の物又は権利とする。

(4)　「顧客等」

「顧客等」とは、顧客に加えて「顧客の定めるところにより金銭又は金銭以外の物若しくは権利を取得することとなる者」を含む概念である。

「顧客の定めるところにより金銭又は金銭以外の物若しくは権利を取得することとなる者」とは、金融商品の購入が、他益信託、他人を受取人とする保険（商法675条～677条）等、第三者のためにする契約（民法537条）である場合の、当該第三者である。これらの第三者の取得することとなる金銭等についても当該金融商品の購入により受け取るべき金銭等であり、当該金融商品の購入によるリスクとしての「元本欠損が生ずるおそれ」があるか否かの判断の基礎とされる。

なお、業者の損害賠償責任を規定した 5 条は、「顧客の損害を賠償する責めに任ずる」としており、この場合の第三者は、本法律による損害賠償請求をすることはできない。

(5) 「取得することとなる金銭」

顧客等は、金融商品の購入により、保険契約者としての権利（2 条 1 項 4 号）や有価証券（同項 5 号）等の、権利や物を取得することになる。「取得することとなる金銭」とは、この取得した権利または物の保有に伴って取得する金銭をいう。

具体的には、預金の利子の払戻金、保険金、債券の利子・償還金、株式の配当等である。

物または権利を処分した場合（株式を売却した場合等）に得られる金銭は、物または権利の保有に伴って取得する金銭ではないため、ここにいう「取得することとなる金銭」には含まれない。

なお、「顧客の支払うこととなる金銭」に顧客の支払うこととなる手数料・税金等を含むと解されるのと同様に、解約時の手数料・税金等については、「取得することとなる金銭」から控除されるものと解される。

(6) 「取得することとなる金銭以外の物又は権利」

有価証券やそこに表示される株主としての権利等をいい、他社株転換社債や現物配当のように当初の物または権利の保有に伴って物または権利を取得する場合の当該物や権利も含まれる。

なお、算定時点において物または権利を保有している場合には、その時点での市場価額または処分推定価額が評価される。

なお、「取得することとなる金銭」と「取得することとなる金銭以外の物又は権利」は、重複して評価されることはない。たとえば、債券であれば、満期までの元利合計額により、債券の権利内容は評価され尽くしているから、この元利合計額が顧客等の「取得することとなる金銭」であり、これに債券の購入により受け取る券面や、その市場価額が加えられて評価されることはない。

(7) 具体例

① 外貨預金（2条1項1号関連）

円で預け入れて円で払戻しを受けることとされている外貨預金についていえば、為替相場の変動を直接の原因として「元本欠損が生ずるおそれ」があるため（本条1項1号）、業者はこの点について説明義務を負う。

また、銀行等が倒産すれば、預金として支払った額より返還される額のほうが下回るおそれがあり、信用リスクに係る「元本欠損が生ずるおそれ」があるため（本条1項3号）、業者はこの点について説明義務を負う。

② 掛捨て保険（2条1項4号関連）

掛捨て保険については、支払保険料の返還はなく、また、保険事故が発生しなければ保険金の受取りもないため、総支払額が総取得額を上回るおそれがあり、「元本欠損が生ずるおそれ」はあるといえる。

もっとも、支払保険料の返還がないのは、契約に基づくのであり、市場リスクや信用リスクを原因とするものではないため、この「元本欠損が生ずるおそれ」に関しては、本条1項による説明義務は課されない（同項1号・3号参照）。

なお、保険事故が発生しても、保険会社の倒産等により受取保険金が総支払保険料を下回るおそれがあるといった信用リスクに係る「元本欠損が生ずるおそれ」については、重要事項として説明義務が課されることになる。

③ 利付債券の売買（2条1項5号関連）

満期時には元本が償還されるとともに利子が支払われるため、顧客が満期まで債券を保有している場合には、通常は、債券を取得するために支払った額が取得額を超えることはない。もっとも、当該債券自体の価格は相場の変動により変動するため、顧客が満期前に当該債券を売却する場合には、当該債券の売却により顧客が取得する額は、債券の取得に際しての支払額を下回るおそれがある。このため、市場リスクに係る「元本欠損が生ずるおそれ」があり（本条1項1号）、業者はこの点について説明義務を負う。

なお、債券の発行者の倒産等によって満期時の償還額が債券の元本額を割

り込むこともあり、信用リスクに係る「元本欠損が生ずるおそれ」もあるため（本条1項3号）、業者はこの点についても説明義務を負う。

④　株式の売買（2条1項5号関連）

株式の市場価額または処分推定価額は、相場の変動によって変動する。このことから、株式については、配当として取得する可能性もあるものの、配当の額と株式の権利自体の額を加えた額が、顧客が当該株式の取得のために支払った額を下回る可能性がある。このように、株式については、市場リスクに係る「元本欠損が生ずるおそれ」があり（本条1項1号）、業者はこの点について説明義務を負う。

なお、株式の発行者の倒産等によって顧客が、配当（会社法105条1項1号）や残余財産の分配（同項2号）を受けられず、顧客の取得額が支払額を下回るおそれもあり、信用リスクに係る「元本欠損が生ずるおそれ」もあるため（本条1項3号）、業者はこの点についても説明義務を負う。

4　第4項

> **（金融商品販売業者等の説明義務）**
> 第3条
> 4　第1項第2号、第4号及び第6号の「当初元本を上回る損失が生ずるおそれ」とは、次に掲げるものをいう。
> 　一　当該金融商品の販売（前条第1項第8号から第10号までに掲げる行為及び同項第11号に掲げる行為であって政令で定めるものに限る。以下この項において同じ。）について金利、通貨の価格、金融商品市場における相場その他の指標に係る変動により損失が生ずることとなるおそれがある場合における当該損失の額が当該金融商品の販売が行われることにより顧客が支払うべき委託証拠金その他の保証金の額を上回ることとなるおそれ

二　当該金融商品の販売について当該金融商品の販売を行う者その他の者の業務又は財産の状況の変化により損失が生ずることとなるおそれがある場合における当該損失の額が当該金融商品の販売が行われることにより顧客が支払うべき委託証拠金その他の保証金の額を上回ることとなるおそれ

三　当該金融商品の販売について第1項第6号の事由により損失が生ずることとなるおそれがある場合における当該損失の額が当該金融商品の販売が行われることにより顧客が支払うべき委託証拠金その他の保証金の額を上回ることとなるおそれ

四　前3号に準ずるものとして政令で定めるもの

1　概　　要

　平成18年改正前の金融商品販売法では、リスクの内容に関して「元本欠損が生ずるおそれ」の説明義務のみが規定されており、元本を超える損失が生ずるおそれがある場合であっても、「元本欠損が生ずるおそれ」がある旨を説明すれば足りることとなっていた（改正前3条1項1号～3号）。

　しかしながら、顧客にとって元本を超える損失が生ずるおそれがあるかどうかは、金融商品を購入するかどうか等を判断するにあたって重要な情報であることから、平成18年改正により、「元本欠損が生ずるおそれ」と区別して、「当初元本を上回る損失が生ずるおそれ」がある場合には、その「旨」、その直接の原因となる「指標」（市場リスク）や「者」（信用リスク）等および「金融商品の販売に係る取引の仕組みのうちの重要な部分」が説明義務の対象に追加された（本条1項2号・4号・6号）。

　なお、金融商品取引法制の整備の前から商品取引所法において元本（取引証拠金等の額）を超える損失が生ずるおそれが説明義務の対象事項とされていた（同整備前の商品取引所法218条1項、217条1項2号）。これは、平成16年5月12日に成立し、平成17年5月1日に施行された商品取引所法の一部を改正する法律（平成16年法律第43号）により、説明義務の対象事項に追加され

たものである。

2　具体的内容
(1)　総　論
「当初元本を上回る損失が生ずるおそれ」とは、顧客の当初の支払金額を超える額の損失が生ずるおそれのことであり、顧客に当初の支払金額に加えてさらなる支払義務が生じうる場合に想定されるものである。

この「当初元本を上回る損失が生ずるおそれ」については本項で定義され、デリバティブ取引等（本法律2条1項8号～11号）について、損失額が「顧客が支払うべき委託証拠金その他の保証金の額を上回ることとなるおそれ」とされている（本項1号～3号）。

具体的には、以下とされている。

① 金融商品の販売について金利、通貨の価格、金融商品市場における相場その他の指標に係る変動により損失が生ずることとなるおそれがある場合における（市場リスク）当該損失の額が当該金融商品の販売が行われることにより顧客が支払うべき委託証拠金その他の保証金の額を上回ることとなるおそれ（本項1号）

② 金融商品の販売について当該金融商品の販売を行う者その他の者の業務または財産の変化により損失が生ずることとなるおそれがある場合における（信用リスク）当該損失の額が当該金融商品の販売が行われることにより顧客が支払うべき委託証拠金その他の保証金の額を上回ることとなるおそれ（本項2号）

③ 金融商品の販売について本条1項6号の事由により損失が生ずることとなるおそれがある場合における（政令で定めるリスク）当該損失の額が当該金融商品の販売が行われることにより顧客が支払うべき委託証拠金その他の保証金の額を上回ることとなるおそれ（本項3号）

なお、これらに準ずるものを対象に含める必要が生じれば、政令で定めることも可能となっている（本項4号）。現段階では、当該政令は定められてい

ない。

(2) 「同項第11号に掲げる行為であって政令で定めるもの」

本項1号～3号において、「当初元本を上回る損失が生ずるおそれ」の対象となる「金融商品の販売」については、①本法律2条1項8号～10号に掲げる行為、および②本法律2条1項11号に掲げる行為であって政令で定めるものに限定されている。

> ○金融商品の販売等に関する法律施行令
> （当初元本を上回る損失が生ずるおそれを生じさせる行為）
> 第7条　法第3条第4項第1号に規定する政令で定めるものは、第5条第2号又は第3号に掲げるものとする。

①の本法律2条1項8号～10号に掲げられている行為はいずれもデリバティブ取引であり、②の本法律2条1項11号に掲げられる行為であって政令で定めるものとしては、本法律2条1項11号に掲げられる行為（金融商品販売法施行令5条1号～3号）のうちのデリバティブ取引（同条2号の金融等デリバティブ取引および同条3号の海外商品市場デリバティブ取引）が定められている。

(3) その他

元本を超える損失が生ずるおそれがある場合としては、いわゆる集団投資スキーム持分（金融商品取引法2条2項5号・6号のみなし有価証券）として、組合契約に基づく無限責任組合員の権利や合名会社・合資会社の無限責任社員の社員権を取得させる行為（金融商品販売法2条1項5号）等も想定されうる。

もっとも、一般に、元本を超える損失が生ずるおそれがある場合として想定される行為について、一律に何を「当初元本」としてとらえることができるかは、必ずしも明確ではない。金融商品販売業者等が説明義務（3条1項）に違反すれば無過失・直接の損害賠償責任を負い（5条）、かつこの損害賠償責任は、損害額の推定規定の対象となる（6条）ものであるから、当該説明義務の対象とするためには、無過失・直接責任を生じさせ、立証責任を転

換させることに見合う要件の明確化が必要となる。

　金融商品取引法制の整備にあたっては、特にデリバティブ取引については、一般に元本を超える損失が生ずる典型的なケースといえること、また、要件の明確化を図りうるだけの一定程度の裁判例の集積等が認められること等から、主にデリバティブ取引を対象として、「当初元本」を「委託証拠金その他の保証金」ととらえて、「当初元本を上回る損失が生ずるおそれ」が説明義務の対象として規定された。

　この場合であっても、上記の組合契約に基づく無限責任組合員の権利等については、その「取引の仕組み」の説明を通じて、結果的には元本を超える損失が生ずるおそれがあることが顧客に理解されるように説明されることになるものと考えられる。

5　第 5 項

（金融商品販売業者等の説明義務）

第 3 条

5　第 1 項第 1 号ハ、第 2 号ハ、第 3 号ハ、第 4 号ハ、第 5 号ハ及び第 6 号ハに規定する「金融商品の販売に係る取引の仕組み」とは、次に掲げるものをいう。

一　前条第 1 項第 1 号から第 4 号まで及び第 7 号に掲げる行為にあっては、これらの規定に規定する契約の内容

二　前条第 1 項第 5 号に掲げる行為にあっては、当該規定に規定する金融商品取引法第 2 条第 1 項に規定する有価証券に表示される権利又は同条第 2 項の規定により有価証券とみなされる権利（同項第 1 号及び第 2 号に掲げる権利を除く。）の内容及び当該行為が行われることにより顧客が負うこととなる義務の内容

三　前条第 1 項第 6 号イに掲げる行為にあっては、当該規定に規定す

> る権利の内容及び当該行為が行われることにより顧客が負うこととなる義務の内容
> 四　前条第1項第6号ロに掲げる行為にあっては、当該規定に規定する債権の内容及び当該行為が行われることにより顧客が負担することとなる債務の内容
> 五　前条第1項第8号から第10号までに掲げる行為にあっては、これらの規定に規定する取引の仕組み
> 六　前条第1項第11号の政令で定める行為にあっては、政令で定める事項

1　概　要

　平成18年改正によって、新たに金融商品販売法上の説明義務の対象とされた「金融商品の販売に係る取引の仕組みのうちの重要な部分」とは、具体的には、市場リスク（金利、通貨の価格、金融商品市場における相場その他の指標に係る変動のリスク）、信用リスク（金融商品販売業者や有価証券の発行者等の業務または財産の状況の変化のリスク）または政令で定めるリスク（金融商品の販売について顧客の判断に影響を及ぼすこととなる重要なものとして政令で定める事由に関するリスク）を直接の原因として「元本欠損が生ずるおそれ」または「当初元本を上回る損失が生ずるおそれ」を生じさせるものとされている（本条1項1号〜6号各ハ）。

2　具体的内容（「金融商品の販売に係る取引の仕組み」）

(1)　定　義

① 本法律2条1項1号〜10号の「金融商品の販売」

　「金融商品の販売に係る取引の仕組み」については、本項において、商品・取引等（「金融商品の販売」（本法律2条1項））の類型に応じて、以下のとおり定義されている。

i　預貯金契約、信託契約、保険契約等については、契約の内容（本項1号）

ⅱ 株式や集団投資スキーム持分等の有価証券（いわゆる「みなし有価証券」を含む）を顧客に取得させる行為については、有価証券に表示される権利または有価証券とみなされる権利の内容およびその取得に伴い顧客が負うこととなる義務の内容（本項2号）
ⅲ 信託受益権を顧客に取得させる行為については、その権利の内容およびその取得に伴い顧客が負うこととなる義務の内容（本項3号）
ⅳ 譲渡性預金債権を顧客に取得させる行為については、その債権の内容およびその取得に伴い顧客が負担することとなる債務の内容（本項4号）
ⅴ デリバティブ取引については、当該取引の仕組み（本項5号）
ⅵ 政令で定める行為については、政令で定める事項（本項6号）
② 本法律2条1項11号の「金融商品の販売」（「政令で定める事項」）

> ○金融商品の販売等に関する法律施行令
> （金融商品の販売に係る取引の仕組み）
> 第8条　法第3条第5項第6号に規定する政令で定める事項は、次に掲げる事項とする。
> 　一　第5条第1号に掲げる行為にあっては、同号に規定する契約の内容
> 　二　第5条第2号又は第3号に掲げる行為にあっては、これらの規定に規定する取引の仕組み

本法律2条1項11号の「政令で定める行為」についての「金融商品の販売に係る取引の仕組み」については、「政令で定める事項」とされている。

具体的には、以下の事項が定められている。

ⅰ 信託財産の運用方法が特定されていない金銭以外の信託に係る信託契約（金融商品販売法施行令5条1号）については、契約の内容
ⅱ デリバティブ取引（金融等デリバティブ取引（金融商品販売法施行令5条2号）および海外商品市場デリバティブ取引（同条3号））については、当該取引の仕組み

(2) 具体的な内容

「金融商品の販売に係る取引の仕組み」は、「金融商品の販売」の類型に応

じて、基本的には、その金融商品の販売によって顧客が取得または負担する権利・義務であるといえる。

また、「金融商品の販売に係る取引の仕組みのうちの重要な部分」とは、具体的には、市場リスク（金利、通貨の価格、金融商品市場における相場その他の指標に係る変動のリスク）、信用リスク（金融商品販売業者や有価証券の発行者等の業務または財産の状況の変化のリスク）または政令で定めるリスク（金融商品の販売について顧客の判断に影響を及ぼすこととなる重要なものとして政令で定める事由に関するリスク）を直接の原因として「元本欠損が生ずるおそれ」または「当初元本を上回る損失が生ずるおそれ」を生じさせるものとされている（本条1項1号～6号各ハ）。

これらのことからすれば、「金融商品の販売に係る取引の仕組みのうち重要な部分」としては、金融商品販売業者等が金融商品販売法により説明義務を負う市場リスク、信用リスクまたは政令で定めるリスク（本条1項1号～6号各イ）を生じさせる契約の内容等（顧客の権利・義務）に関する重要な事項であると考えられる。

金融商品販売法では、金融商品販売業者等の専門性（顧客との関係における情報優位性）および顧客がこれを信頼して取引せざるをえない状況にあること等にかんがみて、金融商品販売業者等に対して顧客への説明義務を課している。このような金融商品販売法の趣旨からすれば、説明義務の対象事項については、顧客が金融商品を購入するかどうかの判断をするにあたって重要な事項であるというべきであり、「金融商品の販売に係る取引の仕組みのうち重要な部分」についても、このように実質的に判断されるべきものである。

従前の裁判実務でも「取引の仕組み」については実質的に判断されていたと考えられる。今回の金融商品販売法改正による「金融商品の販売に係る取引の仕組みのうち重要な部分」についても、かかる従前の裁判実務に近い形での解釈・運用が可能であると考えられる。

(3) 商品・取引等ごとの具体的な例

具体的には、商品・取引等ごとに、たとえば、以下のような内容が考えられる（注6）。

ⅰ　外貨預金（本項1号）

たとえば、「顧客の預金は、円から外貨に換算して預託され、その後、円に換算したうえで払い戻されること」「当該払戻し額は、為替相場の変動により、円換算では当初預金額から変動する可能性があること」等の事項が考えられる。

ⅱ　株式の売買（本項2号）

たとえば、「当該株式を購入する際に顧客が対価や委託手数料を支払う必要があること」「当該株式の価格は、購入後、株式相場の変動により変動する可能性があること」等の事項が考えられる。

ⅲ　デリバティブ取引（本項5号）

たとえば、「顧客が取引開始時に保証金を支払う必要があること」「当該取引の対象となっている株式等の原資産等に係る相場の変動により、追加保証金を支払う必要が生じること」「当該取引の終了時には、株式等の原資産等に係る相場の変動により、当初支払った保証金およびその後に追加して支払った保証金から減額された金額が返還される可能性があること」等の事項が考えられる。

(注6)　これらは、説明すべき内容の例示であって、これを説明すれば足りるというものではない。

6　第 6 項

（金融商品販売業者等の説明義務）

第3条

6　1の金融商品の販売について2以上の金融商品販売業者等が第1項

> の規定により顧客に対し重要事項について説明をしなければならない場合において、いずれか1の金融商品販売業者等が当該重要事項について説明をしたときは、他の金融商品販売業者等は、同項の規定にかかわらず、当該重要事項について説明をすることを要しない。ただし、当該他の金融商品販売業者等が政令で定める者である場合は、この限りでない。

1 概　要

　1つの金融商品の販売について、金融商品の販売業者に加えて、金融商品の販売の代理または媒介を行う者がある場合、そのいずれの者も、金融商品販売業者等（2条3項）として顧客に対して本法律による説明義務を負う。

　しかしながら、本法律では、リスクを伴う金融商品等を購入する契約を締結するか否かの判断について顧客に自己責任を負わせる前提として、金融商品販売業者等に適切な情報を行わせるべく、金融商品販売業者等に対して説明義務（本条）を課している。かかる趣旨からすれば、複数の金融商品販売業者等が説明義務を負う場合でも、その1の業者が当該説明を行えば足りるものと考えられる。

　また、かかるケースでは、1つの業者が本法律による説明を行えば足りるとするほうが、円滑な金融取引やコスト低減等に資することになる。

　このような趣旨から、この規定が置かれた。

　なお、本項は、平成18年改正により3項から6項に変更されたが、規定の内容は変更されていない。

2 具体的内容

(1) 「政令で定める者」

> ○金融商品の販売等に関する法律施行令
> （重要事項について説明をすることを要しない者から除かれる者）
> 第9条　法第3条第6項ただし書に規定する政令で定める者は、金融商品の

> 販売が行われる場合において顧客の行う行為を代理する者とする。

　本項の「政令で定める者」については、金融商品販売法施行令9条により、「金融商品の販売が行われる場合において顧客の行う行為を代理する者」が定められている。

　顧客が金融商品の販売に係る契約の締結を代理業者を通じて行う場合には、当該契約締結に関する意思表示は代理業者が行い、当該契約が顧客と当該契約の相手方である金融商品販売業者等との間で契約締結に向けた行為が行われることになる。

　この場合、通常、当該契約の相手方である金融商品販売業者等と直接接するのは、もっぱら代理業者であることを考慮すると、実務上は、相手方の金融商品販売業者等は、代理業者に対して本法律の規定による説明を行うことをもって、顧客に対して本法律に基づく説明を果たしたことになると解される。

　このように解すると、本項本文によれば、相手方の金融商品販売業者等から当該代理業者に説明が行われれば、当該代理業者は顧客に対する説明義務を免れることになる。しかしながら、この場合、顧客本人は実際に説明を受けたうえで、金融商品の販売に係る契約の締結を行うことができない等、不合理な結論となってしまう。このことから、本項に定めるような除外がなされている。

　なお、金融商品販売法施行令9条の内容については、平成18年改正後においても、平成18年改正前と変更はない。

(2) **顧客のための媒介について**

　顧客のために媒介（代理と同様に本法律2条1項の「金融商品の販売」自体には該当しないが、同条2項の「金融商品の販売等」に該当する）を行う場合については、媒介は他人の間の法律行為の成立のために尽力する事実行為であって、相手方の金融商品販売業者等が当該媒介業者に対して説明を行っても、代理業者に対する説明とは異なり、顧客に対して説明を行ったことにはなら

ないことから、本項と同様の除外規定は置かれていない。

7　第 7 項

> （金融商品販売業者等の説明義務）
> 第 3 条
> 7　第 1 項の規定は、次に掲げる場合には、適用しない。
> 　一　顧客が、金融商品の販売等に関する専門的知識及び経験を有する者として政令で定める者（第 9 条第 1 項において「特定顧客」という。）である場合
> 　二　重要事項について説明を要しない旨の顧客の意思の表明があった場合

1　概　　要

　特定顧客（いわゆるプロ）は、自ら商品・取引等（金融商品の販売）に係る知識を十分に持ち合わせているため、本法で規定される金融商品販売業者等からの重要事項についての説明を受けなくても、顧客保護に欠けることはなく、むしろ円滑な金融取引やコスト低減等を実現することができると考えられることから、かかる顧客に対して本法律による説明を行うことが不要とされた。また、重要事項について説明を要しない旨の意思表示があった場合には、説明を行うことを不要としても顧客保護に欠けることはなく、また、説明を要するとすることは円滑な金融取引やコスト低減等の妨げとなると考えられることから、かかる顧客に対しても説明が不要とされた。なお、本項は、平成18年改正により 4 項から 7 項に変更された。

2　具体的内容

(1)　平成18年改正の概要

　平成18年改正前は、「金融商品の販売等に関する専門的知識及び経験を有

する者として政令で定める者」、すなわち、特定顧客については、金融商品販売法施行令8条により、「金融商品販売業者等」と定められていた。

　金融商品販売法の改正を含む金融商品取引法制の整備においては、金融商品取引法等の行政法規に基づく業者の行為規制の適用にあたって、顧客を「特定投資家」（いわゆるプロ。金融商品取引法2条31項）と「一般投資家」（いわゆるアマ）に区分し、この区分に応じた行為規制の適用を行う（特定投資家については金融商品取引業者等の行為規制の一部の適用が除外される等）ことにより、円滑な金融取引と顧客保護の調和を図る観点から規制の柔軟化（柔構造化）が図られた。

　この趣旨は、金融商品販売法が「特定顧客」に対する説明を不要とした趣旨と共通するものである（注7）。

　そこで、金融商品取引法制に関する政令整備において、金融商品販売法施行令が改正され、「特定顧客」として新たに「特定投資家」が指定された（10条1項）。

　この際、「特定投資家」には、金融商品取引法等（注7）の特定投資家制度のもとで、「選択により特定投資家に移行した一般投資家」（金融商品取引法34条の3第4項・第6項、34条の4第4項）を含み、「選択により一般投資家に移行した特定投資家」（同法34条の2第5項・第8項）は除かれるものとされた（図表12）。

(注7)　金融審議会第一部会報告では、こうした制度を設ける趣旨・目的として、以下があげられている（17頁）。
　① 特定投資家と一般投資家の区分により、適切な利用者保護とリスク・キャピタルの供給の円滑化を両立させる必要があること。
　② 特定投資家は、その知識・経験・財産の状況などから、適合性原則のもとで保護が欠けることとならず、かつ当事者も必ずしも行政規制による保護を望んでいないと考えられること。
　③ 特定投資家については、行政規制ではなく市場規律に委ねることにより、過剰規制による取引コストを削減し、グローバルな競争環境に置かれているわが国金融・資本市場における取引の円滑化を促進すること。

図表12　金融商品取引法における特定投資家制度の概要

【特定投資家（プロ）と一般投資家（アマ）の区分】

① 特定投資家（2条31項1～3号）（一般投資家への移行不可）	② 特定投資家（2条31項4号）（一般投資家への移行可能）	③ 一般投資家（特定投資家への移行可能）	④ 一般投資家（特定投資家への移行不可）
●適格機関投資家 ●国 ●日本銀行	●内閣府令（注）で定める法人	●②以外の法人 ●個人 ・匿名組合の営業者等 ・内閣府令で定める個人	●③以外の個人

（注）　金融商品取引法第二条に規定する定義に関する内閣府令23条

【特定投資家（プロ）と一般投資家（アマ）の間の移行手続】

類型		行為者				移行の効果
		（業者）	（顧客）	（業者）	（業者）	
プロ→アマ（34条、34条の2）		●移行申出が可能である旨の告知（義務）	●「契約の種類」ごとに移行申出		●書面交付 ●承諾（義務）	●原則1年間はアマ扱い ●更新申出があれば承諾（義務） ●更新申出がなければ告知（義務）
アマ→プロ	法人顧客（34条の3）		●「契約の種類」ごとに移行申出		●書面による顧客の同意取得 ●承諾（任意）	●原則1年間はプロ扱い ●更新申出があれば1年間経過後に承諾（任意）
	個人顧客（34条の4）		●「契約の種類」ごとに移行申出	●要件充足確認 ●書面交付	●書面による顧客の同意取得 ●承諾（任意）	●原則1年間はプロ扱い ●更新申出があれば1年間経過後に承諾（任意）

(2) 「顧客が、金融商品の販売等に関する専門的知識及び経験を有する者として政令で定める者」(「特定顧客」)

○金融商品の販売等に関する法律施行令
(特定顧客)
第10条　法第3条第7項第1号に規定する政令で定める者は、金融商品販売業者等又は金融商品取引法第2条第31項に規定する特定投資家（以下「特定投資家」という。）とする。
2　前項の「特定投資家」には、法第3条第1項に規定する金融商品の販売等（以下「金融商品の販売等」という。）に係る契約が金融商品取引法第34条の3第2項第2号（同法第34条の4第4項（銀行法等の規定において準用する場合を含む。）及び銀行法等の規定において準用する場合を含む。）に規定する対象契約に該当する場合にあっては、当該金融商品の販売等に関しては同法34条の3第4項（同法第34条の4第4項（銀行法等の規定において準用する場合を含む。）及び銀行法等の規定において準用する場合を含む。）又は同法34条の3第6項（同法第34条の4第4項において準用する場合を含む。）の規定により当該対象契約に関して特定投資家とみなされる者を含み、金融商品の販売等に係る契約が同法第34条の2第2項（銀行法等の規定において準用する場合を含む。）に規定する対象契約に該当する場合にあっては、当該金融商品の販売等に関しては同条第5項（銀行法等において準用する場合を含む。）又は第8項の規定により当該対象契約に関して特定投資家以外の顧客とみなされる者を含まないものとする。
3　前項の「銀行法等の規定」とは、次に掲げるものをいう。
　一　商工組合中央金庫法（昭和11年法律第14号）第30条ノ2ノ3
　二　金融機関の信託業務の兼営に関する法律（昭和18年法律第43号）第2条の2
　三　農業協同組合法（昭和22年法律第132号）第11条の2の4又は第11条の10の3
　四　水産業協同組合法（昭和23年法律第242号）第11条の6の4（同法第92条第1項、第96条第1項又は第100条第1項において準用する場合を含む。）
　五　中小企業協同組合法（昭和24年法律第181号）第9条の7の5第3項（同法第9条の9第5項又は第8項において準用する場合を含む。）
　六　協同組合による金融事業に関する法律（昭和24年法律第183号）第6条の5の2
　七　信用金庫法（昭和26年法律第238号）第89条の2
　八　長期信用銀行法（昭和27年法律第187号）第17条の2
　九　労働金庫法（昭和28年法律第227号）第94条の2

十　銀行法第13条の4
十一　保険業法（平成 7 年法律第105号）第300条の 2
十二　農林中央金庫法（平成13年法律第93号）第59条の 3
十三　信託業法（平成16年法律第154号）第24条の 2 （保険業法第99条第 8 項において準用する場合を含む。）

① 　「金融商品販売業者等」

「金融商品販売業者等」とは、 2 条 3 項の金融商品販売業者等を指す。金融取引販売業者等は、プロとして自ら 2 条 1 項のいずれかの取引を行うものであり、おおむね商品・取引等の性質・仕組みについて熟知しているか、少なくとも質問する能力はあるものと考えられる。このことから、商品・取引等の類型ごとに「特定顧客」に該当するのではなく、すべての金融商品販売業者等が特定顧客に該当するというべきである。

たとえば、不動産特定共同事業者で、不動産特定共同事業といった特定の金融取引については専門的知識・経験を有しているが、その他の金融取引については必ずしも専門的知識を有していない場合もありえる。こうした不動産特定共同事業者は、不動産特定共同事業以外の金融取引についても、「特定顧客」に該当する。

② 　「特定投資家」

ⅰ　金融商品取引法制における特定投資家制度

特定投資家と一般投資家の区別のあり方について、金融審議会第一部会報告では、主要国・地域の制度を参考としつつ、中間層における選択による移行を考慮し、

(ⅰ)　一般投資家に移行できない特定投資家
(ⅱ)　選択により一般投資家に移行可能な特定投資家
(ⅲ)　選択により特定投資家に移行可能な一般投資家
(ⅳ)　特定投資家に移行できない一般投資家

の 4 分類とする考え方が示されている。

金融商品取引法において、「特定投資家」の定義は、適格機関投資家（注

8）、国、日本銀行および投資者保護基金その他の内閣府令で定める法人とされている（金融商品取引法2条31項）。このうち、適格機関投資家、国および日本銀行が、上記(i)の「一般投資家に移行できない特定投資家」に該当する。

　一方、特定投資家のうち、「投資者保護基金その他の内閣府令で定める法人」については、金融商品取引業者等に対して自己を「特定投資家以外の顧客」（一般投資家）として取り扱うように申し出たうえで、所要の手続を経た場合には、一般投資家とみなされる（一般投資家と同様に行為規制による保護を全面的に受ける）ことが可能となっており（金融商品取引法34条の2）、これが上記(ii)の「選択により一般投資家に移行可能な特定投資家」に該当する。

　その範囲については、前述の金融審議会第一部会報告をふまえて、地方公共団体、政府関係機関、上場会社や資本金が5億円以上と見込まれる会社等が定められている（金融商品取引法第二条に規定する定義に関する内閣府令23条）。

　さらに、特定投資家以外の法人（金融商品取引法34条の3第1項）および知識・経験・財産の状況に照らして特定投資家に相当する者として一定の要件を満たす個人（同法34条の4第1項）については、本人が金融商品取引業者等に対して自己を特定投資家として取り扱うよう申し出たうえで、所要の厳格な手続を経た場合には、業者の側でこれらの者を特定投資家として取り扱うことができるとされている。これが上記(iii)の「選択により特定投資家に移行可能な一般投資家」に該当する。それ以外の個人は、すべて上記(iv)の「特定投資家に移行できない一般投資家」に該当する（図表12参照）。

（注8）　適格機関投資家とは、「有価証券に対する投資に係る専門的知識及び経験を有する者として内閣府令で定める者」をいうものとされており（金融商品取引法2条3項1号）、具体的には、金融商品取引法第二条に規定する定義に関する内閣府令10条1項に規定されている。このうちには、銀行（4号）や保険会社（5号）のように、「金融商品販売業者等」としても「特定顧客」に該当するものも含まれている。また、有価証券残高10億円以上であるものとして当局に届出を行った法人（23号イ）等のように、基本的には「金融商品販売業者等」には該当せず、「金融商品取引法2条31項に規定する特定投

資家」として「特定顧客」に該当する者も含まれている。

ⅱ　金融商品販売法施行令10条における「特定投資家」

　金融商品販売法施行令10条における「特定投資家」は、基本的には上記イの金融商品取引法における特定投資家制度に従ったものとなっている（注9）。

(注9)　資本金10億円以上の株式会社を相手方とする非有価証券関連の店頭デリバティブ取引等については、「金融商品取引業から除外される行為」とされること（金融商品取引法2条8項柱書・金融商品取引法施行令1条の8の3第2号ロ、金融商品取引法第二条に規定する定義に関する内閣府令15条2項）から、当該店頭デリバティブ取引等における顧客は、そもそも金融商品取引法の行為規制による保護を受けず、同法による行為規制を一部適用除外として規制の柔軟化を図る制度である同法の特定投資家制度の対象とはならない。一方、金融商品販売法施行令10条1項の「特定投資家」については、円滑な金融取引と顧客保護の調和を図るという同項の趣旨からすれば、金融商品取引業から除かれる行為の顧客を排除するものではなく、文言上同項の定義に含まれるものを広く対象とするものである。上記店頭デリバティブ取引等における顧客（資本金10億円以上の株式会社）は、通常は、「取引の状況その他の事情から合理的に判断して資本金の額が5億円以上であると見込まれる株式会社」として、文言上「金融商品取引法第2条第31項に規定する特定投資家」の定義に含まれるものであり（金融商品取引法2条31項4号、金融商品取引法第二条に規定する定義に関する内閣府令23条9号）、金融商品販売法の「特定顧客」と扱われることになる。

　「特定投資家」には、特定投資家に移行する一般投資家を含み、一般投資家に移行する特定投資家を含まないとされている（金融商品販売法施行令10条2項）。これは、金融商品取引法における特定投資家と一般投資家の間の移行に従った取扱いとするものであり、「契約の種類」ごとに移行が行われる（注10）。

(注10)　「金融庁考え方」674頁参照。

　金融商品取引法制の整備においては、投資性の強い金融商品・取引に関する横断的な利用者保護法制を整備する観点から、銀行法、保険業法や信託業法等の他法で、業者が顧客との間で、投資性の強い金融商品（預金・保険・信託等）に係る取引を行おうとする場合について、金融商品取引法と同等の行為規制を適用するとして、同法の行為規制や特定投資家制度についての規

定を準用している。これらの規定（「金融商品の販売」（金融商品販売法2条1項）に係るものに限る）による金融商品取引法の準用によって、「選択により特定投資家に移行した一般投資家」についても金融商品販売法施行令10条1項の「特定投資家」に含まれ、これらの規定による金融商品取引法の準用によって「選択により一般投資家に移行した特定投資家」については金融商品販売法施行令10条1項の「特定投資家」から除かれる（2項および3項）。

　準用規定の略称については、「銀行法等の規定」とされており、具体的な準用規定は以下のとおりである。

　（ⅰ）預貯金関係
・商工組合中央金庫法30条の2の3（1号）
・農業協同組合法11条の2の4（3号）
・水産業協同組合法11条の6の4（同法92条1項、96条1項または100条1項で準用する場合を含む）（4号）
・協同組合による金融事業に関する法律6条の5の2（6号）
・信用金庫法89条の2（7号）
・長期信用銀行法17条の2（8号）
・労働金庫法94条の2（9号）
・銀行法13条の4（10号）
・農林中央金庫法59条の3（12号）

　（ⅱ）保険・共済関係
・農業協同組合法11条の10の3（3号）
・中小企業等協同組合法9条の7の5第3項（同法9条の9第5項または第8項で準用する場合を含む）（5号）
・保険業法300条の2（11号）

　（ⅲ）信託関係
・金融機関の信託業務の兼営に関する法律2条の2（2号）
・信託業法24条の2（保険業法99条8項で準用する場合を含む）（13号）

　なお、顧客が特定投資家に該当することにより業者の金融商品販売法や金

融商品取引法に基づく説明義務が適用除外とされる場合であっても、民法上の信義則を根拠とする説明義務等の民事上の義務が免除されるとは限らない（「金融庁考え方」674頁）。

(3) 「重要事項について説明を要しない旨の顧客の意思の表明があった場合」

かかる場合に金融商品販売業者等の顧客に対する説明が不要とされるのは、前述のとおり、重要事項について説明を要しない旨の意思表示があった場合には、説明を行うことを不要としても顧客保護に欠けることはなく、また、説明を要するとすることは円滑な金融取引やコスト低減等の妨げとなると考えられるためである（本章**7** 1参照）。

そもそも本法律が、金融商品販売業者等と比較して、顧客がその情報量等において劣っていること等にかんがみて、金融商品販売業者等に傾きがちなバランスを顧客の側に引き戻すことにより適切な顧客保護を図るべく、金融商品販売業者等に説明義務を課していること（第5章**2** 2）を考えあわせると、重要事項について説明を要しない旨の顧客の意思の表明は、あくまで顧客が金融商品のリスクを正しく認識したうえで、その自主的な判断に基づいて行われる必要がある。このように、説明を要しない旨の顧客の意思の表明があったか否かは実質的に判断される必要がある。

【参考】
○金融商品取引法2条31項、34項〜34条の4
　（定義）
　第2条
　　31　この法律において「特定投資家」とは、次に掲げる者をいう。
　　　一　適格機関投資家
　　　二　国
　　　三　日本銀行
　　　四　前3号に掲げるもののほか、第79条の21に規定する投資者保護基金その他の内閣府令で定める法人

　（特定投資家への告知義務）
　第34条　金融商品取引業者等（金融商品取引業者又は登録金融機関をいう。以下同じ。）は、顧客を相手方とし、又は顧客のために金融商品取引行為（第2

条第 8 項各号に掲げる行為をいう。以下同じ。）を行うことを内容とする契約（以下「金融商品取引契約」という。）の申込みを特定投資家（同条第31項第 4 号に掲げる者に限る。）から受けた場合であつて、当該申込みに係る金融商品取引契約と同じ金融商品取引契約の種類として内閣府令で定めるもの（以下この款において「契約の種類」という。）に属する金融商品取引契約を過去に当該特定投資家との間で締結したことがない場合には、当該申込みに係る金融商品取引契約を締結するまでに、当該特定投資家に対し、当該特定投資家が次条第 1 項の規定による申出ができる旨を告知しなければならない。

（特定投資家が特定投資家以外の顧客とみなされる場合）
第34条の 2　特定投資家（第 2 条第31項第 4 号に掲げる者に限る。）は、金融商品取引業者等に対し、契約の種類ごとに、当該契約の種類に属する金融商品取引契約に関して自己を特定投資家以外の顧客として取り扱うよう申し出ることができる。
2　金融商品取引業者等は、第10項の規定の適用がある場合その他正当な理由がある場合を除き、前項の規定による申出を受けた後最初に当該申出に係る契約の種類に属する金融商品取引契約（以下この条において「対象契約」という。）の締結の勧誘又は締結のいずれかを行うまでに、当該申出を承諾しなければならない。
3　金融商品取引業者等は、前項の規定により承諾する場合には、第 1 項の規定による申出をした特定投資家（以下この条において「申出者」という。）に対し、あらかじめ、次に掲げる事項を記載した書面を交付しなければならない。この場合において、第 2 号に規定する期限日は、第 1 号に規定する承諾日から起算して 1 年を経過する日（内閣府令で定める場合にあつては、当該経過する日前で内閣府令で定める日）としなければならない。
　一　前項の規定により承諾する日（第 5 項各号及び第 9 項において「承諾日」という。）
　二　対象契約の締結の勧誘又は締結をする場合において、当該申出者を特定投資家以外の顧客として取り扱う期間の末日（以下この条において「期限日」という。）
　三　対象契約の属する契約の種類
　四　期限日以前に対象契約の締結の勧誘又は締結をする場合において、当該申出者を特定投資家以外の顧客として取り扱う旨
　五　期限日後に対象契約の締結の勧誘又は締結をする場合において、当該申出者を特定投資家として取り扱う旨
　六　その他内閣府令で定める事項
4　金融商品取引業者等は、前項の規定による書面の交付に代えて、政令で定めるところにより、申出者の承諾を得て、当該書面に記載すべき事項を電子

情報処理組織を使用する方法その他の情報通信の技術を利用する方法であつて内閣府令で定めるものにより提供することができる。この場合において、当該金融商品取引業者等は、当該書面を交付したものとみなす。
5 金融商品取引業者等が第2項の規定による承諾及び第3項の規定による書面の交付をした場合であつて、申出者が次に掲げる者である場合におけるこの法律(この款を除く。)の規定の適用については、当該申出者は、特定投資家以外の顧客とみなす。
　一 当該金融商品取引業者等が承諾日から期限日までに行う対象契約の締結の勧誘の相手方
　二 当該金融商品取引業者等が承諾日から期限日までに締結する対象契約の相手方
6 金融商品取引業者等は、対象契約(第2条第8項第2号から第4号まで、第10号及び第13号に規定する代理を行うことを内容とするものに限る。以下この項及び第8項において「特定対象契約」という。)の締結に関して申出者が前項の規定の適用を受ける場合において、当該特定対象契約に基づき当該申出者を代理して期限日以前に金融商品取引契約を締結するときは、当該金融商品取引契約の相手方である他の金融商品取引業者等(次項及び第8項において「相手方金融商品取引業者等」という。)に対し、あらかじめ、当該金融商品取引契約に関して申出者が特定投資家以外の顧客とみなされる旨を告知しなければならない。
7 金融商品取引業者等が前項の規定による告知をした場合には、相手方金融商品取引業者等に対しては、前条の規定は、適用しない。
8 特定対象契約を締結した金融商品取引業者等が第6項の規定による告知をした場合には、当該金融商品取引業者等が当該特定対象契約に基づき申出者を代理して相手方金融商品取引業者等との間で締結する金融商品取引契約(期限日以前に締結するものに限る。)については、当該申出者を特定投資家以外の顧客とみなして、この法律(この款を除く。)の規定を適用する。
9 金融商品取引業者等は、期限日後最初に対象契約の申込みを申出者から受けた場合であつて、承諾日以後において対象契約の属する契約の種類に係る第1項の規定による申出(次項において「更新申出」という。)を当該申出者から受けていない場合には、当該申込みに係る対象契約を締結するまでに、当該申出者に対し、対象契約に関して当該申出者を特定投資家として取り扱うこととなる旨を告知しなければならない。
10 金融商品取引業者等は、期限日以前に更新申出を申出者から受けた場合であつて、当該更新申出に係る第2項の規定による承諾をする場合には、期限日から期限日後最初に対象契約の締結の勧誘又は締結をするまでに、当該承諾をしなければならない。
11 期限日以前に申出者が新たに適格機関投資家となつた場合には、当該申出

者が適格機関投資家となつた日以後は、第5項から第9項までの規定は、適用しない。

（特定投資家以外の顧客である法人が特定投資家とみなされる場合）
第34条の3　法人（特定投資家を除く。）は、金融商品取引業者等に対し、契約の種類ごとに、当該契約の種類に属する金融商品取引契約に関して自己を特定投資家として取り扱うよう申し出ることができる。
2　金融商品取引業者等は、前項の規定による申出を承諾する場合には、あらかじめ、次に掲げる事項を記載した書面により、当該申出をした法人（以下この条において「申出者」という。）の同意を得なければならない。この場合において、第2号に規定する期限日は、第1号に規定する承諾日から起算して1年を経過する日（内閣府令で定める場合にあつては、当該経過する日前で内閣府令で定める日）としなければならない。
　一　この項の規定による承諾をする日（第4項各号において「承諾日」という。）
　二　当該申出に係る契約の種類に属する金融商品取引契約（以下この条において「対象契約」という。）の締結の勧誘又は締結をする場合において、申出者を特定投資家として取り扱う期間の末日（以下この条において「期限日」という。）
　三　対象契約の属する契約の種類
　四　当該申出者が次に掲げる事項を理解している旨
　　イ　特定投資家が金融商品取引業者等から対象契約の締結の勧誘を受け、又は当該金融商品取引業者等に対象契約の申込みをし、若しくは当該金融商品取引業者等と対象契約を締結する場合におけるこの法律の規定の適用の特例の内容として内閣府令で定める事項
　　ロ　対象契約に関して特定投資家として取り扱われることがその知識、経験及び財産の状況に照らして適当ではない者が特定投資家として取り扱われる場合には、当該者の保護に欠けることとなるおそれがある旨
　五　期限日以前に対象契約の締結の勧誘又は締結をする場合において、当該申出者を特定投資家として取り扱う旨
　六　期限日後に対象契約の締結の勧誘又は締結をする場合において、当該申出者を特定投資家以外の顧客として取り扱う旨
　七　その他内閣府令で定める事項
3　金融商品取引業者等は、前項の規定による書面による同意に代えて、政令で定めるところにより、申出者の承諾を得て、当該書面による同意を電子情報処理組織を使用する方法その他の情報通信の技術を利用する方法であつて内閣府令で定めるものにより得ることができる。この場合において、当該金融商品取引業者等は、当該書面による同意を得たものとみなす。

4 金融商品取引業者等が第2項の規定による承諾をし、かつ、申出者が同項の規定による書面による同意をした場合であつて、当該申出者が次に掲げる者である場合におけるこの法律（この款を除く。）の規定の適用については、当該申出者は、特定投資家とみなす。
　一　当該金融商品取引業者等が承諾日から期限日までに行う対象契約の締結の勧誘の相手方
　二　当該金融商品取引業者等が承諾日から期限日までに締結する対象契約の相手方
5 金融商品取引業者等は、対象契約（第2条第8項第2号から第4号まで、第10号及び第13号に規定する代理を行うことを内容とするものに限る。以下この項及び次項において「特定対象契約」という。）の締結に関して申出者が前項の規定の適用を受ける場合において、当該特定対象契約に基づき当該申出者を代理して期限日以前に金融商品取引契約を締結するときは、当該金融商品取引契約の相手方である他の金融商品取引業者等（次項において「相手方金融商品取引業者等」という。）に対し、あらかじめ、当該金融商品取引契約に関して申出者が特定投資家とみなされる旨を告知しなければならない。
6 特定対象契約を締結した金融商品取引業者等が前項の規定による告知をした場合には、当該金融商品取引業者等が当該特定対象契約に基づき申出者を代理して相手方金融商品取引業者等との間で締結する金融商品取引契約（期限日以前に締結するものに限る。）については、当該申出者を特定投資家とみなして、この法律（この款を除く。）の規定を適用する。
7 金融商品取引業者等は、期限日以前に対象契約の属する契約の種類に係る第1項の規定による申出（以下この項において「更新申出」という。）を申出者から受けた場合には、期限日以前に当該更新申出に係る第2項の規定による承諾をしてはならない。

（特定投資家以外の顧客である個人が特定投資家とみなされる場合）
第34条の4　次に掲げる個人（適格機関投資家を除く。）は、金融商品取引業者等に対し、契約の種類ごとに、当該契約の種類に属する金融商品取引契約に関して自己を特定投資家として取り扱うよう申し出ることができる。
　一　商法第535条に規定する匿名組合契約を締結した営業者である個人（内閣府令で定めるものを除く。）その他これに類するものとして内閣府令で定める個人
　二　前号に掲げるもののほか、その知識、経験及び財産の状況に照らして特定投資家に相当する者として内閣府令で定める要件に該当する個人
2 金融商品取引業者等は、前項の規定による申出を受けた場合には、当該申出をした個人（以下この条において「申出者」という。）に対し、前条第2項第4号イ及びロに掲げる事項を記載した書面を交付するとともに、申出者が

前項各号に掲げる者のいずれかに該当することを確認しなければならない。
3　第34条の2第4項の規定は、前項の規定による書面の交付について準用する。
4　前条第2項から第7項までの規定は、金融商品取引業者等が第1項の規定による申出を承諾する場合について準用する。この場合において、同条第2項中「当該申出をした法人」とあるのは「次条第2項に規定する申出者」と、同条第4項中「第二項の規定による承諾」とあるのは「次条第二項の規定による書面の交付及び確認並びに第二項の規定による承諾」と、同条第7項中「第一項」とあるのは「次条第一項」と読み替えるものとする。

○金融商品取引法第二条に規定する定義に関する内閣府令10条1項、23条
（適格機関投資家の範囲）
第10条　法第2条第3項第1号に規定する内閣府令で定める者は、次に掲げる者とする。ただし、第15号に掲げる者以外の者については金融庁長官が指定する者を除き、第15号に掲げる者については金融庁長官が指定する者に限る。
　一　金融商品取引業者（第一種金融商品取引業（有価証券関連業に該当するものに限る。）又は投資運用業を行う者に限る。）
　二　投資信託及び投資法人に関する法律（昭和26年法律第198号）第2条第12項に規定する投資法人
　三　投資信託及び投資法人に関する法律第2条第23項に規定する外国投資法人
　四　銀行
　五　保険会社
　六　保険業法（平成7年法律第105号）第2条第7項に規定する外国保険会社等
　七　信用金庫及び信用金庫連合会並びに労働金庫及び労働金庫連合会
　八　農林中央金庫及び商工組合中央金庫
　九　信用協同組合のうち金融庁長官に届出を行った者及び信用協同組合連合会並びに業として預金若しくは貯金の受入れ又は共済に関する施設の事業をすることができる農業協同組合連合会及び共済水産業協同組合連合会
　十　削除
　十一　財政融資資金の管理及び運用をする者
　十二　年金積立金管理運用独立行政法人
　十三　国際協力銀行
　十四　日本政策投資銀行
　十五　業として預金又は貯金の受入れをすることができる農業協同組合及び漁業協同組合連合会
　十六　令第1条の9第4号に掲げる者（法第33条の2の規定により登録を受

けたものに限る。)
十七　銀行法施行規則（昭和57年大蔵省令第10号）第17条の3第2項第12号に掲げる業務を行う株式会社のうち、当該業務を行う旨が定款において定められ、かつ、最近事業年度の末日における資本金の額が5億円以上であるものとして金融庁長官に届出を行った者
十八　投資事業有限責任組合契約に関する法律第2条第2項に規定する投資事業有限責任組合
十九　厚生年金基金のうち最近事業年度に係る年金経理に係る貸借対照表（厚生年金基金令（昭和41年政令第324号）第39条第1項の規定により提出されたものに限る。）における流動資産の金額及び固定資産の金額の合計額から流動負債の金額、支払備金の金額及び過剰積立金残高の金額の合計額を控除した額が100億円以上であるものとして金融庁長官に届出を行った者、企業年金基金のうち最近事業年度に係る年金経理に係る貸借対照表（確定給付企業年金法施行規則（平成14年厚生労働省令第22号）第117条第3項第1号の規定により提出されたものに限る。）における流動資産の金額及び固定資産の金額の合計額から流動負債の金額及び支払備金の金額の合計額を控除した額が100億円以上であるものとして金融庁長官に届出を行った者並びに企業年金連合会
二十　都市再生特別措置法（平成14年法律第22号）第29条第1項第2号に掲げる業務を行うものとして同項の承認を受けた者（同項第2号に掲げる業務を行う場合に限る。）
二十一　信託業法（平成16年法律第154号）第2条第2項に規定する信託会社（同条第4項に規定する管理型信託会社を除く。第16条第1項第7号において同じ。）のうち金融庁長官に届出を行った者
二十二　信託業法第2条第6項に規定する外国信託会社（同条第7項に規定する管理型外国信託会社を除く。第16条第1項第7号において同じ。）のうち金融庁長官に届出を行った者
二十三　次に掲げる要件のいずれかに該当するものとして金融庁長官に届出を行った法人（ロに該当するものとして届出を行った法人にあっては、業務執行組合員等（組合契約を締結して組合の業務の執行を委任された組合員、匿名組合契約を締結した営業者若しくは有限責任事業組合契約を締結して組合の重要な業務の執行の決定に関与し、かつ、当該業務を自ら執行する組合員又は外国の法令に基づくこれらに類する者をいう。以下この号及び次号において同じ。）として取引を行う場合に限る。）
　　イ　当該届出を行おうとする日の直近の日（以下この号、次号及び第6項において「直近日」という。）における当該法人が保有する有価証券の残高が10億円以上であること。
　　ロ　当該法人が業務執行組合員等であって、次に掲げるすべての要件に該

当すること（イに該当する場合を除く。）。
(1) 直近日における当該組合契約、匿名組合契約若しくは有限責任事業組合契約又は外国の法令に基づくこれらに類する契約に係る出資対象事業により業務執行組合員等として当該法人が保有する有価証券の残高が10億円以上であること。
(2) 当該法人が当該届出を行うことについて、当該組合契約に係る組合の他のすべての組合員、当該匿名組合契約に係る出資対象事業に基づく権利を有する他のすべての匿名組合契約に係る匿名組合員若しくは当該有限責任事業組合契約に係る組合の他のすべての組合員又は外国の法令に基づくこれらに類する契約に係るすべての組合員その他の者の同意を得ていること。

二十四　次に掲げる要件のいずれかに該当するものとして金融庁長官に届出を行った個人（ロに該当するものとして届出を行った個人にあっては、業務執行組合員等として取引を行う場合に限る。）
　イ　次に掲げるすべての要件に該当すること。
(1) 直近日における当該個人が保有する有価証券の残高が10億円以上であること。
(2) 当該個人が金融商品取引業者等に有価証券の取引を行うための口座を開設した日から起算して1年を経過していること。
　ロ　当該個人が業務執行組合員等であって、次に掲げるすべての要件に該当すること（イに該当する場合を除く。）。
(1) 直近日における当該組合契約、匿名組合契約若しくは有限責任事業組合契約又は外国の法令に基づくこれらに類する契約に係る出資対象事業により業務執行組合員等として当該個人が保有する有価証券の残高が10億円以上であること。
(2) 当該個人が当該届出を行うことについて、当該組合契約に係る組合の他のすべての組合員、当該匿名組合契約に係る出資対象事業に基づく権利を有する他のすべての匿名組合契約に係る匿名組合員若しくは当該有限責任事業組合契約に係る組合の他のすべての組合員又は外国の法令に基づくこれらに類する契約に係るすべての組合員その他の者の同意を得ていること。

二十五　外国の法令に準拠して外国において次に掲げる業を行う者（個人を除く。）で、この号の届出の時における資本金若しくは出資の額又は基金の総額がそれぞれ次に定める金額以上であるものとして金融庁長官に届出を行った者
　イ　第一種金融商品取引業（有価証券関連業に該当するものに限る。）　5000万円
　ロ　投資運用業　5000万円

ハ　銀行法（昭和56年法律第59号）第2条第2項に規定する銀行業　20億円
　　ニ　保険業法第2条第1項に規定する保険業　10億円
　　ホ　信託業法第2条第1項に規定する信託業（同条第3項に規定する管理型信託業以外のものに限る。）　1億円
　二十六　外国政府、外国の政府機関、外国の地方公共団体、外国の中央銀行及び日本国が加盟している国際機関のうち金融庁長官に届出を行った者

（特定投資家の範囲）
第23条　法第2条第31項第4号に規定する内閣府令で定める法人は、次に掲げるものとする。
　一　地方公共団体
　二　特別の法律により特別の設立行為をもって設立された法人
　三　法第79条の21に規定する投資者保護基金
　四　預金保険機構
　五　農水産業協同組合貯金保険機構
　六　保険業法第259条に規定する保険契約者保護機構
　七　資産流動化法第2条第3項に規定する特定目的会社
　八　金融商品取引所に上場されている株券の発行者である会社
　九　取引の状況その他の事情から合理的に判断して資本金の額が5億円以上であると見込まれる株式会社
　十　金融商品取引業者又は法第63条第3項に規定する特例業務届出者である法人
　十一　外国法人

第 8 章
第4条
（金融商品販売業者等の断定的判断の提供等の禁止）

> **（金融商品販売業者等の断定的判断の提供等の禁止）**
> **第4条** 金融商品販売業者等は、金融商品の販売等を業として行おうとするときは、当該金融商品の販売等に係る金融商品の販売が行われるまでの間に、顧客に対し、当該金融商品の販売に係る事項について、不確実な事項について断定的判断を提供し、又は確実であると誤認させるおそれのあることを告げる行為（以下「断定的判断の提供等」という。）を行ってはならない。

1　概　要

　金融商品販売法は、金融商品販売業者等の義務違反について損害賠償責任（業者の無過失責任かつ業者への直接責任追及が可能なものとされている（5条）とともに、損害額の推定規定（6条）の対象とされている）の対象とすることによって、当該義務違反により損害を被った顧客が業者に対して損害賠償請求を行いやすくするものである。平成18年改正前の金融商品販売法では、このような業者の義務として説明義務のみが規定されていた。

　一方、顧客に対し断定的判断の提供等が行われると顧客の金融商品を購入するかの判断に重大な影響が及ぶ可能性がある。また、裁判例においても、金融商品の販売等について業者の損害賠償責任が認められた事例をみると、断定的判断の提供等を行ったことを理由として民法上の不法行為責任を認めたものが一部みられる。このような裁判例の動向等をふまえ、平成18年改正では、顧客の業者に対する損害賠償請求を容易にするため、断定的判断の提供等の禁止が追加された。

2 具体的内容

1 「不確実な事項について断定的判断を提供し、又は確実であると誤認させるおそれのあることを告げる行為」

断定的判断の提供等とは、具体的には、「不確実な事項について断定的判断を提供し、又は確実であると誤認させるおそれのあることを告げる行為」とされている。

具体的には、たとえば、金利、外国為替、株価等の指標について、必ず上昇する、必ず低下すると告げる行為等をいう。

2 「金融商品の販売が行われるまでの間」

金融商品の販売が行われるまでの間に、断定的判断の提供等が行われると、顧客の契約締結を行うか否かの判断に重大な影響を与えることから、金融商品販売業者等は、金融商品の販売が行われるまでの間に、断定的判断の提供等を行ってはならないとされた。

3 他法における禁止行為等との関係

① 金融商品取引法等の業法との関係

断定的判断の提供等については、たとえば、金融商品取引法では、「顧客に対し、不確実な事項について断定的判断を提供し、又は確実であると誤解させるおそれのあることを告げて金融商品取引契約の締結の勧誘をする行為」が禁止されており（金融商品取引法38条2号）、金融商品取引法等の業法でも禁止されている。

この点については、業法上の当該禁止は、行政規制であるのに対して、金融商品販売法による禁止は、民事上の義務（不作為義務）であり、業者は、これに違反すれば損害賠償責任を負う（5条）という民事上の効果が生じるものであり、両者はその効果等において異なるものである。

【参考】
○金融商品取引法38条本文・2号
　（禁止行為）
　　第38条　金融商品取引業者等又はその役員若しくは使用人は、次に掲げる行為をしてはならない。
　　　二　顧客に対し、不確実な事項について断定的判断を提供し、又は確実であると誤解させるおそれのあることを告げて金融商品取引契約の締結の勧誘をする行為

　② 消費者契約法との関係

　断定的判断の提供等に関しては、消費者契約法でも、消費者は、事業者が「消費契約の目的となるものに関し」「将来における変動が不確実な事項につき断定的判断を提供すること」で消費者が「当該提供された断定的判断の内容が確実であるとの誤認」をして行った消費者契約の申込みまたはその承諾の意思表示は取り消すことができるとされている（消費者契約法4条1項2号）。

　この点については、消費者契約法4条1項2号に当たる場合には、消費者は契約を取り消すことができるのに対して、金融商品販売法4条の違反の効果は、業者の損害賠償責任（5条）であり、両者は主として効果等が異なるが、いずれも民事上のルールであり、重複して適用されうるものである。具体的には、たとえば、顧客は、業者に対して、本条の違反に基づく損害賠償請求（5条）とともに、消費者契約法4条1項2号の規定による契約の取消しに基づく不当利得返還請求（民法703条、704条）等を行うことが考えられる。ただし、それぞれの請求権は実質的には同内容の金員の支払請求権であり、請求権が競合するといえこから、結論としては、当事者の請求が認められる場合には、重複のない限度で（基本的には一方）認められることになると考えられる。

【参考】
○消費者契約法4条1項2号
　（消費者契約の申込み又はその承諾の意思表示の取消し）
　　第4条　消費者は、事業者が消費者契約の締結について勧誘をするに際し、当該消費者に対して次の各号に掲げる行為をしたことにより当該各号に定める誤認

をし、それによって当該消費者契約の申込み又はその承諾の意思表示をしたときは、これを取り消すことができる。

二　物品、権利、役務その他の当該消費者契約の目的となるものに関し、将来におけるその価額、将来において当該消費者が受け取るべき金額その他の将来における変動が不確実な事項につき断定的判断を提供すること。　当該提供された断定的判断の内容が確実であるとの誤認

第 9 章
第5条
（金融商品販売業者等の損害賠償責任）

> **（金融商品販売業者等の損害賠償責任）**
> 第5条　金融商品販売業者等は、顧客に対し第3条の規定により重要事項について説明をしなければならない場合において当該重要事項について説明をしなかったとき、又は前条の規定に違反して断定的判断の提供等を行ったときは、これによって生じた当該顧客の損害を賠償する責めに任ずる。

1　概　要

　金融商品販売業者等が、3条の規定により重要事項の説明をしなかった場合、または4条の規定に違反して断定的判断の提供等を行ったときは、無過失責任かつ直接責任とされる損害賠償責任を負う旨を規定した規定である。この損害賠償責任については、損害額の推定規定（6条）が設けられている。

　説明義務違反に基づく損害賠償責任は、平成18年改正前の金融商品販売法においても規定されていたが、平成18年改正により、新たに業者の断定的判断の提供等が禁止されたことに伴って、この違反についても損害賠償責任の対象とされた。なお、平成18年改正では、その他の内容（無過失責任・直接責任とされ、かつ損害額の推定規定の対象となる）は変更されていない。

2　具体的内容

1　「第3条の規定により重要事項について説明をしなければならない場合において当該重要事項について説明をしなかったとき」

金融商品販売業者等が、顧客に対して、3条1項の重要事項について、「顧客の知識、経験、財産の状況及び当該金融商品の販売に係る契約を締結する目的に照らして、当該顧客に理解されるために必要な方法及び程度による」説明（同条2項）を行っていない場合である。金融商品販売業者等が、顧客に対して、3条1項各号に掲げられた事項の一部ないし全部について、形式的にも説明行為を行っていないか、もしくは、これらについて形式的な説明行為を行ったが、これが顧客の知識、経験、財産の状況および当該金融商品の販売に係る契約を締結する目的に照らして、当該顧客に理解されるために必要な方法および程度によるものではない場合には、金融商品販売業者等は、顧客に対して、本条による損害賠償責任を負うことになる。

2　「金融商品販売業者等は（中略）これによって生じた当該顧客の損害を賠償する責めに任ずる」

(1)　民法709条の特則

　民法709条は、「故意又は過失によって他人の権利又は法律上保護される利益を侵害した者は、これによって生じた損害を賠償する責任を負う」と規定している。同条による損害賠償責任の追及にあたっては、①権利侵害（違法性）、②相手方の故意・過失、③権利侵害（違法性）と損害との間の因果関係、および④損害額の主張・立証が必要となる。

　これに対して、本条による損害賠償責任では、金融商品販売業者等の故意又は過失（②）は要件とされておらず、顧客が当該責任追及を行うにあたって、この主張・立証を行う必要がない（業者の無過失責任）。

　本法律により金融商品販売業者等が負う損害賠償責任については、以下のような理由により、過失責任（民法709条）ではなく、無過失責任とされる。

①　金融商品は抽象的な内容の権利を取引対象としており、得られる利益のほか、どのようなリスクがあるのかが顧客の契約締結判断の主要因となるため、リスク説明を義務づける必要性が他の商品に比べて高いこと、および利益やリスク等に関し不確実な要素を含むものであり、これらに

ついて断定的判断を提供したり、確実であると告げる行為についても顧客の契約締結判断に重大な影響を与えることから、その禁止を行う必要性が他の商品に比べて高いこと。

② プロとして金融商品の販売等を行う業者は、説明義務の対象とされた重要事項や利益やリスク等に関し不確実な要素を含むものであることについて当然知っているべきであり、重要事項を知りえなかったことや不確実な事項について確実である等と誤信したことによる免責を許すべきではないと解されること。

また、権利侵害（違法性）と損害との間の因果関係（③）および損害額（④）についても6条により推定されるため、顧客側ではなく業者側が因果関係の不存在や損害が生じていないこと等を立証しなければならないことになる（損害額の推定規定）。

【参考】
〇民法
（不法行為による損害賠償）
第709条　故意又は過失によって他人の権利又は法律上保護される利益を侵害した者は、これによって生じた損害を賠償する責任を負う。

(2) 民法715条1項の特則

民法715条1項（使用者責任）では、被用者の行為が使用者の「事業の執行について」行われたことが要件とされ（同項本文）、業者に損害賠償責任を追及しようとする顧客には、この点の主張・立証が必要となる。

また、民法715条1項本文では、「ある事業のために他人を使用する者は、被用者がその事業の執行について第三者に加えた損害を賠償する責任を負う」としている（使用者責任）が、この責任については、同項ただし書で「使用者が被用者の選任及びその事業の監督について相当の注意をしたとき、又は相当の注意をしても損害が生ずべきであったときは、この限りでない」とされ、使用者は、被用者の選任・監督に過失がなかったこと、または相当の注意をしても損害が発生していたであろうということの反証に成功すれば損害賠償責任を負わないとされている。

これに対して、本条による損害賠償責任では、金融商品販売業者等が、顧客に対して、使用者責任（民法715条1項）ではなく、直接損害賠償責任を負うこととされ、顧客が被用者の行為が使用者の「事業の執行について」行われたことの主張・立証を行う必要はなく、また業者は、被用者の選任・監督に過失がなかったこと等の反証を行って損害賠償責任を免れることはできないこととされている（直接責任）。

本法律により金融商品販売業者等が負う損害賠償責任について直接責任とされるのは、以下のような理由による。

① 金融商品販売業者等自身が金融商品の有するリスクや当該商品が利益やリスク等に関し不確実な要素を含むものであることを知悉しうる立場にあること。

② 金融商品販売業者等自身が利益を得る主体である報償責任を負うべきであると考えられること。

③ 被用者はいわば会社の道具として販売を行っているのが通例であり、社会的な非難可能性が低い場合もあること。

なお、本条は、重要事項の説明を行わなかった役員、使用人に対する責任追及を排除するものではなく、金融商品販売業者等が、民法の一般原則により、不法行為者である役員・使用人に対して求償を行うことも可能である（民法715条3項参照）。

【参考】
○民法715条1項・3項
　（使用者等の責任）
　第715条　ある事業のために他人を使用する者は、被用者がその事業の執行について第三者に加えた損害を賠償する責任を負う。ただし、使用者が被用者の選任及びその事業の監督について相当の注意をしたとき、又は相当の注意をしても損害が生ずべきであったときは、この限りでない。
　3　前2項の規定は、使用者又は監督者から被用者に対する求償権の行使を妨げない。

第10章
第6条（損害の額の推定）

1 第 1 項

（損害の額の推定）
第6条 顧客が前条の規定により損害の賠償を請求する場合には、元本欠損額は、金融商品販売業者等が重要事項について説明をしなかったこと又は断定的判断の提供等を行ったことによって当該顧客に生じた損害の額と推定する。

1 概　　要

民法709条による損害賠償責任の追及にあたっては、①権利侵害（違法性）、②相手方の故意・過失、③権利侵害（違法性）と損害との間の因果関係、④損害額の主張・立証が必要となるところ、本項は、権利侵害（違法性）と損害との間の因果関係（③）および損害額（④）を推定することとする規定である。

2 具体的内容

本条の推定が働くことによって、業者が、たとえば、説明をしなかったことまたは断定的判断の提供等を行ったことと損害との間の因果関係がないことや、損害額が本条により推定される額（元本欠損額）より少ない額であることを主張しようとする場合には、業者側においてその旨を立証しなければならないこととなる。

なお、顧客が本条により推定される損害額よりも多い額の損害を主張しようとする場合でも、本条により算出される額の範囲内でしか損害額は推定されないが、顧客は、民法上の一般原則（709条）に従い、本条により推定さ

れる額を上回る損害額に関する立証を行って金融商品販売業者等の損害賠償責任を追及することができる。

2　第 2 項

> 2　前項の「元本欠損額」とは、当該金融商品の販売が行われたことにより顧客の支払った金銭及び支払うべき金銭の合計額（当該金融商品の販売が行われたことにより当該顧客の譲渡した金銭相当物又は譲渡すべき金銭相当物がある場合にあっては、当該合計額にこれらの金銭相当物の市場価額（市場価額がないときは、処分推定価額）の合計額を加えた額）から、当該金融商品の販売により当該顧客（当該金融商品の販売により当該顧客の定めるところにより金銭又は金銭以外の物若しくは権利を取得することとなった者がある場合にあっては、当該者を含む。以下この項において「顧客等」という。）の取得した金銭及び取得すべき金銭の合計額（当該金融商品の販売により当該顧客等の取得した金銭以外の物若しくは権利又は取得すべき金銭以外の物若しくは権利がある場合にあっては、当該合計額にこれらの金銭以外の物又は権利の市場価額（市場価額がないときは、処分推定価額）の合計額を加えた額）と当該金融商品の販売により当該顧客等の取得した金銭以外の物又は権利であって当該顧客等が売却その他の処分をしたものの処分価額の合計額とを合算した額を控除した金額をいう。

1　概　　要

本項は、本条1項により損害額と推定することとされる「元本欠損額」についての定義規定である。

2　具体的内容

(1)　「元本欠損額」

「元本欠損額」は、以下の①＋②（支払金額）の合計額から③＋④＋⑤の合計額（取得金額）を控除した金額をいう（本条2項）。

① 金融商品の販売が行われたことにより顧客の支払った金銭および支払うべき金銭の合計額

② 金融商品の販売が行われたことにより顧客の譲渡した金銭相当物（金融商品販売法施行令5条1号に規定する信託契約の締結に伴い顧客の譲渡することとなる金銭以外の物または権利（注）をいう。以下②においては同じ）または譲渡すべき金銭相当物の市場価額（市場価額がないときは処分推定価額）の合計額

③ 金融商品の販売により顧客等（顧客に加えて、「金融商品の販売により顧客の定めるところにより金銭又は金銭以外の物若しくは権利を取得することとなった者」を含む。以下④・⑤においても同じ）の取得した金銭および取得すべき金銭の合計額

④ 金融商品の販売により顧客等の取得した金銭以外の物もしくは権利または取得すべき金銭以外の物もしくは権利の市場価額（市場価額がないときは処分推定価額）の合計額

⑤ 金融商品の販売により顧客等の取得した金銭以外の物または権利であって顧客等が売却その他の処分をしたものの処分価額の合計額

（注）金融商品販売法施行令6条で定められている。

(2)　「元本欠損額」の算定時期

元本欠損額の算定時期をいつとするかについては、特に規定が置かれていない。これは以下の理由によるとされている。

① 本項は、推定される損害についての基本的な考え方を示したものであり、具体的なケースにおいては、このような考え方に沿って、適切な時点を特定し、具体的な金額を算定することが可能であること。

② 実定法上、損害とは顧客に生じた財産的損失としてとらえることがで

きるが、これは金融商品を処分しない限り日々変動する性質のものであり、特定の一時点で損害（ないしその額）を確定してしまうと、現実に発生した損害と差額が生じ、当該差額が回復されないおそれがある。これは、本条において因果関係と損害（額）の推定を規定し、顧客の保護を図った目的が、時点の固定化により減殺されてしまうおそれがあること。

③　訴訟実務上、一般には、金融商品が口頭弁論終結時までに処分されていない場合には、「口頭弁論終結時」、口頭弁論終結時までに処分されていれば「処分時」とされるのが基本であるが、「損害を認識した時」や「請求した時」と認定されることもある。また、口頭弁論終結時までに金融商品を処分することができたが処分しなかった場合、「処分することができた時点」とされることもある。こうした実務の現状においては、算定時期を固定しないほうが顧客保護となる場合が多いこと。

第 11 章
第7条（民法の適用）

(民法の適用)
第7条　重要事項について説明をしなかったこと又は断定的判断の提供等を行ったことによる金融商品販売業者等の損害賠償の責任については、この法律の規定によるほか、民法（明治29年法律第89号）の規定による。

1　概　　要

　本法律は、金融商品販売業者等の説明義務違反および断定的判断の提供等の禁止違反について、無過失責任かつ直接責任とされる損害賠償責任（5条）を課すとともに、この損害賠償責任を損害額の推定規定（6条）の対象としている。このように、本法律は、「重要事項について説明をしなかったこと又は断定的判断の提供等を行ったことによる金融商品販売業者等の損害賠償責任」について、民法上の不法行為責任（709条、715条）の特則を設けるものである。本条は、本法律に規定が設けられていないものについては民法の規定が適用される旨を明らかにするものである。

2　具体的内容

1　民法の規定

　「重要事項について説明をしなかったこと又は断定的判断の提供等を行ったことによる金融商品販売業者等の損害賠償責任」について、この法律の規定のほか適用される民法の規定としては、たとえば以下のような規定がある。
　① 　共同不法行為（民法719条）

② 金銭賠償の原則（722条1項）
③ 過失相殺（民法722条2項）
④ 時効（民法724条）
民法の規定の適用については、具体的には以下のような形で行われる。

① 共同不法行為（民法719条）

説明義務違反等の主体である業者が複数の場合には、これらの業者の共同の不法行為によって損害が生じた旨が主張されることがあり（同条1項）、これが認められれば、これらの業者が連帯して本法律による損害賠償責任を負うこととなる（同項）。

② 金銭賠償の原則（民法722条1項）

本法律により、金融商品販売業者等が顧客に対して損害賠償責任を負うこととされた場合には、原則として金銭で賠償することとされる（同項）。

③ 過失相殺（民法722条2項）

通常、損害賠償請求訴訟においては、請求を受ける側から過失相殺（同項）の主張がなされることが多く、顧客が5条による損害賠償請求を行う場合についても、金融商品販売業者等から過失相殺の主張がなされるケースが多数にのぼるであろうと予測される。当該過失相殺の主張の全部ないし一部が認められれば、顧客の損害賠償請求は、通常は、6条により推定される損害額をもとに被害者の過失を考慮して定められた損害額（過失相殺後の損害額）までの範囲内で認められることになる。

④ 時効（民法724条）

業者側から損害賠償請求権について時効により消滅した旨の主張等がなされることもあり（同条）、これが認められれば、顧客の損害賠償請求は、時効により消滅した部分に関しては認められないこととなる。

【参考】
〇民法719条、722条1項、417条、722条2項、724条
　（共同不法行為者の責任）
　第719条　数人が共同の不法行為によって他人に損害を加えたときは、各自が連帯してその損害を賠償する責任を負う。共同行為者のうちいずれの者がその損

害を加えたかを知ることができないときも、同様とする。
2　行為者を教唆した者及び幇助した者は、共同行為者とみなして、前項の規定を適用する。

（損害賠償の方法及び過失相殺）
第722条　第417条の規定は、不法行為による損害賠償について準用する。

（損害賠償の方法）
第417条　損害賠償は、別段の意思表示がないときは、金銭をもってその額を定める。

（損害賠償の方法及び過失相殺）
第722条
2　被害者に過失があったときは、裁判所は、これを考慮して、損害賠償の額を定めることができる。

（不法行為による損害賠償請求権の期間の制限）
第724条　不法行為による損害賠償の請求権は、被害者又はその法定代理人が損害及び加害者を知った時から3年間行使しないときは、時効によって消滅する。

2　その他

　本条には規定されていないが、顧客は、当然に、民法や消費者契約法等に基づいて、本法律による損害賠償請求以外の請求を行うことができる。

　具体的には、たとえば、顧客は、本法律の重要事項（3条1項）に該当しない事項について説明を受けなかったことを理由として不法行為（709条等）に基づく損害賠償請求を行うことや、詐欺（民法96条1項）や断定的判断の提供（消費者契約法4条1項2号）を受けたことを理由として契約を取り消し、金融商品の購入代金額についての不当利得返還請求（民法703条、704条）を行うこともできる。

第 12 章
第8条（勧誘の適正の確保）

> **（勧誘の適正の確保）**
> 第8条　金融商品販売業者等は、業として行う金融商品の販売等に係る勧誘をするに際し、その適正の確保に努めなければならない。

1　概　　要

　金融商品販売業者等に、業として行う金融商品の販売等に係る勧誘をする際には、その適正の確保に努めなければならない旨の努力義務を課した規定である。

　本法律は、リスクを伴う金融商品等を購入する契約を締結するか否かの判断について顧客に自己責任を負わせる前提として、金融商品販売業者等に適切な情報提供を行わせるべく、金融商品販売業者等に対して説明義務（3条1項）を課すとともに断定的判断の提供等を禁止した（4条）ことに加えて、本条により金融商品販売業者等による適切な勧誘を行うための自主的な対応を行わせるとしたものである。

2　具体的内容

　本条における勧誘の「適正の確保」とは、個別具体的な措置を行うことを念頭に置いたものではなく、勧誘全般にわたって、勧誘行為を行うすべての金融商品販売業者等が守るべき一般的・抽象的な概念として規定されているものである。本条を前提とした具体的な義務として、金融商品販売業者等に勧誘方針の策定等の義務が課されており（9条）、この違反に対しては、罰則（50万円以下の過料）が科されている（10条）。

第13章
第9条(勧誘方針の策定等)

1 第 1 項

(勧誘方針の策定等)
第9条 金融商品販売業者等は、業として行う金融商品の販売等に係る勧誘をしようとするときは、あらかじめ、当該勧誘に関する方針(以下「勧誘方針」という。)を定めなければならない。ただし、当該金融商品販売業者等が、国、地方公共団体その他勧誘の適正を欠くおそれがないと認められる者として政令で定める者である場合又は特定顧客のみを顧客とする金融商品販売業者等である場合は、この限りでない。

1 概　要

8条で、金融商品販売業者等に対して、勧誘の適正の確保に関する努力義務が規定されているところ、本項ではその具体的措置として、金融商品販売業者等に勧誘方針の策定を義務づけるものである。

勧誘方針の内容として盛り込むべき事項としては、具体的には、2項で、①適合性の原則、②不招請勧誘の自制に係る事項が規定されているが、これ以外の具体的な内容については、本条で特に詳細には定められておらず、個々の金融商品販売業者等の自主性に委ねられている。これは、個々の金融商品販売業者等に自主的に定めた勧誘方針の公表を義務づけることによって、勧誘の対象となる者(勧誘対象者＝将来の顧客)の側による評価を通じ、コンプライアンスに関する金融商品販売業者等の間の競争が促され、勧誘の適正を確保するためのコンプライアンスの充実に向けた環境が整備されていくことが期待されているからである。

また、勧誘方針の公表を義務づける旨が3項で規定されている。

　金融商品販売業者等は、かかる勧誘方針の策定や公表を行わなければ、50万円以下の過料（行政罰）に処されることとなる。

2　具体的内容

(1)　勧誘方針を定める義務本文

① 「業として行う金融商品の販売等」

　業として行っている金融商品の販売等について本項の勧誘方針を定める義務が生じるものである。

　「業として」の意味については、2条3項、3条1項、4条と同様、同種の行為を反復継続する意思をもって行うことをいい、営利の目的を問わない。

　たとえば、業者が「金融商品の販売等」に該当する行為を複数行っている場合でも、そのうちに業として行っているものと業として行っていないものがある場合には、業として行っているもののみについて、本項の勧誘方針を定める義務を負う。

　また、複数の金融商品の販売等を業として行っている場合には、いずれに関しても本項の勧誘指針を定める義務を負い、それらのすべてについて、本法律の定める要件（本条2項・3項）を満たしている必要があるが、必ずしも商品・取引等（金融商品の販売等）ごとに勧誘方針を定める必要があるものではなく、共通の勧誘方針として定めること等も認められる。

　なお、1つの金融商品の販売等に複数の金融商品販売業者等が介在する場合には、以下の理由により、それらすべての業者等に対して勧誘方針の策定、公表の義務が課される。

ⅰ　勧誘方針は、金融商品ごとではなく、金融商品販売業者等ごとに策定するものであるため、基本的にはその内容は金融商品販売業者等ごとに異なるものとなることが想定され、複数の金融商品販売業者等が介在した場合でも、そのうちの一部の金融商品販売業者等の勧誘方針があれば足りるというものではないこと。

ⅱ　本条の目的は、主として、勧誘対象者に対して、金融商品販売業者等を選択する際の判断材料を提供することにあることから、個々の勧誘対象者が実際に当該金融商品販売業者等からの勧誘を受けるか否かにかかわらず、勧誘をしようとする金融商品販売業者等にあらかじめ勧誘方針を策定し公表させておく必要があること。

② 「あらかじめ」

本条の目的は、主として勧誘対象者に対して、金融商品販売業者等を選択する際の判断材料を提供することにあるから、金融商品販売業者等は、顧客に対する販売・勧誘に先立って、事前に勧誘方針を定めたうえで、速やかに公表しなければならない（本条3項）。

③ 「勧誘方針」

本法律は、金融商品販売業者等が金融商品の販売等に係る勧誘を行うに際して、当該勧誘に係る行為等について遵守すべき基準となる考え方を「勧誘方針」と規定している。

「勧誘方針」に盛り込むべき内容については、本条2項各号に掲げられている。

④　業法において義務づけられる措置等との関係

たとえば、銀行は、顧客の知識、経験、財産の状況および取引を行う目的をふまえた重要な事項の顧客に対する説明その他の健全かつ適切な業務の運営を確保するための措置に関する社内規則等を定める義務を負っている（銀行法12条の2第2項、銀行法施行規則13条の7）。当該社内規則等については、本条による勧誘方針と重複する内容を含む可能性がある。

このような場合、たとえば、上記の銀行の社内規則等のような業法上の義務に基づくものと本項による勧誘方針を共通のものとして定めることは可能である。その場合には、本項による勧誘方針として公表される必要がある。

このようにして共通のものとした場合には、本条の要件を満たさなければ、10条による過料の対象となり、業法上の要件を満たさなければ、行政処分の対象となりうる。

【参考】
○銀行法12条の2
　（預金者等に対する情報の提供等）
　第12条の2
　　2　前項及び第13条の4並びに他の法律に定めるもののほか、銀行は、内閣府令で定めるところにより、その業務に係る重要な事項の顧客への説明、その業務に関して取得した顧客に関する情報の適正な取扱い、その業務を第三者に委託する場合における当該業務の的確な遂行その他の健全かつ適切な運営を確保するための措置を講じなければならない。

○銀行法施行規則13条7
　（社内規則等）
　第13条の7　銀行は、その営む業務の内容及び方法に応じ、顧客の知識、経験、財産の状況及び取引を行う目的を踏まえた重要な事項の顧客に対する説明その他の健全かつ適切な業務の運営を確保するための措置（書面の交付その他の適切な方法による商品又は取引の内容及びリスクの説明並びに犯罪を防止するための措置を含む。）に関する社内規則等（社内規則その他これに準ずるものをいう。以下同じ。）を定めるとともに、従業員に対する研修その他の当該社内規則等に基づいて業務が運営されるための十分な体制を整備しなければならない。

（2）例外的に義務を負わない者（ただし書）

① 「国、地方公共団体その他勧誘の適正を欠くおそれがないと認められる者として政令で定める者

ⅰ　金融商品販売業者等が国、地方公共団体等である場合が適用除外とされる理由

　国、地方公共団体等については、その公共性や非営利性等を考慮すると、勧誘の適正を欠く勧誘が行われるおそれはないと考えられることから、本項本文については適用除外とされ、本項の勧誘指針の策定義務を負わない。

ⅱ　「その他勧誘の適正を欠くおそれがないと認められる者として政令で定める者」

　金融商品販売法施行令11条により以下のいずれもの要件を満たす法人が指定されている。

(i) 法律により直接に設立された法人または特別の法律により特別の設立行為をもって設立された法人（総務省設置法4条15号の規定の適用を受けない法人を除く）

(ii) 国または地方公共団体の全額出資に係る法人

○金融商品の販売等に関する法律施行令
（勧誘方針の策定を要しない者）
第11条　法第9条第1項ただし書に規定する政令で定める者は、法律により直接に設立された法人又は特別の法律により特別の設立行為をもって設立された法人（総務省設置法（平成11年法律第91号）第4条第15号の規定の適用を受けない法人を除く。）であって国又は地方公共団体の全額出資に係る法人とする。

a　「法律により直接に設立された法人又は特別の法律により特別の設立行為をもって設立された法人（総務省設置法第4条第15号の規定の適用を受けない法人を除く。）」

「法律により直接に設立された法人又は特別の法律により特別の設立行為をもって設立された法人」とは、いわゆる特殊法人である。特殊法人は、公共性が強く、自ら事業者として行う行為については特別の法令によって規律されており、また、必要に応じ、適正を確保する措置が法令によって講ぜられていることから、適正な勧誘は、本法律によらず個別の法令により確保されていると考えられているものである。

ただし、本条においては、特殊法人のうち制度改正等について総務省の審査対象とならないものが除外されている。これは、総務省が特殊法人に係る制度改正等について審査する課程において特殊法人の業務の適正性等について適切な審査が行われることにより、勧誘の適正性についてさらに担保されていると考えられることによる。

なお、独立行政法人は、「法律により直接に設立された法人又は特別の法律により特別の設立行為をもって設立された法人」に該当するが、総務省設置法4条15号では独立行政法人が除かれていることから、独立行政法人は本項の勧誘指針の策定義務を負う。もっとも、独立行政法人

が扱う保険・共済で、本法律2条1項4号に基づく金融商品販売法施行令3条に列挙されているもの（たとえば、独立行政法人日本貿易保険の行う貿易保険（同条5号））については、金融商品の販売（本法律2条1項）に該当しないため、これらについては本項による勧誘指針を作成することを要しない。

【参考】
○総務省設置法4条14号・15号
　（所掌事務）
　第4条　総務省は、前条の任務を達成するため、次に掲げる事務をつかさどる。
　　十四　独立行政法人の新設、目的の変更その他当該独立行政法人に係る個別法（独立行政法人通則法第1条第1項に規定する個別法をいう。）、国立大学法人法及び総合法律支援法の定める制度の改正並びに廃止に関する審査を行うこと。
　　十五　法律により直接に設立される法人又は特別の法律により特別の設立行為をもって設立すべきものとされる法人（独立行政法人を除く。）の新設、目的の変更その他当該法律の定める制度の改正及び廃止に関する審査を行うこと。

　　b　国または地方公共団体の全額出資に係る法人
　　　前述の(i)の法人のうちで、このような法人に限り本項本文の勧誘方針の策定義務の適用除外対象とされているのは、当該法人の出資の全額が国または公共団体により行われているものであれば、特別の法令による規律のみならず、経営面等において国または地方公共団体により適切な監督がなされるものと期待でき、仮に経営上不適切な行為があれば、国または地方公共団体が、必要に応じて直ちに是正させることもできると考えられるためである。

　②「特定顧客のみを顧客とする金融商品販売業者等」
i　特定顧客のみを顧客とする金融商品販売業者等が適用除外とされる理由
　特定顧客のみを相手方とする取引（いわゆるプロ間取引）しか行っていない金融商品販売業者等については、特定顧客への説明義務が免除されている（3条7項）のと同様に、顧客保護の観点からの勧誘方針の策定および公表をあえて義務づける必要性は生じず、また、これを義務づけないことにより円

滑な金融取引やコスト低減等を実現することができると考えられるため、本項の義務の適用除外とされた。

なお、適用除外の要件は「特定顧客のみ」を相手方とすることであり、もっぱら特定顧客を相手方としていても、一般の投資家を相手に取引をする（一般の投資家に対して勧誘を行う）場合には、その時点で勧誘方針を定め、公表する義務が生じることになる。

ⅱ 「特定顧客」

「特定顧客」の定義については、3条7項に置かれており、「金融商品の販売等に関する専門的知識及び経験を有する者として政令で定める者」とされている。

具体的には、同項の規定により、金融商品販売法施行令10条において、金融商品販売業者等または金融商品取引法2条31項に規定する特定投資家とされている（第7章 **7** 2⑵参照）。

2 第 2 項

> **（勧誘方針の策定等）**
> 第9条
> 2 勧誘方針においては、次に掲げる事項について定めるものとする。
> 　一 勧誘の対象となる者の知識、経験、財産の状況及び当該金融商品の販売に係る契約を締結する目的に照らし配慮すべき事項
> 　二 勧誘の方法及び時間帯に関し勧誘の対象となる者に対し配慮すべき事項
> 　三 前2号に掲げるもののほか、勧誘の適正の確保に関する事項

1　概　　要

本項では、本条1項により金融商品販売業者等が策定しなければならないこととされる勧誘方針の内容として盛り込むべきとして、具体的に①適合性

原則、②不招請勧誘の自制に係る事項等を定めるとともに、これ以外の具体的な内容については、個々の金融商品販売業者等の自主性に委ねることとされている。

2 具体的内容

(1)「勧誘の対象となる者の知識、経験、財産の状況及び当該金融商品の販売に係る契約を締結する目的に照らし配慮すべき事項」

いわゆる「適合性原則」について規定したものである。

適合性原則は、利用者保護のための販売・勧誘に関するルールの柱となるべき原則であり、金融商品取引法においてもそのように位置づけられている（金融商品取引法40条1号）。

金融商品販売法には、説明義務について、これを尽くしたかどうかの解釈基準として適合性原則の考え方を取り込んだ規定も設けられている（3条2項）。

なお、平成18年改正では、最高裁判例・裁判例で「顧客の適合性」を判断するにあたって「投資意向」についても考慮しているものがみられること（たとえば、平成17年7月14日最高裁判決（民集59巻6号1323頁、金融法務事情1762号41頁））等をふまえ、3条2項の規定における顧客の「適合性」の考慮要素と同様、適合性原則における顧客の属性の考慮要素として、「金融商品の販売に係る契約を締結する目的」を追加した。

(2)「勧誘の方法及び時間帯に関し勧誘の対象となる者に対し配慮すべき事項」

いわゆる「不招請勧誘の自制」等を念頭に置いた規定である。

この規定は、一方的な訪問・電話等による勧誘や、深夜・日中の繁忙時期等の勧誘など、投資判断を適切に行いえないような勧誘等への金融商品販売業者等の自主的な対応を促すため、電話勧誘や訪問勧誘等についてどのような方法により勧誘を行うのか、勧誘対象者に迷惑を覚えさせないよう配慮する観点からどのような時間帯に勧誘を行い、どのような時間帯に行わないの

かといった事項について勧誘方針に盛り込むことを義務づけているものである。具体的にどの程度詳細な内容を盛り込むかは、金融商品販売業者等に委ねられていると解される。

なお、業者による不招請勧誘に関しては、たとえば、金融商品取引法において、政令で定める金融商品取引契約について禁止される旨が規定されており（金融商品取引法38条3号）、行政法規においても規制されている。政令では、店頭金融先物取引が規定されている（金融商品取引法施行令16条の4第1項）。

(3) 「前2号に掲げるもののほか、勧誘の適正の確保に関する事項」

本項1号および2号に掲げる事項以外に勧誘方針に盛り込むべき事項については、特に法律に明記されておらず、金融商品取引業者等の自主的な判断に委ねられている。

なお、たとえば、勧誘に関する意見・要望や照会・苦情の受付窓口の設置、連絡先や、勧誘の適正化のための社内研修体制の整備等が考えられる。この規定により、金融商品販売業者等は、勧誘対象者の保護を図り、勧誘の適正を確保するために必要と考えられる事項について、自主的に勧誘方針を盛り込むことが求められることとなる。

したがって、本号に関して、金融商品販売業者等に共通の内容が想定されているものではない。

本号の規定に従って勧誘方針に盛り込む事項が金融商品販売業者等ごとにそれぞれ異なることによって、勧誘対象者や消費者団体等による勧誘方針の評価を通じた金融商品販売業者等のコンプライアンスに関する競争が促され、勧誘対象者の保護に向けた環境が整備されていくことが期待されている。

3 第3項

> （勧誘方針の策定等）
> 第9条
> 3　金融商品販売業者等は、第1項の規定により勧誘方針を定めたときは、政令で定める方法により、速やかに、これを公表しなければならない。これを変更したときも、同様とする。

1　概　　要

本項は、勧誘方針の策定義務（本条1項）に基づいて、本条2項に規定する内容を盛り込んだうえで策定した勧誘方針について公表することを義務づける規定である。

公表の方法については少なくとも、勧誘対象者が、必要に応じ、勧誘方針を知ることができることとする必要があり、具体的な方法を政令で定めているものである。

なお、勧誘方針の公表を行っても、個々の勧誘が当該勧誘方針に沿って行ったものとみなされるといった効果を伴うものではない。

2　具体的内容

(1)　「政令で定める方法」

本法律においては、金融商品販売業者等は金融商品の販売等を業として行う者であるとして、行為に着目した規定としており、法人か個人か、事務所等を有するかといった、組織形態等については問われていない。このため、勧誘方針の公表の方法としてすべての金融商品販売業者等について共通的に行われるべき方法として、本店または主たる事務所で勧誘方針をみやすいように掲示または閲覧に供する方法によるとされている。

さらに、このほか、金融商品販売業者等による販売方法の多様性を考慮して、金融商品販売業者等の営業所・事務所等で金融商品の販売等が行われる

場合には、その営業所等で勧誘方針を掲示または閲覧に供する方法によることとされており、勧誘対象者がなるべく容易に勧誘方針を知ることができるよう規定が設けられている。

また、インターネット等を通じて金融商品の販売等が行われる場合には、インターネット等を通じて自動的に表示される状態に置く方法により公表することが求められている。

なお、勧誘方針を知りうる方法を列挙したうえ、そのいずれかを行えば足りるとの考え方もありうるが、金融商品販売業者等がいくつかの公表方法から選択できるようにすると、勧誘対象者が必ずしも容易に勧誘方針を知ることができなくなる場合がありうることから、そのような考え方はとられず、上記の方法が定められているものである。

勧誘方針の公表の方法については、具体的には、「政令で定める方法」としては、金融商品販売法施行令12条に規定されている。

> ○金融商品の販売等に関する法律施行令
> （勧誘方針の公表の方法）
> 第12条　法第9条第3項に規定する政令で定める方法は、金融商品販売業者等の本店又は主たる事務所（金融商品販売業者等が個人である場合にあっては、住所。第1号において同じ。）において勧誘方針を見やすいように掲示する方法又は勧誘方針を閲覧に供する方法及び次の各号に掲げる場合に該当するときは、当該各号に定める方法とする。
> 　一　金融商品販売業者等が、その営業所、事務所その他の場所（その本店又は主たる事務所を除く。以下この号において「営業所等」という。）において金融商品の販売等を行う場合　金融商品の販売等を行う営業所等ごとに、勧誘方針を見やすいように掲示する方法又は勧誘方針を閲覧に供する方法
> 　二　金融商品販売業者等が、公衆によって直接受信されることを目的として公衆からの求めに応じ自動的に無線通信又は有線電気通信の送信を行うこと（以下この号において「自動送信」という。）により金融商品の販売等を行う場合（前号に掲げる場合に該当する場合を除く。）　勧誘方針を自動送信する方法

(2) 営業所等への掲示等を行う方法

　金融商品販売業者等が、複数の営業所・事務所等において、金融商品の販売等を行う場合には、それぞれの営業所・事務所等において勧誘方針を掲示し、または閲覧に供するべきものとされている（金融商品販売法施行令12条1号）。

　たとえば、ある金融商品について、販売の代理が行われている場合で、販売の代理を行っている業者の営業所等で金融商品の販売等が行われる場合であれば、当該営業所・事務所等で当該代理業者の勧誘方針が掲示されているか、閲覧に供されている必要がある。この場合、勧誘対象者は、実際に金融商品の販売等の相手方となる業者（たとえば代理業者）の勧誘方針を参考にして、当該代理業者から金融商品の販売等を受けると考えられることから、当該代理業者の営業所・事業所等では、当該代理業者の勧誘方針が掲示等されていれば足り、金融商品の販売を行う業者の勧誘方針が掲示等されている必要はない。

(3) 自動送信する方法

　金融商品の販売等を店舗ではなく、インターネット等の情報通信手段を用いて行う場合には、金融商品販売業者等は、情報通信手段を用いて顧客が知りうる状態に置くべきものとされている（金融商品販売法施行令12条2号）。

① 「自動送信」

　金融商品の販売等を店頭でなく、情報通信手段を用いて行う場合であり、インターネットによる場合や専用回線の使用による場合などがこれに該当しうる。具体的には、勧誘対象者が、勧誘方針を知ろうとした場合に、金融商品販売業者等の行為を待つことなく、勧誘方針を知りうる状態にあることである。

② 「前号に掲げる場合に該当する場合」が除外されている理由

　たとえば、金融商品販売業者等の営業所・事務所等でのATMにおける預金サービスのように、金融商品販売業者等が自動送信により金融商品の販売等を行う場合（金融商品販売法施行令12条2号）であって、金融商品販売業者

等が営業所・事務所等において金融商品の販売等を行う場合（同条1号）にも該当する場合がある。

　このような場合には、金融商品販売法施行令12条1号に規定する方法、具体的には、金融商品の販売等を行う営業所・事務所等ごとに、勧誘方針をみやすいように掲示する方法または勧誘方針を閲覧に供する方法によれば足りるものとされている。

　なお、「閲覧に供する方法」（金融商品販売法施行令12条1号）には、映像面に表示して行う方法も含まれる。そこで、ATM画面に勧誘方針を示す方法は、ATM設置場所において「閲覧に供する方法」（金融商品販売法施行令12条1号）に当たると考えられる。

　このように、ATMによる金融商品の販売については、金融商品販売法施行令12条により求められる勧誘方針の公表の方法として、ATMでの画面表示によることも可能である。

(4)　その他の販売方法が行われている場合

　金融商品販売業者等が店舗で金融商品の販売等を行う場合には、勧誘対象者は金融商品販売業者等の勧誘方針を確認したうえで金融商品を購入することが可能であるのに対して、訪問販売や郵送・電話により金融商品の販売が行われる場合には、勧誘方針を知らせることとはされておらず、勧誘対象者はその場で勧誘方針を確認することは困難である。

　しかしながら、勧誘方針が本条の定める方法により公表されていれば、勧誘対象者は勧誘方針を容易に確認して、金融商品販売業者等を選択する材料を得ることができる。

　また、本項が勧誘方針の公表を求めるのは金融商品販売業者等のコンプライアンス体制の整備を求めるものであり、金融商品の購入に際して、必ず顧客に勧誘方針を知らせる趣旨ではないものと考えられる。

第14章
第10条（過料）

> （過料）
> 第10条　前条第１項の規定に違反して勧誘方針を定めず、又は同条第３項の規定に違反してこれを公表しなかった金融商品販売業者等は、50万円以下の過料に処する。

１　概　　要

９条において、金融商品販売業者等の、勧誘方針の策定および公表の義務が定められているところ、これを単なる訓示規定とするのではなく、実効性を担保するため、当該義務の違反者に、罰則（過料）を科すこととしたものである。

なお、義務の履行を担保する手段については、①行政による監督、②刑事罰といったものも考えられるが、①に関しては、本法律は行政の実施事務を規定しておらず行政による監督を想定していないこと、②に関しては、義務違反の内容・程度からみて刑事罰とすることは厳しすぎると考えられたことから、過料によることとされたものである。

２　具体的内容

1　過料が科される対象・範囲

本条では、勧誘方針を定めなかった場合と勧誘方針を公表しなかった場合の双方の場合が過料の対象とされている。

また、本条においては、過料を科す対象を役員等ではなく金融商品販売業者等としている。これは、本法律が勧誘の適正の確保のための措置（勧誘方

針の策定および公表の義務）とともに、中核といえる措置として定めている、民事的義務（説明義務、断定的判断の提供等の禁止）およびその違反による損害賠償責任を、使用者責任（民法715条）としてではなく直接責任（同法709条）として金融商品販売業者等に負わせたこととの平仄を考慮して、義務およびその違反による制裁の対象者を金融商品販売業者等としたものである。

2 過料の額

過料の額については、その義務違反の重要性等を勘案して定められることとなる。たとえば、本条で規定する公表義務違反についても、公表すべき内容、種類や要件等に応じて異なっており、過料の額が一定の基準に基づいて定められているわけではない。

そこで、本条においては、他の金融関係法律における公表義務違反に係る過料規定の例と、

① 金融商品の販売等に係る勧誘に関するコンプライアンス規定を整備し、投資家の保護を充実させることについての強い社会的要請に応えるため、義務違反を予防する実効性を確保する必要性が高いと考えられること、

② 金融商品販売業者等を直接に過料の対象としており、実効性を確保するためには、個人を対象とするよりも過料の額を高くすべきと考えられること、

といった点が総合的に勘案され、過料の額が50万円以下とされたものである。

【参考】
金融関係法律における公表義務違反に係る過料規定の例（本法律制定当時）
［100万円以下の過料］
○金融機関の合併及び転換に関する法律
　第38条
　　五　第8条の2第2項又はこの法律において準用し、若しくはその例によることとされる商法第408条ノ2若しくは第414条ノ2の規定に違反して、書類を備え置かず、正当な理由がないのにその書類の閲覧を拒み、又はその謄本若しくは抄本の交付を拒んだとき。

（注） 会社法の施行に伴う関係法律の整備等に関する法律（平成17年法律第87号）により上記規定は削除されたが、同法において新設された76条4号においても、公表義務違反に対する過料は、100万円以下とされている。

［50万円以下の過料］
○保険業法
　第336条
　　一　第265条の22の規定に違反して、同条に規定する名簿を公衆の縦覧に供しないとき。
○抵当証券業の規制等に関する法律
　第54条
　　三　第38条第2項の規定に違反して、同項の会員の名簿を公衆の縦覧に供しない者
　（注） 抵当証券業の規制等に関する法律は、平成18年整備等法により廃止された。

［30万円以下の過料］
○証券取引法
　第208条
　　七　第79条の3又は第122条の規定に違反して通知し、又は公表することを怠ったとき。
　　二十一　第101条の3第2項（第101条の5第2項において準用する場合を含む。）又は第143条において準用する商法第408条ノ2第2項（同法第414条ノ2第2項において準用する場合を含む。）の規定に違反して、正当な理由がないのに、書類の閲覧又は謄本若しくは抄本の交付を拒んだとき。
　（注） 上記規定は、平成18年証取法等改正法等により改正されたが、現行の金融商品取引法208条においても、公表義務違反に対する過料は、30万円以下とされている（10号・25号）。

第15章
平成18年改正に伴う経過措置

1 平成18年整備等法

> ○証券取引法等の一部を改正する法律の施行に伴う関係法律の整備等に関する法律（平成18年法律第66号）
>
> **（金融商品の販売等に関する法律の一部改正に伴う経過措置）**
>
> **第183条** 前条の規定による改正後の金融商品の販売等に関する法律（以下この条において「新金融商品販売法」という。）の規定は、この法律の施行後に業として行われる新金融商品販売法第2条第2項に規定する金融商品の販売等について適用し、この法律の施行前に業として行われた前条の規定による改正前の金融商品の販売等に関する法律第2条第2項に規定する金融商品の販売等については、なお従前の例による。
>
> 2 金融商品販売業者等（新金融商品販売法第2条第3項に規定する金融商品販売業者等をいう。）が、この法律の施行前に新金融商品販売法第3条第1項に規定する重要事項に相当する事項について同項の規定の例により説明を行った場合には、当該説明を同項の規定により行った説明とみなして、新金融商品販売法の規定を適用する。

1 第1項

本項は、平成18年改正による改正後の金融商品販売法の規定が、金融商品販売業者等が平成18年整備等法（金融商品販売法の平成18年改正）の施行（平成19年9月30日）後に行った金融商品の販売等について適用されることを確認的に規定するとともに、平成18年整備等法の施行（平成19年9月30日）前に業として行われた金融商品の販売については、平成18年改正前の金融商品

販売法が適用されることを規定したものである。

2　第2項

　本条1項で確認的に規定されたとおり、平成18年改正による改正後の金融商品販売法の規定は、金融商品販売業者等が平成18年整備等法の施行後に行った金融商品の販売等について適用される。

　平成18年改正により、平成18年改正前の金融商品販売法よりも対象商品・取引等の範囲および説明義務対象事項の範囲が拡大された。このように、平成18年整備等法の施行後に新たに対象となった商品・取引等（「金融商品の販売等」に含まれることとなった行為）や「重要事項」に該当することとなった事項があるが、こうした商品・取引等や重要事項について、平成18年整備等法の施行前に説明が行われた場合に、その説明が施行後も有効であるかどうかが必ずしも明らかではない。

　このため、顧客に対し、平成18年整備等法の施行前に、平成18年改正後の重要事項に相当する事項について説明が行われているときは、金融商品販売業者等は、施行後においても、当該金融商品の販売等に係る重要事項について説明を行ったものとみなすことが規定された。

　なお、こうした措置により、平成18年整備等法（金融商品販売法の平成18年改正）の施行前においても、施行後に新たに対象となる商品・取引等や「重要事項」（金融商品販売法3条1項）に該当することとなる事項に関して、施行後に義務づけられるのと同等の説明が行われることが事実上促進されたものと考えられる。

2　その他の経過措置

○証券取引法等の一部を改正する法律及び証券取引法等の一部を改正する法律の施行に伴う関係法律の整備等に関する法律の施行に伴う関係

> 政令の整備等に関する政令（平成19年政令第233号）
>
> 附則
>
> （金融商品の販売等に関する法律の一部改正に伴う経過措置）
>
> 第60条　施行日前に整備法第182条の規定による改正後の金融商品の販売等に関する法律（平成12年法律第101号。以下この条において「新金融商品販売法」という。）第3条第1項に規定する重要事項について説明を要しない旨の顧客の意思の表明があった場合には、当該意思の表明を同号に規定する顧客の意思の表明とみなして、新金融商品販売法の規定を適用する。

　平成18年整備等法では、同法による金融商品販売法の一部改正（平成18年改正）に伴い必要となる経過措置が規定されているほか、必要な経過措置は政令で定めることができるものとしている（平成18年整備等法附則218条）。

　本条は、平成18年整備等法附則218条に基づいて、平成18年証取法等改正法および平成18年整備等法の施行に伴って整備された「証券取引法等の一部を改正する法律及び証券取引法等の一部を改正する法律の施行に伴う関係法律の整備等に関する法律の施行に伴う関係政令の整備等に関する政令」（金融商品取引法制に関する政令）に設けられた経過措置である。具体的には、平成18年整備等法の施行前に、同法による改正後（平成18年改正後）の金融商品販売法3条1項に規定する「重要事項」について説明を要しない旨の顧客の意思の表明があった場合についての経過措置を定めるものである。

　すなわち、金融商品販売法では、平成18年改正後においても、平成18年改正前と同様に、金融商品販売業者等は、金融商品の販売等を業として行おうとするときは、金融商品の販売が行われるまでの間に、顧客に対して重要事項を説明しなければならないこと（3条1項）、および「重要事項について説明を要しない旨の顧客の意思の表明」があった場合には、当該説明義務を負わないことが規定されている（3条7項2号）。一方、平成18年整備等法による改正後の金融商品販売法では、重要事項等の範囲が拡大された（「金融商品

の販売に係る取引の仕組みのうちの重要な部分」の追加（3条1項1号～6号各ハ）等）。本条は、平成18年整備等法の施行前に、平成18年改正後の金融商品販売法による「重要事項」（3条1項）について説明を要しない旨の顧客の意思の表明があった場合には、これを平成18年改正後の金融商品販売法による「重要事項について説明を要しない旨の顧客の意思の表明」とみなし、金融商品販売業者等は、平成18年整備等法施行後に、あらためて顧客に対して重要事項の説明を行う義務を負うものではない（3条7項2号）とされたものである。

【参考】
○証券取引法等の一部を改正する法律の施行に伴う関係法律の整備等に関する法律（平成18年法律第66号）218条1項
　第218条　この法律に規定するもののほか、この法律の施行に関し必要な経過措置は、政令で定める。

第Ⅲ編

資 料

1　金融商品の販売等に関する法律（平成12年法律第101号）

（目的）
第1条　この法律は、金融商品販売業者等が金融商品の販売等に際し顧客に対して説明をすべき事項等及び金融商品販売業者等が顧客に対して当該事項について説明をしなかったこと等により当該顧客に損害が生じた場合における金融商品販売業者等の損害賠償の責任並びに金融商品販売業者等が行う金融商品の販売等に係る勧誘の適正の確保のための措置について定めることにより、顧客の保護を図り、もって国民経済の健全な発展に資することを目的とする。

（定義）
第2条　この法律において「金融商品の販売」とは、次に掲げる行為をいう。
　一　預金、貯金、定期積金又は銀行法（昭和56年法律第59号）第2条第4項に規定する掛金の受入れを内容とする契約の預金者、貯金者、定期積金の積金者又は同項に規定する掛金の掛金者との締結
　二　無尽業法（昭和6年法律第42号）第1条に規定する無尽に係る契約に基づく掛金（以下この号において「無尽掛金」という。）の受入れを内容とする契約の無尽掛金の掛金者との締結
　三　信託財産の運用方法が特定されていないことその他の政令で定める要件に該当する金銭の信託に係る信託契約（当該信託契約に係る受益権が金融商品取引法（昭和23年法律第25号）第2条第2項第1号又は第2号に掲げる権利であるものに限る。）の委託者との締結
　四　保険業法（平成7年法律第105号）第2条第1項に規定する保険業を行う者が保険者となる保険契約（以下この号において「保険契約」という。）又は保険若しくは共済に係る契約で保険契約に類するものとして政令で定めるものの保険契約者又はこれに類する者との締結
　五　有価証券（金融商品取引法第2条第1項に規定する有価証券又は同条第2項の規定により有価証券とみなされる権利をいい、同項第1号及び第2号に掲げる権利を除く。）を取得させる行為（代理又は媒介に該当するもの並びに第8号及び第9号に掲げるものに該当するものを除く。）
　六　次に掲げるものを取得させる行為（代理又は媒介に該当するものを除く。）
　　イ　金融商品取引法第2条第2項第1号又は第2号に掲げる権利
　　ロ　譲渡性預金証書をもって表示される金銭債権（金融商品取引法第2条第1項に規定する有価証券に表示される権利又は同条第2項の規定により有価証券とみなされる権利であるものを除く。）

七 不動産特定共同事業法（平成6年法律第77号）第2条第3項に規定する不動産特定共同事業契約（金銭をもって出資の目的とし、かつ、契約の終了の場合における残余財産の分割若しくは出資の返還が金銭により行われることを内容とするもの又はこれらに類する事項として政令で定めるものを内容とするものに限る。）の締結

八 金融商品取引法第2条第21項に規定する市場デリバティブ取引若しくは同条第23項に規定する外国市場デリバティブ取引又はこれらの取引の取次ぎ

九 金融商品取引法第2条第22項に規定する店頭デリバティブ取引又はその取次ぎ

十 金利、通貨の価格その他の指標の数値としてあらかじめ当事者間で約定された数値と将来の一定の時期における現実の当該指標の数値の差に基づいて算出される金銭の授受を約する取引（前2号に掲げるものに該当するものを除く。）であって政令で定めるもの又は当該取引の取次ぎ

十一 前各号に掲げるものに類するものとして政令で定める行為

2 この法律において「金融商品の販売等」とは、金融商品の販売又はその代理若しくは媒介（顧客のために行われるものを含む。）をいう。

3 この法律において「金融商品販売業者等」とは、金融商品の販売等を業として行う者をいう。

4 この法律において「顧客」とは、金融商品の販売の相手方をいう。

（金融商品販売業者等の説明義務）

第3条 金融商品販売業者等は、金融商品の販売等を業として行おうとするときは、当該金融商品の販売等に係る金融商品の販売が行われるまでの間に、顧客に対し、次に掲げる事項（以下「重要事項」という。）について説明をしなければならない。

一 当該金融商品の販売について金利、通貨の価格、金融商品市場（金融商品取引法第2条第14項に規定する金融商品市場をいう。以下この条において同じ。）における相場その他の指標に係る変動を直接の原因として元本欠損が生ずるおそれがあるときは、次に掲げる事項

　イ 元本欠損が生ずるおそれがある旨

　ロ 当該指標

　ハ ロの指標に係る変動を直接の原因として元本欠損が生ずるおそれを生じさせる当該金融商品の販売に係る取引の仕組みのうちの重要な部分

二 当該金融商品の販売について金利、通貨の価格、金融商品市場における相場その他の指標に係る変動を直接の原因として当初元本を上回る損失が生ずるおそれがあるときは、次に掲げる事項

イ　当初元本を上回る損失が生ずるおそれがある旨
　　ロ　当該指標
　　ハ　ロの指標に係る変動を直接の原因として当初元本を上回る損失が生ずるおそれを生じさせる当該金融商品の販売に係る取引の仕組みのうちの重要な部分
　三　当該金融商品の販売について当該金融商品の販売を行う者その他の者の業務又は財産の状況の変化を直接の原因として元本欠損が生ずるおそれがあるときは、次に掲げる事項
　　イ　元本欠損が生ずるおそれがある旨
　　ロ　当該者
　　ハ　ロの者の業務又は財産の状況の変化を直接の原因として元本欠損が生ずるおそれを生じさせる当該金融商品の販売に係る取引の仕組みのうちの重要な部分
　四　当該金融商品の販売について当該金融商品の販売を行う者その他の者の業務又は財産の状況の変化を直接の原因として当初元本を上回る損失が生ずるおそれがあるときは、次に掲げる事項
　　イ　当初元本を上回る損失が生ずるおそれがある旨
　　ロ　当該者
　　ハ　ロの者の業務又は財産の状況の変化を直接の原因として当初元本を上回る損失が生ずるおそれを生じさせる当該金融商品の販売に係る取引の仕組みのうちの重要な部分
　五　第1号及び第3号に掲げるもののほか、当該金融商品の販売について顧客の判断に影響を及ぼすこととなる重要なものとして政令で定める事由を直接の原因として元本欠損が生ずるおそれがあるときは、次に掲げる事項
　　イ　元本欠損が生ずるおそれがある旨
　　ロ　当該事由
　　ハ　ロの事由を直接の原因として元本欠損が生ずるおそれを生じさせる当該金融商品の販売に係る取引の仕組みのうちの重要な部分
　六　第2号及び第4号に掲げるもののほか、当該金融商品の販売について顧客の判断に影響を及ぼすこととなる重要なものとして政令で定める事由を直接の原因として当初元本を上回る損失が生ずるおそれがあるときは、次に掲げる事項
　　イ　当初元本を上回る損失が生ずるおそれがある旨
　　ロ　当該事由
　　ハ　ロの事由を直接の原因として当初元本を上回る損失が生ずるおそれを生じさせる当該金融商品の販売に係る取引の仕組みのうちの重要な部分

七　当該金融商品の販売の対象である権利を行使することができる期間の制限又は当該金融商品の販売に係る契約の解除をすることができる期間の制限があるときは、その旨
２　前項の説明は、顧客の知識、経験、財産の状況及び当該金融商品の販売に係る契約を締結する目的に照らして、当該顧客に理解されるために必要な方法及び程度によるものでなければならない。
３　第１項第１号、第３号及び第５号の「元本欠損が生ずるおそれ」とは、当該金融商品の販売が行われることにより顧客の支払うこととなる金銭の合計額（当該金融商品の販売が行われることにより当該顧客の譲渡することとなる金銭以外の物又は権利であって政令で定めるもの（以下この項及び第６条第２項において「金銭相当物」という。）がある場合にあっては、当該合計額に当該金銭相当物の市場価額（市場価額がないときは、処分推定価額）の合計額を加えた額）が、当該金融商品の販売により当該顧客（当該金融商品の販売により当該顧客の定めるところにより金銭又は金銭以外の物若しくは権利を取得することとなる者がある場合にあっては、当該者を含む。以下この項において「顧客等」という。）の取得することとなる金銭の合計額（当該金融商品の販売により当該顧客等の取得することとなる金銭以外の物又は権利がある場合にあっては、当該合計額に当該金銭以外の物又は権利の市場価額（市場価額がないときは、処分推定価額）の合計額を加えた額）を上回ることとなるおそれをいう。
４　第１項第２号、第４号及び第６号の「当初元本を上回る損失が生ずるおそれ」とは、次に掲げるものをいう。
　　一　当該金融商品の販売（前条第１項第８号から第10号までに掲げる行為及び同項第11号に掲げる行為であって政令で定めるものに限る。以下この項において同じ。）について金利、通貨の価格、金融商品市場における相場その他の指標にかかる変動により損失が生ずることとなるおそれがある場合における当該損失の額が当該金融商品の販売が行われることにより顧客が支払うべき委託証拠金その他の保証金の額を上回ることとなるおそれ
　　二　当該金融商品の販売について当該金融商品の販売を行う者その他の者の業務又は財産の状況の変化により損失が生ずることとなるおそれがある場合における当該損失の額が当該金融商品の販売が行われることにより顧客が支払うべき委託証拠金その他の保証金の額を上回ることとなるおそれ
　　三　当該金融商品の販売について第１項第６号の事由により損失が生ずることとなるおそれがある場合における当該損失の額が当該金融商品の販売が行われることにより顧客が支払うべき委託証拠金その他の保証金の額を上回ることとなるおそれ

四　前3号に準ずるものとして政令で定めるもの
5　第1項第1号ハ、第2号ハ、第3号ハ、第4号ハ、第5号ハ及び第6号ハに規定する「金融商品の販売に係る取引の仕組み」とは、次に掲げるものをいう。
　　一　前条第1項第1号から第4号まで及び第7号に掲げる行為にあっては、これらの規定に規定する契約の内容
　　二　前条第1項第5号に掲げる行為にあっては、当該規定に規定する金融商品取引法第2条第1項に規定する有価証券に表示される権利又は同条第2項の規定により有価証券とみなされる権利（同項第1号及び第2号に掲げる権利を除く。）の内容及び当該行為が行われることにより顧客が負うこととなる義務の内容
　　三　前条第1項第6号イに掲げる行為にあっては、当該規定に規定する権利の内容及び当該行為が行われることにより顧客が負うこととなる義務の内容
　　四　前条第1項第6号ロに掲げる行為にあっては、当該規定に規定する債権の内容及び当該行為が行われることにより顧客が負担することとなる債務の内容
　　五　前条第1項第8号から第10号までに掲げる行為にあっては、これらの規定に規定する取引の仕組み
　　六　前条第1項第11号の政令で定める行為にあっては、政令で定める事項
6　一の金融商品の販売について二以上の金融商品販売業者等が第1項の規定により顧客に対し重要事項について説明をしなければならない場合において、いずれか一の金融商品販売業者等が当該重要事項について説明をしたときは、他の金融商品販売業者等は、同項の規定にかかわらず、当該重要事項について説明をすることを要しない。ただし、当該他の金融商品販売業者等が政令で定める者である場合は、この限りでない。
7　第1項の規定は、次に掲げる場合には、適用しない。
　　一　顧客が、金融商品の販売等に関する専門的知識及び経験を有する者として政令で定める者（第9条第1項において「特定顧客」という。）である場合
　　二　重要事項について説明を要しない旨の顧客の意思の表明があった場合

（金融商品販売業者等の断定的判断の提供等の禁止）
第4条　金融商品販売業者等は、金融商品の販売等を業として行おうとするときは、当該金融商品の販売等に係る金融商品の販売が行われるまでの間に、顧客に対し、当該金融商品の販売に係る事項について、不確実な事項について断定的判断を提供し、又は確実であると誤認させるおそれのあることを告げる行為（以下「断定的判断の提供等」という。）を行ってはならない。

（金融商品販売業者等の損害賠償責任）
第5条　金融商品販売業者等は、顧客に対し第3条の規定により重要事項について

説明をしなければならない場合において当該重要事項について説明をしなかったとき、又は前条の規定に違反して断定的判断の提供等を行ったときは、これによって生じた当該顧客の損害を賠償する責めに任ずる。

（損害の額の推定）
第６条　顧客が前条の規定により損害の賠償を請求する場合には、元本欠損額は、金融商品販売業者等が重要事項について説明をしなかったこと又は断定的判断の提供等を行ったことによって当該顧客に生じた損害の額と推定する。

2　前項の「元本欠損額」とは、当該金融商品の販売が行われたことにより顧客の支払った金銭及び支払うべき金銭の合計額（当該金融商品の販売が行われたことにより当該顧客の譲渡した金銭相当物又は譲渡すべき金銭相当物がある場合にあっては、当該合計額にこれらの金銭相当物の市場価額（市場価額がないときは、処分推定価額）の合計額を加えた額）から、当該金融商品の販売により当該顧客（当該金融商品の販売により当該顧客の定めるところにより金銭又は金銭以外の物若しくは権利を取得することとなった者がある場合にあっては、当該者を含む。以下この項において「顧客等」という。）の取得した金銭及び取得すべき金銭の合計額（当該金融商品の販売により当該顧客等の取得した金銭以外の物若しくは権利又は取得すべき金銭以外の物若しくは権利がある場合にあっては、当該合計額にこれらの金銭以外の物又は権利の市場価額（市場価額がないときは、処分推定価額）の合計額を加えた額）と当該金融商品の販売により当該顧客等の取得した金銭以外の物又は権利であって当該顧客等が売却その他の処分をしたものの処分価額の合計額とを合算した額を控除した金額をいう。

（民法の適用）
第７条　重要事項について説明をしなかったこと又は断定的判断の提供等を行ったことによる金融商品販売業者等の損害賠償の責任については、この法律の規定によるほか、民法（明治29年法律第89号）の規定による。

（勧誘の適正の確保）
第８条　金融商品販売業者等は、業として行う金融商品の販売等に係る勧誘をするに際し、その適正の確保に努めなければならない。

（勧誘方針の策定等）
第９条　金融商品販売業者等は、業として行う金融商品の販売等に係る勧誘をしようとするときは、あらかじめ、当該勧誘に関する方針（以下「勧誘方針」という。）を定めなければならない。ただし、当該金融商品販売業者等が、国、地方公共団体その他勧誘の適正を欠くおそれがないと認められる者として政令で定める者である場合又は特定顧客のみを顧客とする金融商品販売業者等である場合は、この限りでない。

2 勧誘方針においては、次に掲げる事項について定めるものとする。
一 勧誘の対象となる者の知識、経験、財産の状況及び当該金融商品の販売に係る契約を締結する目的に照らし配慮すべき事項
二 勧誘の方法及び時間帯に関し勧誘の対象となる者に対し配慮すべき事項
三 前二号に掲げるもののほか、勧誘の適正の確保に関する事項
3 金融商品販売業者等は、第1項の規定により勧誘方針を定めたときは、政令で定める方法により、速やかに、これを公表しなければならない。これを変更したときも、同様とする。
(過料)
第10条 前条第1項の規定に違反して勧誘方針を定めず、又は同条第3項の規定に違反してこれを公表しなかった金融商品販売業者等は、50万円以下の過料に処する。

　　　附　則
(施行期日等)
1 この法律は、平成13年4月1日から施行し、この法律の施行後に金融商品販売業者等が業として行った金融商品の販売等について適用する。
(重要事項についての説明に関する経過措置)
2 この法律の施行後に業として行われる金融商品の販売等について、顧客に対し、この法律の施行前に重要事項に相当する事項について説明が行われているときは、金融商品販売業者等は、当該金融商品の販売等に係る重要事項について説明を行ったものとみなす。
(政令への委任)
3 前項に定めるもののほか、この法律の施行に関し必要な経過措置は、政令で定める。

　　　附　則（平成15年5月30日法律第54号）　　抄
(施行期日)
第1条 この法律は、平成16年4月1日から施行する。
(罰則の適用に関する経過措置)
第38条 この法律の施行前にした行為に対する罰則の適用については、なお従前の例による。
(その他の経過措置の政令への委任)
第39条 この法律に規定するもののほか、この法律の施行に伴い必要な経過措置は、政令で定める。

（検討）
第40条　政府は、この法律の施行後五年を経過した場合において、この法律による改正後の規定の実施状況、社会経済情勢の変化等を勘案し、この法律による改正後の金融諸制度について検討を加え、必要があると認めるときは、その結果に基づいて所要の措置を講ずるものとする。

　　　附　則（平成16年12月3日法律第154号）　　抄
（施行期日）
第1条　この法律は、公布の日から起算して6月を超えない範囲内において政令で定める日（以下「施行日」という。）から施行する。
（処分等の効力）
第121条　この法律の施行前のそれぞれの法律（これに基づく命令を含む。以下この条において同じ。）の規定によってした処分、手続その他の行為であって、改正後のそれぞれの法律の規定に相当の規定があるものは、この附則に別段の定めがあるものを除き、改正後のそれぞれの法律の相当の規定によってしたものとみなす。
（罰則に関する経過措置）
第122条　この法律の施行前にした行為並びにこの附則の規定によりなお従前の例によることとされる場合及びこの附則の規定によりなおその効力を有することとされる場合におけるこの法律の施行後にした行為に対する罰則の適用については、なお従前の例による。
（その他の経過措置の政令への委任）
第123条　この附則に規定するもののほか、この法律の施行に伴い必要な経過措置は、政令で定める。
（検討）
第124条　政府は、この法律の施行後三年以内に、この法律の施行の状況について検討を加え、必要があると認めるときは、その結果に基づいて所要の措置を講ずるものとする。

　　　附　則（平成16年12月8日法律第159号）　　抄
（施行期日）
第1条　この法律は、平成17年7月1日から施行する。

　　　附　則（平成17年10月21日法律第102号）　　抄
（施行期日）

第1条　この法律は、郵政民営化法の施行の日から施行する。
(金融商品の販売等に関する法律の一部改正に伴う経過措置)
第109条　この法律の施行前に、第116条の規定による改正前の金融商品の販売等に関する法律（次項において「旧法」という。）の規定により、旧公社に対して行い、又は旧公社が行った処分、手続その他の行為（旧原動機付自転車等責任保険募集取扱法第2条第2項に規定する原動機付自転車等責任保険募集の取扱いの業務（次項において「原動機付自転車等責任保険募集取扱業務」という。）に関するものを除く。）は、整備法等に別段の定めがあるものを除き、第116条の規定による改正後の金融商品の販売等に関する法律（次項において「新法」という。）の相当する規定により郵便貯金銀行に対して行い、又は郵便貯金銀行が行った処分、手続その他の行為とみなす。

2　この法律の施行前に、旧法の規定により、旧公社に対して行い、又は旧公社が行った処分、手続その他の行為（原動機付自転車等責任保険募集取扱業務に関するものに限る。）は、整備法等に別段の定めがあるものを除き、新法の相当する規定により郵便局株式会社に対して行い、又は郵便局株式会社が行った処分、手続その他の行為とみなす。

(罰則に関する経過措置)
第117条　この法律の施行前にした行為、この附則の規定によりなお従前の例によることとされる場合におけるこの法律の施行後にした行為、この法律の施行後附則第9条第1項の規定によりなおその効力を有するものとされる旧郵便為替法第38条の8（第2号及び第3号に係る部分に限る。）の規定の失効前にした行為、この法律の施行後附則第13条第1項の規定によりなおその効力を有するものとされる旧郵便振替法第70条（第2号及び第3号に係る部分に限る。）の規定の失効前にした行為、この法律の施行後附則第27条第1項の規定によりなおその効力を有するものとされる旧郵便振替預り金寄附委託法第8条（第2号に係る部分に限る。）の規定の失効前にした行為、この法律の施行後附則第39条第2項の規定によりなおその効力を有するものとされる旧公社法第70条（第2号に係る部分に限る。）の規定の失効前にした行為、この法律の施行後附則第42条第1項の規定によりなおその効力を有するものとされる旧公社法第71条及び第72条（第15号に係る部分に限る。）の規定の失効前にした行為並びに附則第2条第2項の規定の適用がある場合における郵政民営化法第104条に規定する郵便貯金銀行に係る特定日前にした行為に対する罰則の適用については、なお従前の例による。

　　　附　則（平成18年6月14日法律第66号）
この法律は、平成18年証券取引法改正法の施行の日から施行する。ただし、次の

各号に掲げる規定は、当該各号に定める日から施行する。
一　第127条中公認会計士法第4条第2号の改正規定（「若しくは第198条」を「から第198条まで」に改める部分に限る。）、第128条第1項の規定、第205条中会社法第331条第1項第3号の改正規定（「第197条第1項第1号から第4号まで若しくは第7号若しくは第2項、第198条第1号から第10号まで、第18号若しくは第19号」を「第197条、第197条の2第1号から第10号まで若しくは第13号、第198条第8号」に改める部分に限る。）、第206条第1項の規定及び第213条中金融庁設置法第20条第1項の改正規定（「、検査」の下に「、報告若しくは資料の提出の命令、質問若しくは意見の徴取」を加える部分に限る。）　平成18年証券取引法改正法附則第1条第1号に掲げる規定の施行の日
二　第178条中組織的犯罪処罰法別表第2第2号の改正規定（「第198条第18号（内部者取引）又は」を削る部分に限る。）　平成18年証券取引法改正法附則第1条第2号に掲げる規定の施行の日
三　第178条（組織的犯罪処罰法別表第2第2号の改正規定中「第198条第18号（内部者取引）又は」を削る部分を除く。）の規定　犯罪の国際化及び組織化並びに情報処理の高度化に対処するための刑法等の一部を改正する法律の施行の日又は施行日のいずれか遅い日
四　第214条の規定　平成18年証券取引法改正法附則第1条第5号に掲げる規定の施行の日

2　金融商品の販売等に関する法律施行令（平成12年政令第484号）

（定義）
第1条　この政令において「金融商品の販売」、「金融商品の販売等」、「金融商品販売業者等」、「顧客」又は「勧誘方針」とは、それぞれ金融商品の販売等に関する法律（以下「法」という。）第2条第1項から第4項まで又は第9条第1項に規定する金融商品の販売、金融商品の販売等、金融商品販売業者等、顧客又は勧誘方針をいう。

（金銭の信託の要件）
第2条　法第2条第1項第3号に規定する政令で定める要件は、信託財産の運用方法が特定されていないこととする。

（保険又は共済に係る契約）
第3条　法第2条第1項第4号に規定する政令で定める契約は、次に掲げる法律の規定により締結される保険又は共済に係る契約に該当しない保険又は共済に係る契約とする。
　一　健康保険法（大正11年法律第70号）
　二　森林国営保険法（昭和12年法律第25号）
　三　船員保険法（昭和14年法律第73号）
　四　労働者災害補償保険法（昭和22年法律第50号）
　五　貿易保険法（昭和25年法律第67号）
　六　中小企業信用保険法（昭和25年法律第264号）
　七　中小漁業融資保証法（昭和27年法律第346号）
　八　私立学校教職員共済法（昭和28年法律第245号）
　九　厚生年金保険法（昭和29年法律第115号。同法第130条の2第1項、第136条の3第1項第2号（同法第164条第3項において準用する場合を含む。）及び第159条の2第1項を除く。）
　十　住宅融資保険法（昭和30年法律第63号）
　十一　消防団員等公務災害補償等責任共済等に関する法律（昭和31年法律第107号）
　十二　国家公務員共済組合法（昭和33年法律第128号）
　十三　国民健康保険法（昭和33年法律第192号）
　十四　国民年金法（昭和34年法律第141号。第10章を除く。）
　十五　中小企業退職金共済法（昭和34年法律第160号）
　十六　社会福祉施設職員等退職手当共済法（昭和36年法律第155号）

十七　農業信用保証保険法（昭和36年法律第204号）

十八　地方公務員等共済組合法（昭和37年法律第152号）

十九　小規模企業共済法（昭和40年法律第102号）

二十　独立行政法人農業者年金基金法（平成14年法律第127号）

二十一　預金保険法（昭和46年法律第34号）

二十二　農水産業協同組合貯金保険法（昭和48年法律第53号）

二十三　雇用保険法（昭和49年法律第116号）

二十四　中小企業倒産防止共済法（昭和52年法律第84号）

二十五　独立行政法人日本スポーツ振興センター法（平成14年法律第162号）

二十六　介護保険法（平成9年法律第123号）

二十七　破綻金融機関等の融資先である中堅事業者に係る信用保険の特例に関する臨時措置法（平成10年法律第151号）

（差金の授受を約する取引）

第4条　法第2条第1項第10号に規定する政令で定める取引は、金利、通貨の価格その他の指標の数値としてあらかじめ当事者間で約定された数値と将来の一定の時期における現実の当該指標の数値の差に基づいて算出される金銭の授受を約する取引（商品取引所法（昭和25年法律第239号）第2条第8項に規定する先物取引及び同法第349条第6項に規定する店頭商品先物取引等（次条第2号において「商品先物取引等」という。）に該当するものを除く。）とする。

（金融商品の販売となる行為）

第5条　法第2条第1項第11号に規定する政令で定める行為は、次に掲げる行為とする。

一　金銭の信託以外の信託であって信託財産の運用方法が特定されていないものに係る信託契約（当該信託契約に係る受益権が金融商品取引法（昭和23年法律第25号）第2条第2項第1号又は第2号に掲げる権利であるものに限る。）の委託者との締結

二　銀行法（昭和56年法律第59号）第10条第2項第14号に規定する金融等デリバティブ取引（前条の取引、商品先物取引等及び次号に規定する取引を除く。）又は当該取引の取次ぎ

三　海外商品市場（海外商品市場における先物取引の受託等に関する法律（昭和57年法律第65号）第2条第2項に規定する海外商品市場をいう。以下この号において同じ。）において、海外商品市場を開設する者の定める基準及び方法に従い行う次に掲げる取引又は当該取引の取次ぎ

イ　売買の当事者が将来の一定の時期において商品（海外商品市場における先物取引の受託等に関する法律第2条第2項に規定する商品をいう。以下この

号において同じ。）及びその対価の授受を約する売買であって、当該売買の目的となっている商品の転売又は買戻しをしたときは差金の授受によって決済することができる取引
- ロ　当事者の一方の意思表示により当事者間においてイ又はニに掲げる取引を成立させることができる権利を相手方が当事者の一方に付与し、当事者の一方がこれに対して対価を支払うことを約する取引又はこれに類似する取引
- ハ　当事者の一方の意思表示により当事者間において当該意思表示を行う場合の商品指数（二以上の商品の価格の水準を総合的に表した数値をいう。以下この号において同じ。）又は商品の価格としてあらかじめ約定する数値と現に当該意思表示を行った時期における現実の当該商品指数又は商品の価格の数値の差に基づいて算出される金銭を授受することとなる取引を成立させることができる権利を相手方が当事者の一方に付与し、当事者の一方がこれに対して対価を支払うことを約する取引又はこれに類似する取引
- ニ　当事者が数量を定めた商品について当事者の一方が相手方と取り決めた次に掲げる数値の約定した期間における変化率に基づいて金銭を支払い、相手方が当事者の一方と取り決めた次に掲げる数値の約定した期間における変化率に基づいて金銭を支払うことを相互に約する取引又はこれに類似する取引
  - (1)　商品指数の数値
  - (2)　商品の価格の数値

（金銭相当物の範囲）

第6条　法第3条第3項に規定する政令で定める金銭以外の物又は権利は、前条第1号に規定する信託契約の締結に伴い顧客の譲渡することとなる金銭以外の物又は権利とする。

（当初元本を上回る損失が生ずるおそれを生じさせる行為）

第7条　法第3条第4項第1号に規定する政令で定めるものは、第5条第2号又は第3号に掲げるものとする。

（金融商品の販売に係る取引の仕組み）

第8条　法第3条第5項第6号に規定する政令で定める事項は、次に掲げる事項とする。
- 一　第5条第1号に掲げる行為にあっては、同号に規定する契約の内容
- 二　第5条第2号又は第3号に掲げる行為にあっては、これらの規定に規定する取引の仕組み

（重要事項について説明をすることを要しない者から除かれる者）

第9条　法第3条第6項ただし書に規定する政令で定める者は、金融商品の販売が行われる場合において顧客の行う行為を代理する者とする。

（特定顧客）
第10条　法第3条第7項第1号に規定する政令で定める者は、金融商品販売業者等又は金融商品取引法第2条第31項に規定する特定投資家（以下「特定投資家」という。）とする。
2　前項の「特定投資家」には、法第3条第1項に規定する金融商品の販売等（以下「金融商品の販売等」という。）に係る契約が金融商品取引法第34条の3第2項第2号（同法第34条の4第4項（銀行法等の規定において準用する場合を含む。）及び銀行法等の規定において準用する場合を含む。）に規定する対象契約に該当する場合にあっては、当該金融商品の販売等に関しては同法第34条の3第4項（同法第34条の4第4項（銀行法等の規定において準用する場合を含む。）及び銀行法等の規定において準用する場合を含む。）又は同法第34条の3第6項（同法第34条の4第4項において準用する場合を含む。）の規定により当該対象契約に関して特定投資家とみなされる者を含み、金融商品の販売等に係る契約が同法第34条の2第2項（銀行法等の規定において準用する場合を含む。）に規定する対象契約に該当する場合にあっては、当該金融商品の販売等に関しては同条第5項（銀行法等の規定において準用する場合を含む。）又は第8項の規定により当該対象契約に関して特定投資家以外の顧客とみなされる者を含まないものとする。
3　前項の「銀行法等の規定」とは、次に掲げるものをいう。
一　商工組合中央金庫法（昭和11年法律第14号）第30条ノ2ノ3
二　金融機関の信託業務の兼営等に関する法律（昭和18年法律第43号）第2条の2
三　農業協同組合法（昭和22年法律第132号）第11条の2の4又は第11条の10の3
四　水産業協同組合法（昭和23年法律第242号）第11条の6の4（同法第92条第1項、第96条第1項又は第100条第1項において準用する場合を含む。）
五　中小企業等協同組合法（昭和24年法律第181号）第9条の7の5第3項（同法第9条の9第5項又は第8項において準用する場合を含む。）
六　協同組合による金融事業に関する法律（昭和24年法律第183号）第6条の5の2
七　信用金庫法（昭和26年法律第238号）第89条の2
八　長期信用銀行法（昭和27年法律第187号）第17条の2
九　労働金庫法（昭和28年法律第227号）第94条の2
十　銀行法第13条の4
十一　保険業法（平成7年法律第105号）第300条の2
十二　農林中央金庫法（平成13年法律第93号）第59条の3

十三　信託業法（平成16年法律第154号）第24条の2（保険業法第99条第8項において準用する場合を含む。）

（勧誘方針の策定を要しない者）
第11条　法第9条第1項ただし書に規定する政令で定める者は、法律により直接に設立された法人又は特別の法律により特別の設立行為をもって設立された法人（総務省設置法（平成11年法律第91号）第4条第15号の規定の適用を受けない法人を除く。）であって国又は地方公共団体の全額出資に係る法人とする。

（勧誘方針の公表の方法）
第12条　法第9条第3項に規定する政令で定める方法は、金融商品販売業者等の本店又は主たる事務所（金融商品販売業者等が個人である場合にあっては、住所。第1号において同じ。）において勧誘方針を見やすいように掲示する方法又は勧誘方針を閲覧に供する方法及び次の各号に掲げる場合に該当するときは、当該各号に定める方法とする。

一　金融商品販売業者等が、その営業所、事務所その他の場所（その本店又は主たる事務所を除く。以下この号において「営業所等」という。）において金融商品の販売等を行う場合　金融商品の販売等を行う営業所等ごとに、勧誘方針を見やすいように掲示する方法又は勧誘方針を閲覧に供する方法

二　金融商品販売業者等が、公衆によって直接受信されることを目的として公衆からの求めに応じ自動的に無線通信又は有線電気通信の送信を行うこと（以下この号において「自動送信」という。）により金融商品の販売等を行う場合（前号に掲げる場合に該当する場合を除く。）勧誘方針を自動送信する方法

　　　　附　　則
この政令は、法の施行の日（平成13年4月1日）から施行する。

　　　　附　　則　（平成13年9月5日政令第285号）　　抄
（施行期日）
第1条　この政令は、平成14年1月1日から施行する。

　　　　附　　則　（平成14年3月13日政令第43号）　　抄
（施行期日）
第1条　この政令は、平成14年4月1日から施行する。
（金融商品の販売等に関する法律施行令の一部改正に伴う経過措置）
第11条　施行日前に平成13年統合法第1条の規定による廃止前の農林漁業団体職員共済組合法（昭和33年法律第99号）の規定により締結された共済に係る契約に

対する第37条の規定による改正後の金融商品の販売等に関する法律施行令第3条の規定の適用については、なお従前の例による。

　　　附　則（平成15年3月28日政令第113号）
（施行期日）
第1条　この政令は、中小企業総合事業団法及び機械類信用保険法の廃止等に関する法律（以下「法」という。）附則第1条第2号に定める日（平成15年4月1日）から施行する。
（金融商品の販売等に関する法律施行令の一部改正に伴う経過措置）
第2条　この政令の施行前に法第1条（第2号に係る部分に限る。）の規定による廃止前の機械類信用保険法の規定により締結された保険に係る契約についての金融商品の販売等に関する法律（平成12年法律第101号）の規定の適用については、なお従前の例による。

　　　附　則（平成15年7月30日政令第343号）　　抄
（施行期日）
第1条　この政令は、公布の日から施行する。ただし、附則第18条から第34条までの規定は、平成15年10月1日から施行する。

　　　附　則（平成15年8月8日政令第369号）　　抄
（施行期日）
第1条　この政令は、公布の日から施行する。ただし、附則第6条から第25条までの規定は、平成15年10月1日から施行する。

　　　附　則（平成16年2月4日政令第16号）
（施行期日）
1　この政令は、平成16年4月1日から施行する。
（適用）
2　この政令による改正後の金融商品の販売等に関する法律施行令（以下「新令」という。）第4条及び第5条第3号の規定は、この政令の施行後に金融商品の販売等に関する法律（次項において「法」という。）第2条第3項に規定する金融商品販売業者等が業として行った新令第4条に規定する取引及び新令第5条第3号に規定する取引並びにこれらの取引の取次ぎ（次項において「新令第4条等に規定する取引等」という。）について適用する。
（経過措置）

3　この政令の施行後に業として行われる新令第4条等に規定する取引等について、顧客に対し、この政令の施行前に法第3条第1項に規定する重要事項に相当する事項について説明が行われているときは、金融商品販売業者等は、当該新令第4条等に規定する取引等に係る重要事項について説明を行ったものとみなす。

　　　附　則（平成16年8月27日政令第259号）　　抄
（施行期日）
第1条　この政令は、商品取引所法の一部を改正する法律（以下「改正法」という。）の施行の日（平成17年5月1日。以下「施行日」という。）から施行する。ただし、次条から附則第4条までの規定は、公布の日から施行する。

　　　附　則（平成16年12月28日政令第429号）　　抄
（施行期日）
第1条　この政令は、法の施行の日（平成16年12月30日）から施行する。

　　　附　則（平成19年8月3日政令第233号）　　抄
（施行期日）
第1条　この政令は、改正法の施行の日から施行する。
（罰則の適用に関する経過措置）
第64条　施行日前にした行為及びこの附則の規定によりなお従前の例によることとされる場合における施行日以後にした行為に対する罰則の適用については、なお従前の例による。

　　　附　則（平成19年8月3日政令第235号）　　抄
（施行期日）
第1条　この政令は、平成19年10月1日から施行する。
（罰則に関する経過措置）
第40条　この政令の施行前にした行為に対する罰則の適用については、なお従前の例による。

3　金融商品の販売等に関する法律（平成12年法律第101号）【新旧対照表】

新	旧
（目的） 第1条　この法律は、金融商品販売業者等が金融商品の販売等に際し顧客に対して<u>説明をすべき事項等</u>及び金融商品販売業者等が顧客に対して当該事項について説明を<u>しなかったこと等</u>により当該顧客に損害が生じた場合における金融商品販売業者等の損害賠償の責任並びに金融商品販売業者等が行う金融商品の販売等に係る勧誘の適正の確保のための措置について定めることにより、顧客の保護を図り、もって国民経済の健全な発展に資することを目的とする。	（目的） 第1条　この法律は、金融商品販売業者等が金融商品の販売等に際し顧客に対して<u>説明すべき事項</u>及び金融商品販売業者等が顧客に対して当該事項について説明を<u>しなかったこと</u>により当該顧客に損害が生じた場合における金融商品販売業者等の損害賠償の責任並びに金融商品販売業者等が行う金融商品の販売等に係る勧誘の適正の確保のための措置について定めることにより、顧客の保護を図り、もって国民経済の健全な発展に資することを目的とする。
（定義） 第2条　この法律において「金融商品の販売」とは、次に掲げる行為をいう。 一・二　（略） 三　信託財産の運用方法が特定されていないことその他の政令で定める要件に該当する金銭の信託に係る信託契約（当該信託契約に係る受益権が<u>金融商品取引法（昭和23年法律第25号）第2条第2項第1号又は第2号に掲げる権利であるものに限る。</u>）の委託者との締結	（定義） 第2条　この法律において「金融商品の販売」とは、次に掲げる行為をいう。 一・二　（略） 三　信託財産の運用方法が特定されていないことその他の政令で定める要件に該当する金銭の信託に係る信託契約（当該信託契約に係る受益権が<u>特定権利（証券取引法（昭和23年法律第25号）第2条第1項に規定する有価証券に表示される権利又は同条第2項の規定により有価証券とみなされる権利をいう。第6号イ、ハ及びニにおいて同じ。）であるものを除く。</u>）の委

	託者との締結
四　（略）	四　（略）
五　有価証券（<u>金融商品取引法</u>第2条第1項に規定する有価証券又は同条第2項の規定により有価証券とみなされる<u>権利をいい、同項第1号及び第2号に掲げる権利を除く。</u>）を取得させる行為（代理又は媒介に該当するもの並びに<u>第8号及び第9号に掲げるものに該当するものを除く。</u>）	五　有価証券（<u>証券取引法</u>第2条第1項に規定する有価証券又は同条第2項の規定により有価証券とみなされる<u>権利をいう。</u>）を取得させる行為（代理又は媒介に該当するもの並びに<u>同条第20項に規定する有価証券先物取引（第9号において「有価証券先物取引」という。）及び同条第24項に規定する有価証券先渡取引（第10号において「有価証券先渡取引」という。）に該当</u>するものを除く。）
六　次に掲げるものを取得させる行為（代理又は媒介に該当するものを除く。）	六　次に掲げるものを取得させる行為（代理又は媒介に該当するものを除く。）
<u>イ　金融商品取引法第2条第2項第1号又は第2号に掲げる権利</u>	イ　信託の受益権（特定権利であるもの及びハに掲げるものに該当するものを除く。）
（削る）	ロ　抵当証券法（昭和6年法律第15号）第1条第1項に規定する抵当証券
（削る）	ハ　商品投資に係る事業の規制に関する法律（平成3年法律第66号）第2条第3項に規定する商品投資受益権（特定権利であるものを除く。）
ロ　譲渡性預金証書をもって表示される金銭債権（<u>金融商品取引法第2条第1項に規定する有価証券に表示される権利又は同条第2項の規定により有価証券とみなされる権利であるものを除く。</u>）	二　譲渡性預金証書をもって表示される金銭債権（<u>特定権利であるものを除く。</u>）

(削る)	七　商品投資に係る事業の規制に関する法律第2条第2項に規定する商品投資契約の締結
七　(略)	八　(略)
<u>八　金融商品取引法第2条第21項に規定する市場デリバティブ取引若しくは同条第23項に規定する外国市場デリバティブ取引又はこれらの取引の取次ぎ</u>	(新設)
<u>九　金融商品取引法第2条第22項に規定する店頭デリバティブ取引又はその取次ぎ</u>	九　有価証券先物取引、証券取引法第2条第21項に規定する有価証券指数等先物取引、同条第22項に規定する有価証券オプション取引、同条第23項に規定する外国市場証券先物取引若しくは金融先物取引法（昭和63年法律第77号）第2条第2項に規定する取引所金融先物取引等又はこれらの取引の取次ぎ
(削る)	十　有価証券先渡取引、証券取引法第2条第25項に規定する有価証券店頭指数等先渡取引、同条第26項に規定する有価証券店頭オプション取引、同条第27項に規定する有価証券店頭指数等スワップ取引若しくは金融先物取引法第2条第4項に規定する店頭金融先物取引又はこれらの取引の取次ぎ
十一・十二　(略)	十一・十二　(略)
2〜4　(略)	2〜4　(略)
（金融商品販売業者等の説明義務） 第3条　金融商品販売業者等は、金融商品の販売等を業として行おうとするときは、当該金融商品の販売等に係る金融商品の販売が行われるまで	（金融商品販売業者等の説明義務） 第3条　金融商品販売業者等は、金融商品の販売等を業として行おうとするときは、当該金融商品の販売等に係る金融商品の販売が行われるまで

の間に、顧客に対し、次に掲げる事項（以下「重要事項」という。）について説明をしなければならない。

二　当該金融商品の販売について金利、通貨の価格、金融商品市場（金融商品取引法第2条第14項に規定する金融商品市場をいう。以下この条において同じ。）における相場その他の指標に係る変動を直接の原因として元本欠損が生ずるおそれがあるときは、次に掲げる事項
　イ　元本欠損が生ずるおそれがある旨
　ロ　当該指標
　ハ　ロの指標に係る変動を直接の原因として元本欠損が生ずるおそれを生じさせる当該金融商品の販売に係る取引の仕組みのうちの重要な部分

二　当該金融商品の販売について金利、通貨の価格、金融商品市場における相場その他の指標に係る変動を直接の原因として当初元本を上回る損失が生ずるおそれがあるときは、次に掲げる事項
　イ　当初元本を上回る損失が生ずるおそれがある旨
　ロ　当該指標
　ハ　ロの指標に係る変動を直接の原因として当初元本を上回る損失が生ずるおそれを生じさせる当該金融商品の販売に係る取引の仕組みのうちの重要な部分

三　当該金融商品の販売について当

の間に、顧客に対し、次に掲げる事項（以下「重要事項」という。）について説明をしなければならない。

二　当該金融商品の販売について金利、通貨の価格、有価証券市場における相場その他の指標に係る変動を直接の原因として元本欠損が生ずるおそれがあるときは、その旨及び当該指標

二　当該金融商品の販売について当該金融商品の販売を行う者その他の者の業務又は財産の状況の変化を直接の原因として元本欠損が生ずるおそれがあるときは、その旨及び当該者

三　前2号に掲げるもののほか、当

該金融商品の販売を行う者その他の者の業務又は財産の状況の変化を直接の原因として元本欠損が生ずるおそれがあるときは、次に掲げる事項 イ 元本欠損が生ずるおそれがある旨 ロ 当該者 ハ ロの者の業務又は財産の状況の変化を直接の原因として元本欠損が生ずるおそれを生じさせる当該金融商品の販売に係る取引の仕組みのうちの重要な部分	該金融商品の販売について顧客の判断に影響を及ぼすこととなる重要なものとして政令で定める事由を直接の原因として元本欠損が生ずるおそれがあるときは、その旨及び当該事由
四 当該金融商品の販売について当該金融商品の販売を行う者その他の者の業務又は財産の状況の変化を直接の原因として当初元本を上回る損失が生ずるおそれがあるときは、次に掲げる事項 イ 当初元本を上回る損失が生ずるおそれがある旨 ロ 当該者 ハ ロの者の業務又は財産の状況の変化を直接の原因として当初元本を上回る損失が生ずるおそれを生じさせる当該金融商品の販売に係る取引の仕組みのうちの重要な部分	四 当該金融商品の販売の対象である権利を行使することができる期間の制限又は当該金融商品の販売に係る契約の解除をすることができる期間の制限があるときは、その旨
五 第1号及び第3号に掲げるもののほか、当該金融商品の販売について顧客の判断に影響を及ぼすこととなる重要なものとして政令で定める事由を直接の原因として元本欠損が生ずるおそれがあるときは、次に掲げる事項	

イ　元本欠損が生ずるおそれがある旨

　　ロ　当該事由

　　ハ　ロの事由を直接の原因として元本欠損が生ずるおそれを生じさせる当該金融商品の販売に係る取引の仕組みのうちの重要な部分

　六　第2号及び第4号に掲げるもののほか、当該金融商品の販売について顧客の判断に影響を及ぼすこととなる重要なものとして政令で定める事由を直接の原因として当初元本を上回る損失が生ずるおそれがあるときは、次に掲げる事項

　　イ　当初元本を上回る損失が生ずるおそれがある旨

　　ロ　当該事由

　　ハ　ロの事由を直接の原因として当初元本を上回る損失が生ずるおそれを生じさせる当該金融商品の販売に係る取引の仕組みのうちの重要な部分

　七　当該金融商品の販売の対象である権利を行使することができる期間の制限又は当該金融商品の販売に係る契約の解除をすることができる期間の制限があるときは、その旨

2　前項の説明は、顧客の知識、経験、財産の状況及び当該金融商品の販売に係る契約を締結する目的に照らして、当該顧客に理解されるために必要な方法及び程度によるものでなければならない。　　　　　　　　　　　（新設）

新	旧
3　第1項第1号、第3号及び第5号の「元本欠損が生ずるおそれ」とは、当該金融商品の販売が行われることにより顧客の支払うこととなる金銭の合計額（当該金融商品の販売が行われることにより当該顧客の譲渡することとなる金銭以外の物又は権利であって政令で定めるもの（以下この項及び<u>第6条第2項</u>において「金銭相当物」という。）がある場合にあっては、当該合計額に当該金銭相当物の市場価額（市場価額がないときは、処分推定価額）の合計額を加えた額）が、当該金融商品の販売により当該顧客（当該金融商品の販売により当該顧客の定めるところにより金銭又は金銭以外の物若しくは権利を取得することとなる者がある場合にあっては、当該者を含む。以下この項において「顧客等」という。）の取得することとなる金銭の合計額（当該金融商品の販売により当該顧客等の取得することとなる金銭以外の物又は権利がある場合にあっては、当該合計額に当該金銭以外の物又は権利の市場価額（市場価額がないときは、処分推定価額）の合計額を加えた額）を上回ることとなる<u>おそれ</u>をいう。 4　第1項第2号、第4号及び第6号の「<u>当初元本を上回る損失が生ずるおそれ</u>」とは、次に掲げるものをいう。 　一　<u>当該金融商品の販売（前条第1項第8号から第10号までに掲げる</u>	2　前項第1号から第3号までの「元本欠損が生ずるおそれ」とは、当該金融商品の販売が行われることにより顧客の支払うこととなる金銭の合計額（当該金融商品の販売が行われることにより当該顧客の譲渡することとなる金銭以外の物又は権利であって政令で定めるもの（以下この項及び<u>第5条第2項</u>において「金銭相当物」という。）がある場合にあっては、当該合計額に当該金銭相当物の市場価額（市場価額がないときは、処分推定価額）の合計額を加えた額）が、当該金融商品の販売により当該顧客（当該金融商品の販売により当該顧客の定めるところにより金銭又は金銭以外の物若しくは権利を取得することとなる者がある場合にあっては、当該者を含む。以下この項において「顧客等」という。）の取得することとなる金銭の合計額（当該金融商品の販売により当該顧客等の取得することとなる金銭以外の物又は権利がある場合にあっては、当該合計額に当該金銭以外の物又は権利の市場価額（市場価額がないときは、処分推定価額）の合計額を加えた額）を上回ることとなる<u>おそれがあること</u>をいう。 （新設）

<u>行為及び同項第11号に掲げる行為であって政令で定めるものに限る。以下この項において同じ。）について金利、通貨の価格、金融商品市場における相場その他の指標に係る変動により損失が生ずることとなるおそれがある場合における当該損失の額が当該金融商品の販売が行われることにより顧客が支払うべき委託証拠金その他の保証金の額を上回ることとなるおそれ</u>

<u>二　当該金融商品の販売について当該金融商品の販売を行う者その他の者の業務又は財産の状況の変化により損失が生ずることとなるおそれがある場合における当該損失の額が当該金融商品の販売が行われることにより顧客が支払うべき委託証拠金その他の保証金の額を上回ることとなるおそれ</u>

<u>三　当該金融商品の販売について第1項第6号の事由により損失が生ずることとなるおそれがある場合における当該損失の額が当該金融商品の販売が行われることにより顧客が支払うべき委託証拠金その他の保証金の額を上回ることとなるおそれ</u>

<u>四　前3号に準ずるものとして政令で定めるもの</u>

<u>5　第1項第1号ハ、第2号ハ、第3号ハ、第4号ハ、第5号ハ及び第6号ハに規定する「金融商品の販売に係る取引の仕組み」とは、次に掲げるものをいう。</u>

（新設）

二　前条第1項第1号から第4号まで及び第7号に掲げる行為にあっては、これらの規定に規定する契約の内容	
二　前条第1項第5号に掲げる行為にあっては、当該規定に規定する金融商品取引法第2条第1項に規定する有価証券に表示される権利又は同条第2項の規定により有価証券とみなされる権利（同項第1号及び第2号に掲げる権利を除く。）の内容及び当該行為が行われることにより顧客が負うこととなる義務の内容	
三　前条第1項第6号イに掲げる行為にあっては、当該規定に規定する権利の内容及び当該行為が行われることにより顧客が負うこととなる義務の内容	
四　前条第1項第6号ロに掲げる行為にあっては、当該規定に規定する債権の内容及び当該行為が行われることにより顧客が負担することとなる債務の内容	
五　前条第1項第8号から第10号までに掲げる行為にあっては、これらの規定に規定する取引の仕組み	
六　前条第1項第11号の政令で定める行為にあっては、政令で定める事項	
6　（略）	3　（略）
7　第1項の規定は、次に掲げる場合には、適用しない。	4　第1項の規定は、次に掲げる場合には、適用しない。
一　顧客が、金融商品の販売等に関する専門的知識及び経験を有する	一　顧客が、金融商品の販売等に関する専門的知識及び経験を有する

者として政令で定める者（第9条第1項において「特定顧客」という。）である場合 二　（略）	者として政令で定める者（第8条第1項において「特定顧客」という。）である場合 二　（略）
(金融商品販売業者等の断定的判断の提供等の禁止) 第4条　金融商品販売業者等は、金融商品の販売等を業として行おうとするときは、当該金融商品の販売等に係る金融商品の販売が行われるまでの間に、顧客に対し、当該金融商品の販売に係る事項について、不確実な事項について断定的判断を提供し、又は確実であると誤認させるおそれのあることを告げる行為（以下「断定的判断の提供等」という。）を行ってはならない。	(新設)
(金融商品販売業者等の損害賠償責任) 第5条　金融商品販売業者等は、顧客に対し第3条の規定により重要事項について説明をしなければならない場合において当該重要事項について説明をしなかったとき、又は前条の規定に違反して断定的判断の提供等を行ったときは、これによって生じた当該顧客の損害を賠償する責めに任ずる。	(金融商品販売業者等の損害賠償責任) 第4条　金融商品販売業者等は、顧客に対し前条の規定により重要事項について説明をしなければならない場合において、当該重要事項について説明をしなかったときは、これによって生じた当該顧客の損害を賠償する責めに任ずる。
(損害の額の推定) 第6条　顧客が前条の規定により損害の賠償を請求する場合には、元本欠損額は、金融商品販売業者等が重要事項について説明をしなかったこと	(損害の額の推定) 第5条　顧客が前条の規定により損害の賠償を請求する場合には、元本欠損額は、金融商品販売業者等が重要事項について説明をしなかったこと

又は断定的判断の提供等を行ったことによって当該顧客に生じた損害の額と推定する。 2　（略） （民法の適用） 第7条　重要事項について説明をしなかったこと又は断定的判断の提供等を行ったことによる金融商品販売業者等の損害賠償の責任については、この法律の規定によるほか、民法（明治29年法律第89号）の規定による。 第8条　（略） （勧誘方針の策定等） 第9条　（略） 2　勧誘方針においては、次に掲げる事項について定めるものとする。 　一　勧誘の対象となる者の知識、経験、財産の状況及び当該金融商品の販売に係る契約を締結する目的に照らし配慮すべき事項 　二・三　（略） 3　（略） 第10条　（略）	によって当該顧客に生じた損害の額と推定する。 2　（略） （民法の適用） 第6条　重要事項について説明をしなかったことによる金融商品販売業者等の損害賠償の責任については、この法律の規定によるほか、民法（明治29年法律第89号）の規定による。 第7条　（略） （勧誘方針の策定等） 第8条　（略） 2　勧誘方針においては、次に掲げる事項について定めるものとする。 　一　勧誘の対象となる者の知識、経験及び財産の状況に照らし配慮すべき事項 　二・三　（略） 3　（略） 第9条　（略）

4　金融商品の販売等に関する法律施行令(平成12年政令第484号)【新旧対照表】

新	旧
（定義） 第1条　この政令において「金融商品の販売」、「金融商品の販売等」、「金融商品販売業者等」、「顧客」又は「勧誘方針」とは、それぞれ金融商品の販売等に関する法律（以下「法」という。）第2条第1項から第4項まで又は<u>第9条第1項</u>に規定する金融商品の販売、金融商品の販売等、金融商品販売業者等、顧客又は勧誘方針をいう。	（定義） 第1条　この政令において「金融商品の販売」、「金融商品の販売等」、「金融商品販売業者等」、「顧客」又は「勧誘方針」とは、それぞれ金融商品の販売等に関する法律（以下「法」という。）第2条第1項から第4項まで又は<u>第8条第1項</u>に規定する金融商品の販売、金融商品の販売等、金融商品販売業者等、顧客又は勧誘方針をいう。
（差金の授受を約する取引） 第4条　法<u>第2条第1項第10号</u>に規定する政令で定める取引は、金利、通貨の価格その他の指標の数値としてあらかじめ当事者間で約定された数値と将来の一定の時期における現実の当該指標の数値の差に基づいて算出される金銭の授受を約する取引（商品取引所法（昭和25年法律第239号）第2条第8項に規定する先物取引及び同法第349条第6項に規定する店頭商品先物取引等（<u>次条第2号</u>において「商品先物取引等」という。）に該当するものを除く。）とする。	（差金の授受を約する取引） 第4条　法<u>第2条第1項第11号</u>に規定する政令で定める取引は、金利、通貨の価格その他の指標の数値としてあらかじめ当事者間で約定された数値と将来の一定の時期における現実の当該指標の数値の差に基づいて算出される金銭の授受を約する取引（商品取引所法（昭和25年法律第239号）第2条第8項に規定する先物取引及び同法第349条第6項に規定する店頭商品先物取引等（<u>次条第3号</u>において「商品先物取引等」という。）に該当するものを除く。）とする。
（金融商品の販売となる行為） 第5条　法<u>第2条第1項第11号</u>に規定する政令で定める行為は、次に掲げる行為とする。	（金融商品の販売となる行為） 第5条　法<u>第2条第1項第12号</u>に規定する政令で定める行為は、次に掲げる行為とする。

一　金銭の信託以外の信託であって信託財産の運用方法が特定されていないものに係る信託契約<u>（当該信託契約に係る受益権が金融商品取引法（昭和23年法律第25号）第2条第2項第1号又は第2号に掲げる権利であるものに限る。）</u>の委託者との締結	一　金銭の信託以外の信託であって信託財産の運用方法が特定されていないものに係る信託契約の委託者との締結
（削る）	<u>二　不動産の信託の受益権に対する投資事業に係る匿名組合契約の匿名組合員との締結</u>
<u>二</u>　銀行法（昭和56年法律第59号）第10条第2項第14号に規定する金融等デリバティブ取引（前条の取引<u>、商品先物取引等及び次号に規定する取引</u>を除く。）又は当該取引の取次ぎ	<u>三</u>　銀行法（昭和56年法律第59号）第10条第2項第14号に規定する金融等デリバティブ取引（前条の取引<u>及び商品先物取引等</u>を除く。）又は当該取引の取次ぎ
<u>三　海外商品市場（海外商品市場における先物取引の受託等に関する法律（昭和57年法律第65号）第2条第2項に規定する海外商品市場をいう。以下この号において同じ。）において、海外商品市場を開設する者の定める基準及び方法に従い行う次に掲げる取引又は当該取引の取次ぎ</u>	（新設）
<u>イ　売買の当事者が将来の一定の時期において商品（海外商品市場における先物取引の受託等に関する法律第2条第2項に規定する商品をいう。以下この号において同じ。）及びその対価の授受を約する売買であって、当該売買の目的となっている商品の転売又は買戻しをしたときは差</u>	

金の授受によって決済すること
ができる取引
ロ　当事者の一方の意思表示により当事者間においてイ又はニに掲げる取引を成立させることができる権利を相手方が当事者の一方に付与し、当事者の一方がこれに対して対価を支払うことを約する取引又はこれに類似する取引
ハ　当事者の一方の意思表示により当事者間において当該意思表示を行う場合の商品指数（二以上の商品の価格の水準を総合的に表した数値をいう。以下この号において同じ。）又は商品の価格としてあらかじめ約定する数値と現に当該意思表示を行った時期における現実の当該商品指数又は商品の価格の数値の差に基づいて算出される金銭を授受することとなる取引を成立させることができる権利を相手方が当事者の一方に付与し、当事者の一方がこれに対して対価を支払うことを約する取引又はこれに類似する取引
ニ　当事者が数量を定めた商品について当事者の一方が相手方と取り決めた次に掲げる数値の約定した期間における変化率に基づいて金銭を支払い、相手方が当事者の一方と取り決めた次に掲げる数値の約定した期間における変化率に基づいて金銭を支

払うことを相互に約する取引又はこれに類似する取引
(1) 商品指数の数値
(2) 商品の価格の数値

（金銭相当物の範囲） 第6条　法第3条第3項に規定する政令で定める金銭以外の物又は権利は、前条第1号に規定する信託契約の締結に伴い顧客の譲渡することとなる金銭以外の物又は権利とする。	（金銭相当物の範囲） 第6条　法第3条第2項に規定する政令で定める金銭以外の物又は権利は、前条第1号に規定する信託契約の締結に伴い顧客の譲渡することとなる金銭以外の物又は権利とする。
（当初元本を上回る損失が生ずるおそれを生じさせる行為） 第7条　法第3条第4項第1号に規定する政令で定めるものは、第5条第2号又は第3号に掲げるものとする。	（新設）
（金融商品の販売に係る取引の仕組み） 第8条　法第3条第5項第6号に規定する政令で定める事項は、次に掲げる事項とする。 一　第5条第1号に掲げる行為にあっては、同号に規定する契約の内容 二　第5条第2号又は第3号に掲げる行為にあっては、これらの規定に規定する取引の仕組み	（新設）
（重要事項について説明をすることを要しない者から除かれる者） 第9条　法第3条第6項ただし書に規定する政令で定める者は、金融商品の販売が行われる場合において顧客の行う行為を代理する者とする。	（重要事項について説明をすることを要しない者から除かれる者） 第7条　法第3条第3項ただし書に規定する政令で定める者は、金融商品の販売が行われる場合において顧客の行う行為を代理する者とする。

（特定顧客）	（特定顧客）
<u>第10条</u>　法第3条第7項第1号に規定する政令で定める者は、金融商品販売業者等<u>又は金融商品取引法第2条第31項に規定する特定投資家（以下「特定投資家」という。）</u>とする。	第8条　法第3条第4項第1号に規定する政令で定める者は、金融商品販売業者等とする。
<u>2　前項の「特定投資家」には、法第3条第1項に規定する金融商品の販売等（以下「金融商品の販売等」という。）に係る契約が金融商品取引法第34条の3第2項第2号（同法第34条の4第4項（銀行法等の規定において準用する場合を含む。）及び銀行法等の規定において準用する場合を含む。）に規定する対象契約に該当する場合にあっては、当該金融商品の販売等に関しては同法第34条の3第4項（同法第34条の4第4項（銀行法等の規定において準用する場合を含む。）及び銀行法等の規定において準用する場合を含む。）又は同法第34条の3第6項（同法第34条の4第4項において準用する場合を含む。）の規定により当該対象契約に関して特定投資家とみなされる者を含み、金融商品の販売等に係る契約が同法第34条の2第2項（銀行法等の規定において準用する場合を含む。）に規定する対象契約に該当する場合にあっては、当該金融商品の販売等に関しては同条第5項（銀行法等の規定において準用する場合を含む。）又は第8項の規定により当該対象契約に関して特定投資家以外の顧客とみなされる者を含まないものとする。</u>	（新設）

3　前項の「銀行法等の規定」とは、次に掲げるものをいう。 　一　商工組合中央金庫法（昭和11年法律第14号）第30条ノ2ノ3 　二　金融機関の信託業務の兼営等に関する法律（昭和18年法律第43号）第2条の2 　三　農業協同組合法（昭和22年法律第132号）第11条の2の4又は第11条の10の3 　四　水産業協同組合法（昭和23年法律第242号）第11条の6の4（同法第92条第1項、第96条第1項又は第100条第1項において準用する場合を含む。） 　五　中小企業等協同組合法（昭和24年法律第181号）第9条の7の5第3項（同法第9条の9第5項又は第8項において準用する場合を含む。） 　六　協同組合による金融事業に関する法律（昭和24年法律第183号）第6条の5の2 　七　信用金庫法（昭和26年法律第238号）第89条の2 　八　長期信用銀行法（昭和27年法律第187号）第17条の2 　九　労働金庫法（昭和28年法律第227号）第94条の2 　十　銀行法第13条の4 　十一　保険業法（平成7年法律第105号）第300条の2 　十二　農林中央金庫法（平成13年法律第93号）第59条の3 　十三　信託業法（平成16年法律第154	（新設）

号）第24条の２（保険業法第99条第８項において準用する場合を含む。）	
（勧誘方針の策定を要しない者） 第11条　法第９条第１項ただし書に規定する政令で定める者は、法律により直接に設立された法人又は特別の法律により特別の設立行為をもって設立された法人（総務省設置法（平成11年法律第91号）第４条第15号の規定の適用を受けない法人を除く。）であって国又は地方公共団体の全額出資に係る法人とする。	（勧誘方針の策定を要しない者） 第９条　法第８条第１項ただし書に規定する政令で定める者は、法律により直接に設立された法人又は特別の法律により特別の設立行為をもって設立された法人（総務省設置法（平成11年法律第91号）第４条第15号の規定の適用を受けない法人を除く。）であって国又は地方公共団体の全額出資に係る法人とする。
（勧誘方針の公表の方法） 第12条　法第９条第３項に規定する政令で定める方法は、金融商品販売業者等の本店又は主たる事務所（金融商品販売業者等が個人である場合にあっては、住所。第１号において同じ。）において勧誘方針を見やすいように掲示する方法又は勧誘方針を閲覧に供する方法及び次の各号に掲げる場合に該当するときは、当該各号に定める方法とする。 　一・二　（略）	（勧誘方針の公表の方法） 第10条　法第８条第３項に規定する政令で定める方法は、金融商品販売業者等の本店又は主たる事務所（金融商品販売業者等が個人である場合にあっては、住所。第１号において同じ。）において勧誘方針を見やすいように掲示する方法又は勧誘方針を閲覧に供する方法及び次の各号に掲げる場合に該当するときは、当該各号に定める方法とする。 　一・二　（略）

5 「投資サービス法（仮称）」に向けて
（金融審議会金融分科会第一部会報告）

金融審議会金融分科会第一部会委員等名簿

平成17年12月22日現在

部　会　長	神　田　秀　樹	東京大学大学院法学政治学研究科教授
部会長代理	淵　田　康　之	㈱野村資本市場研究所執行役
委　　　員	池　尾　和　人	慶應義塾大学経済学部教授
	岩　原　紳　作	東京大学大学院法学政治学研究科教授
	植　田　和　男	東京大学大学院経済学研究科教授
	翁　　　百　合	㈱日本総合研究所調査部主席研究員
	嘉治佐保子	慶應義塾大学経済学部教授
	木　村　裕　士	日本労働組合総連合会総合政策局長
	今　野　由　梨	ダイヤル・サービス㈱代表取締役社長
	斎　藤　静　樹	明治学院大学経済学部教授
	佐々木かをり	㈱イー・ウーマン代表取締役社長
	島　崎　憲　明	住友商事㈱代表取締役副社長執行役員
	高　橋　伸　子	生活経済ジャーナリスト
	田　中　直　毅	21世紀政策研究所理事長
	根　本　直　子	スタンダード＆プアーズ　マネージング・ディレクター
	野　村　修　也	中央大学法科大学院教授
	原　　　早　苗	埼玉大学経済学部非常勤講師
	藤　沢　久　美	㈱ソフィアバンク副代表
	堀　内　昭　義	中央大学総合政策学部教授
	水　上　慎　士	早稲田大学ファイナンス研究センター教授
	山　下　友　信	東京大学大学院法学政治学研究科教授
臨 時 委 員	東　　　英　治	㈱大和総研専務取締役
	今　松　英　悦	㈱毎日新聞社論説委員
	上　柳　敏　郎	東京駿河台法律事務所・弁護士
	川　本　裕　子	早稲田大学大学院ファイナンス研究科教授
	黒　沼　悦　郎	早稲田大学大学院法務研究科教授
	田　島　優　子	さわやか法律事務所・弁護士

		吉	野	直 行	慶應義塾大学経済学部教授
		和	仁	亮 裕	外国法共同事業法律事務所リンクレーターズパートナー弁護士
専 門 委 員		今	尾	和 実	全国共済農業協同組合連合会代表理事専務
		太	田	省 三	㈱東京金融先物取引所代表取締役専務
		岡	内	欣 也	三菱UFJ信託銀行㈱専務取締役
		加	藤	雅 一	㈱日本商品投資販売業協会会長
		草	壁	悟 朗	川崎信用金庫常理事
		鈴	木	久 仁	あいおい損害保険㈱代表取締役専務取締役
		立	岡	登 與 次	日本ベンチャーキャピタル協会会長
		田	中	浩	野村證券㈱執行役
		檀	野	博	㈳不動産証券化協会制度委員会委員長
		羽	田	幸 善	外国損害保険会社協議会議長
		花	岡	浩 二	住友生命保険相互会社常務取締役嘱常務執行役員
		町	田	充	㈱みずほ銀行常務取締役
		米	田	道 生	㈱大阪証券取引所代表取締役社長
		渡	辺	達 郎	日本証券業協会副会長
		［計43名］			
幹 事		鮎	瀬	典 夫	日本銀行企画局参事役

（敬称略・五十音順）

―投資サービス法（仮称）に向けて―
金融審議会金融分科会第一部会報告

平成17年12月22日

目　次

はじめに
Ⅰ．「投資サービス法（仮称）」の趣旨・目的
Ⅱ．「投資サービス法（仮称）」の対象範囲
Ⅲ．「投資サービス業（仮称）」の業規制
Ⅳ．「投資サービス業（仮称）」の行為規制
Ⅴ．特定投資家（プロ）と一般投資家（アマ）の区分
Ⅵ．集団投資スキーム（ファンド）
Ⅶ．開示規制
Ⅷ．取引所
Ⅸ．自主規制機関
Ⅹ．民事責任規定、エンフォースメント及び金融経済教育など
おわりに

はじめに

　金融審議会は、平成12年6月の答申「21世紀を支える金融の新しい枠組みについて」において、利用者保護とイノベーションの促進を図るため、機能別・横断的なルールとして「日本版金融サービス法」が必要であるとしている。この「日本版金融サービス法」の第一歩として、金融商品販売法の制定と集団投資スキームに関する法整備が行われた。

　金融審議会金融分科会第一部会では、機能別・横断的法制を目指す「日本版金融サービス法」の理念を受け継ぎ、一昨年の当部会報告「市場機能を中核とする金融システムに向けて」の提言を踏まえ、投資サービスにおける投資家保護のあり方について審議を行うとともに、市場のあり方など、資本市場を巡る法制全般のあり方についても検討を行い、本年7月7日、「中間整理」を取りまとめた。

　「中間整理」については、金融庁ホームページなどをつうじた意見募集を行ったところ、広範にわたる関係者から多数の貴重なご意見が寄せられた。当部会では、本年10月5日の審議の再開以降、これらの意見も参考として、「投資サービス法（仮称）」の法制化に向けた検討を行ってきた。

　この間、当部会の下に設置された公開買付制度等ワーキング・グループでは、最近のM&A（合併・買収）件数の増加やその態様の多様化、株式の大量取得事例の増加などを受け、公開買付制度及び大量保有報告制度の見直しについて、幅広く検討が行われた。

　本報告書は、当部会におけるこれまでの検討結果をとりまとめたものである。

I．「投資サービス法（仮称）」の趣旨・目的

1．利用者保護ルールの徹底と利用者利便の向上

　日本経済がキャッチアップ時代を終え、右肩上がりの経済成長、賃金のベースアップ、不動産などの家計保有資産の価格上昇などが必ずしも前提でなくなり、社会保障制度のあり方についても議論が高まるなか、家計における資産運用の重要性が高まるとともに、資産形成ニーズも多様化してきている。企業などの調達手法も多様化し、金融技術やIT技術の進展なども背景に、これまでになかった新たな金融商品が、既存の利用者保護法制の対象となっていないものも含め、次々と販売されるようになってきている。

　外国為替証拠金取引の例にみられるように、このような規制のない新しい金融商品については、詐欺的な販売が行われる例もみられ、利用者保護策を講じる必要性が指摘されている。一方、証券会社など既存の金融機関も、利用者ニーズが認めら

れれば、このような商品や他の業法に基づく商品を業態の枠を越えて取り扱う傾向がみられるほか、異なる法律に基づく商品の内容が類似してきたり、複数の法律にまたがるような商品を提供する動きもみられるなど、金融サービスの融合化が進んできている。

このような金融環境の変化、また業者と利用者の情報格差といった金融取引の一般的特性を踏まえると、利用者に自己責任を問う前提として、幅広い金融商品について包括的・横断的な利用者保護の枠組みを整備し、利用者保護を拡充することによって、既存の利用者保護法制の対象となっていない「隙間」を埋めるとともに、現在の縦割り業法を見直し、同じ経済的機能を有する金融商品には同じルールを適用する必要がある。利用者保護の拡充をつうじて利用者が安心して金融商品を利用できるようになることは、我が国金融・資本市場の発展に資するものである。

他方、一般国民も含めた我が国全体の投資の収益は、究極的には運用その他の業者の事業の成果に依存せざるを得ないことから、規制の簡素化・明確化や新たな金融商品設計の自由化をつうじ、コストを抑えつつ金融イノベーションを促進し、多様化するニーズに応じた金融商品・サービスの提供を可能とすることが重要である。その際には、一般投資家を念頭に置いた規制を特定投資家（プロ）を顧客とする場面について緩和するなど、規制の柔構造化により、利用者保護の必要性と両立を図ることが適当である。

このように、規制全体について横断化と柔軟化を図ることにより、利用者保護を確保しつつ、利用者利便の向上を図ることが重要である。

2．「貯蓄から投資」に向けての市場機能の確保

一方、市場のあり方を巡っては、当面、企業開示やコーポレートガバナンス、公開買付制度、自主規制機能のあり方などについての問題提起に応え、これらに対応する資本市場におけるルールの再検討を行うことやルールの実効性を確保するためのエンフォースメントの強化に向けた検討を行うことが急務であると考えられる。また、「貯蓄から投資」に向けて、公正かつ円滑な価格形成を軸とする市場機能を確保し、市場の信頼性、効率性や透明性を高めていくためには、これらを含む金融・資本市場ルール全体についての不断の整備とその実効性の確保を図るための継続的な取組みが不可欠である。

3．金融・資本市場の国際化への対応

90年代後半以降の金融システム改革以来、我が国市場をニューヨーク、ロンドン市場並みの国際市場とすることを目指し、仲介者の新規参入や業務の自由化、市場間競争の促進などの諸施策が講じられてきている。金融・資本市場のグローバル化

が一層進展する中、米国、英国はもとより、アジア近隣諸国が法制や市場について着実にインフラ整備を進めるなか、国際市場としての我が国市場の魅力を更に高めるためにも市場法制の整備やエンフォースメントの強化を軸とするインフラ整備を急ぐことが求められている。

　主要国・地域を見ても、既に幅広い金融商品を対象とする枠組みが構築されており、国際化対応の観点からも、我が国において幅広い金融商品を対象とする枠組みの構築が急務である。例えば、米国では、1933年証券法における「証券」には「投資契約」が含まれており、これは「一般に、金銭を専ら他者の努力による利益の期待を持って共同事業に投資する取引」と解されている。また、英国の2000年金融サービス・市場法は「投資物件」を対象としており、預金、保険契約、集団投資スキームのユニット、オプション、先物、差金契約などが含まれている。EU（欧州連合）の金融商品市場指令（2004年4月採択）では「金融商品」を対象としており、これには譲渡可能証券、短期金融市場商品、集団投資スキームのユニット、商品関連を含むデリバティブ取引一般が含まれている。

4．「投資サービス法（仮称）」の必要性

　「金融改革プログラム」において示されたように、日本の金融システムを巡る局面が将来の望ましい金融システムを目指す未来志向の局面に転換するなか、以上のような状況に対応して、利用者保護ルールの徹底とその選択肢の拡大をつうじた利用者利便の向上、公正かつ円滑な価格形成を軸とする市場機能の充実とその信頼性の向上、国際化に対応した制度の構築に取り組み、利用者の満足度の高い、活力ある金融システムを構築することが喫緊の課題となっている。

　このような基本的認識を踏まえれば、適正な利用者保護と市場における不公正取引の防止によって、公正かつ円滑な価格形成を軸とする市場機能を十分に発揮し得る、公正・効率・透明かつ活力ある金融システムを構築することを目的として、証券取引法を改組し、投資サービス法（仮称）を制定することが適当である。

　なお、英国金融サービス・市場法においては、①市場の信頼確保（market confidence）、②公衆の理解の向上（public awareness）、③消費者の保護（the protection of consumers）、④金融犯罪の削減（the reduction of financial crime）を規制の目的として掲げている。これらは、日本における市場行政が目標としてきた理念や先に述べた基本的認識とも共通する要素が多く、投資サービス法の検討にあたって、その理念として参考にしていくことが適当である。また、同様に、金融・資本市場の国際化への対応や金融イノベーションの促進といった観点も必要である。

5．投資サービス法の基本的枠組み

　投資サービス法は、現在の縦割り業法を見直し、幅広い金融商品を対象とした法制を目指すことが必要である。投資サービス法を金融商品の販売や資産の運用に関する一般的な性格を有するものと位置付け、同じ経済的機能を有する金融商品にはその行為規制を業態を問わず適用することが適当である。また、外国証券業者に関する法律、有価証券に係る投資顧問業の規制等に関する法律や金融先物取引法などを含め、同種の性格を有する法律を可能な限り投資サービス法に統合すべきである。金融商品販売法についても、その内容の見直しを行いつつ、投資サービス法に統合することが望ましい。

Ⅱ．「投資サービス法（仮称）」の対象範囲

1．基本的な考え方

　「中間整理」では、投資サービス法の対象となる金融商品（以下「投資商品」（注））について、可能な限り幅広い金融商品を対象とすべきとしつつ、
　① 　金銭の出資、金銭等の償還の可能性を持ち、
　② 　資産や指標などに関連して、
　③ 　より高いリターン（経済的効用）を期待してリスクをとるもの
といった基準の設定を試みつつ、投資商品の具体的な定義については、投資者保護の観点から適当と考えられる商品について、集団投資スキーム、及びこれに類似する個別の投資スキーム、を含めて、可能な限り大きな括りで列挙するとともに、金融環境の実情や変化を踏まえてきめ細かい適用除外や商品指定ができるようにすることが適当と考えられるとされている。

（注）　投資サービス法の規制対象となる商品の法令上の名称については、法制的観点から十分な検討が必要であるが、本報告書においては、「中間整理」と同様に「投資商品」との用語による。

2．対象範囲についての考え方

(1) 「中間整理」以後の審議

　対象範囲については、上記「中間整理」の指摘を踏まえ、「リスク」と「リターン」の意義について具体的な検討を行うとともに、今後の法制化における具体的な対象範囲の検討にあたって基礎となる考え方についても検討を行った。

(2) 「リスク」と「リターン」の意義

　「中間整理」で示された上記①～③の基準は、いわゆる「投資性」の有無の判断

基準として、投資サービス法の規制対象となる投資商品の範囲についての具体的な検討にあたって基礎となるべきものと考えられる。その際、上記③における「リスク」と「リターン」の意義については様々な整理があり得るが、「リスク」の意義については、現行の金融商品販売法の説明義務の対象を参考に、
- 金利、通貨の価格、有価証券市場における相場その他の指標に係る変動により元本欠損が生ずるおそれ（いわゆる市場リスク）
- 金融商品販売者その他の者（例えば発行者）の業務又は財産の状況の変化により元本欠損が生ずるおそれ（いわゆる信用リスク）

のいずれかのリスクがあることを中心に整理することが考えられる。

また、「リターン」の意義については、経済的効用の向上（の可能性）と広範に捉えることが望ましいが、利用者の投資商品への典型的な期待が「金銭的収益（プラスのキャッシュフロー）」であると考えられることなどを勘案すると、「金銭的収益」への期待を中心として整理することが考えられる。

(3) 「リスク」と「リターン」の考え方を踏まえた整理

上記の「リスク」と「リターン」の考え方を踏まえ、各金融商品（預金、貯金、保険、制度共済、無尽、信託、信託受益権、有限責任中間法人、NPOバンク出資持分）に関する具体的な対象範囲を整理すると、現時点では、別紙1のとおりである。

(4) 具体的な対象範囲についての考え方

「中間整理」では、「リスク」と「リターン」の考え方から、
- 法人については、持分会社などのほか、中間法人などについても広く対象とすべきであるほか、
- 組合については、集団投資スキームとして、いわゆる事業型の組合も含め、有限・無限責任を問わず対象とすべきであり、
- デリバティブ取引についても原資産を問わず、対象とすべきである

とされている。今後の法制化にあたっては、可能な限り幅広い金融商品を対象とするとの考え方を基本としつつ、各金融商品を対象とするか否かについての具体的検討にあたっては、「リスク」と「リターン」に関する考え方を踏まえ、検討を行うことが適当である。

以上の考え方に基づき、各金融商品の取扱いについて整理すると、現時点では、別紙2のとおりである。

(5) 他の業法等で規制されている金融商品などの取扱い

　他の業法等で規制されている金融商品の取扱いに関して、預金、貯金、保険、制度共済、信託及び無尽の取扱いについては、上記(3)のとおりである。

　商品ファンド、不動産特定共同事業、商品先物取引及び海外先物契約の取扱いについては、上記の「リスク」と「リターン」に関する考え方を踏まえ、別紙3のような整理とすることが適当と考えられる。

(6) 「金融サービス・市場法」への展望

　「中間整理」では、「銀行法や保険業法についても、販売・勧誘等に関するルールなどについて投資サービス法と一元化することについて検討を行うべき」とし、「このような検討にあたっては、預金・保険といった金融商品としての性格や現在の業務の実態を踏まえつつ行う（「金融サービス・市場法」を展望しつつ議論を行う）ことが必要」と指摘されている。

　この点については、10月の再開後の当部会でも、

- 銀行法・保険業法などの販売・勧誘規制の存在を前提に、投資サービス法では、投資性のある投資商品の販売・勧誘について横断的な規制枠組みを設けること、
- （上記にとどまらず）投資サービス法において、普通・定期預金や保障的保険も含めた金融商品全般について包括的な規制枠組みを設けること、

のいずれを目指すべきかについて議論が行われたところであるが、依然として意見が分かれているところである。

　他方、昨年9月以来、当部会で投資サービス法の法制化に向けた審議を行っている間にも、種々の問題事例による利用者被害の発生は続いており、その中には、現行法では実効的な対応が困難なものもある。こうした法規制の隙間を埋め、利用者保護ルールの拡充により更なる利用者被害の拡大を防止することは喫緊の課題である。

　したがって、まずは、これまでの審議において包括的・横断的な規制を適用することについて概ね合意が得られている「投資性のある金融商品」について早期の法制化に取り組むことが適当であり、金融庁において所要の措置を講じられたい。

　金融商品全般を対象とする、より包括的な規制の枠組みの検討については、投資サービス法の法制化とその実施状況、各種金融商品の性格、中長期的な金融制度のあり方なども踏まえ、当部会において引き続き精力的な検討を続けていくこととしたい。

Ⅲ．「投資サービス業（仮称）」の業規制

1．「投資サービス業」の対象範囲
(1) 「投資サービス業」の対象範囲

　投資サービス法において業者ルールとして規制の対象とすべき業（「投資サービス業（仮称）」）の対象範囲については、「中間整理」において指摘されているとおり、投資商品に関する「販売・勧誘」、「資産運用・助言」及び「資産管理」を対象とすることが適当と考えられる。投資サービス業の本来業務の範囲は、具体的には、別紙4のとおりである。また、本来業務の付随業務・届出業務については、別紙5のとおりである。

　また、「中間整理」において指摘されているとおり、業として規制の対象とする範囲について、営利性などを要件とせず可能な限り広くとらえるなどの措置を検討していくことが望ましい。一方、金融イノベーション促進の観点からは、規制対象の明確性・透明性の確保について十分留意する必要がある。

(2) 自己募集

　証券取引法では発行者自身による販売・勧誘行為（自己募集）が業規制の対象とされていない。他方、商品ファンド法や不動産特定共同事業法において自己募集を業規制の対象としている例があること、最近の問題事案においては集団投資スキーム（ファンド）の自己募集の形式が採られていたことなどを踏まえれば、少なくとも組合などによるファンドの持分については、商品組成と販売が一体化して行われることが多いことなども勘案し、自己募集を規制対象とすることが適当と考えられる。

　その際、例えば、特定投資家（プロ）向け又は投資家数が一定程度以下のファンドの自己募集については、より簡素な規制とするなど、健全な活動を行っているファンドをつうじた金融イノベーションを阻害しないよう、十分な配慮が必要である。

(3) 資産運用

　投資サービス業の中の「資産運用」には、現行法における投資信託委託業、投資法人資産運用業や投資一任業務などが該当することになる。さらに、集団投資スキーム（ファンド）について投資対象に有価証券が含まれるにも係わらず、認可投資顧問業者の関与なく運用を行っているものが見受けられるところ、法令の規定の実効性を担保する観点から、商品ファンド（組合型）について農林水産大臣又は経済産業大臣の許可業者である商品投資顧問業者などによる運用が義務付けられている例も考慮し、集団投資スキーム（ファンド）の運用（投資商品への投資）について

も、「資産運用業」の対象とすることが適当と考えられる。
　また、自己募集と同様、私募不動産ファンドなど、プロ向けファンドの実態も踏まえつつ、プロ向け又は投資家数が一定程度以下のファンドについては、資産運用についてもより簡素な規制とするなど、十分な配慮が必要である。

(4)　他の業法と投資サービス法上の業規制との関係
　他の業法において、業登録などの業規制が設けられている場合、当該業について投資サービス法上の業登録制度の対象範囲に含めるかについて検討する必要がある。この点について、具体的に整理すると、別紙6のとおりである。

2．業規制の柔構造化

　上記のとおり、「投資サービス業」の対象範囲については、投資商品に関する「販売・勧誘」「資産運用・助言」「資産管理」と横断的なものとしつつ、業務内容の範囲に応じ、次のような三段階の区分（いわゆる第一種業、第二種業、仲介業（仮称））を設け、各区分に応じた参入規制などを設けることにより、業規制を柔構造化することが適当である。この三段階の区分に応じた具体的な規制については、別紙7のとおりである）。

(1)　第一種業（仮称）
　・　すべての投資商品を対象とするすべての業務
（注1）　店頭デリバティブ取引など、資産管理業、元引受け業務及びPTS（私設取引システム）業務は、第一種業のみが取扱い可能。
（注2）　第一種業は、一つの登録で、第二種業及び仲介業を含む、すべての業務を行うことが可能。

(2)　第二種業（仮称）
　・　投資商品のうち、流動性の低い商品（私法上の有価証券とされているもの及び社債などの振替制度の対象となっているもの以外の権利）についての売買、売買の媒介・取次ぎ・代理、募集・私募・売出し若しくは売出しの取扱い又は私募の取扱い（引受け業務は含まれない）
　・　投資商品に関する資産運用
　・　投資商品に関する投資助言

(3)　仲介業（仮称）
　・　他の投資サービス業者の委託を受けた媒介（所属会社制）

(注) 所属会社制により、仲介業者が顧客に与えた損害について、委託を行った投資サービス業者の損害賠償責任を規定することが可能。

IV.「投資サービス業（仮称）」の行為規制

1．行為規制の全体像

行為規制については、「中間整理」を踏まえ、証券取引法及び証券投資顧問業法における規制を基本としつつ、対象となる投資商品を規制する既存の業法の規制などを勘案の上、受託者責任及びこれを具体化した義務の履行が販売・勧誘、資産運用・助言、資産管理といった各業務において確保されるよう、機能別・横断的に整理することが適当と考えられる。具体的には、別紙8のとおりである。

2．開示規制と行為規制との関係

利用者への情報提供のため、証券取引法以外の各業法では、業者への行為規制として、販売・勧誘の際の事前説明書面の交付、運用の際の定期報告書交付を義務付けている。他方、証券取引法では、開示規制によって販売・勧誘時の顧客への目論見書交付、有価証券届出書の当局への提出（当局において公衆縦覧）を、それ以降は定期的な有価証券報告書の当局への提出（当局において公衆縦覧）を義務付ける一方、証券会社などの業者に対する行為規制として、説明書の交付義務や取引報告書の交付義務が規定されている。

これらの現行法の諸規制を踏まえ、投資サービス法においては、開示規制としての有価証券届出書提出・目論見書交付義務及び有価証券報告書提出義務と、業者への行為規制としての事前説明書面交付義務、運用報告書交付義務をそれぞれ課すこととしつつ、販売・勧誘時に目論見書交付により情報提供が確保されている場合について、行為規制としての事前説明書面交付義務を免除するなどの措置を講ずることが適当と考えられる。

3．適合性原則のあり方

適合性原則は、本来、事前説明義務と並んで、利用者保護のための販売・勧誘に関するルールの柱となるべき原則であり、投資サービス法においては、投資商品について、体制整備にとどまらず、現行の証券取引法などと同様の規範として位置付けることが適当と考えられる。また、適合性原則における考慮要素として、判例や米英の例を参考に、現行の証券取引法の「知識、経験、財産」に加え、「投資の目的」又は「投資の意向」も考慮要素として追加することについて検討することが適当と考えられる。さらに、「顧客の理解力」も考慮要素に追加すべきとの意見があ

るが、これについては、業者が顧客の理解力を正確に把握することは困難であり、実務上支障が生じるおそれがあるとの意見があった。

また、適合性原則については、その実効性を確保するための方策について引き続き検討を行うことが適当と考えられる。

なお、英国の金融サービス・市場法に基づく業務行為規範において送付を義務付けられている「適合性レター（注）」を参考として、我が国においても同様の方法をとることについては、適合性原則の実効性確保の観点から前向きに考えるべきとの意見がある一方、目論見書交付義務に加え、適合性レターに関する手続まで義務付けた場合、実際の投資商品の販売に支障を来たすのではないかとの意見もあり、今後とも、引き続き検討することが適当と考えられる。

（注）　「適合性レター」とは、業者が、顧客の人的・財産的状況を考慮した上、当該商品・取引が顧客にふさわしいものであることを簡潔・明快に説明した文書。

4．金融商品販売法における説明義務の業法上の義務化

現行金融商品販売法上の説明義務については、民事上の義務であることから、当該違反を直接の理由として各業法上の監督上の処分を行い得るわけではない。また、現行の各業法の中には、証券取引法のように事前の説明義務が課されていないものもある。

投資商品の販売業者の説明義務は業者と利用者との情報格差を改善するための重要な方策であり、投資サービス法においては、金融商品販売法上の説明義務と同内容の説明義務を行為規制の一つとして位置付け、業者が違反した場合に直接的に監督上の処分を発動できることとすることが適当と考えられる。

5．不招請勧誘の禁止など

現在、金融先物取引法にのみ規定されている不招請勧誘の禁止（勧誘の要請をしていない顧客に対し、訪問し又は電話をかけて勧誘することの禁止）については、投資サービス法において規定を設け、適合性原則の遵守をおよそ期待できないような場合に、利用者保護の観点から機動的に対象にできる一般的な枠組みを設けることが適当と考えられる。そして、当面の適用対象については、レバレッジが高いなどの商品性、執拗な勧誘や利用者の被害の発生という実態を考慮して、現行の範囲（金融先物取引）と同様とすることが適当と考えられる。

これに対し、不招請勧誘禁止については、苦情相談事例の中で取引形態としては圧倒的に多いものであることなどから、原則として全ての商品に適用することとしつつ、商品性に着目して適用除外規定を設けるべきとの意見があった。

また、いわゆる再勧誘の禁止（取引を行わない旨の意思（当該取引の勧誘を受け

ることを希望しない旨の意思を含む。）を表示した顧客への勧誘の禁止）を新たな規制として導入し、例えば、店頭金融先物取引に比べ取引制度がより整備された取引所金融先物取引については、不招請勧誘禁止の対象から除外した上で、再勧誘禁止を適用することについて検討を行うことが適当と考えられる。さらに、再勧誘禁止の前提として、顧客からの勧誘受諾確認義務を課すべきとの意見があった。

6．手数料開示のあり方

当部会では、①顧客から業者に直接・間接に支払われる手数料（投資信託における信託報酬や証券会社への販売手数料、変額年金保険における運用関係費用など）と、②商品の組成業者（例えば、投資信託会社や保険会社）が販売業者（証券会社や保険募集人など）に対して支払う販売手数料、の２つの場面における手数料の開示について、議論が行われた。

①の手数料については、その額の多寡によって顧客へのリターンに直接影響するものであることから、投資サービス法において幅広く開示を義務付けることが適当と考えられる。

②の手数料については、販売手数料の多寡が販売業者の販売・勧誘に影響を与える可能性について否定できない面はあるものの、このような開示義務をどこまで徹底するか（例えば、販売員の給与の一部としての販売報酬の取扱い）など、引き続き検討すべき課題があると考えられる。なお、この点については、むしろ業者が自己の利益のために顧客の利益を損ねているのではないかという点に問題の本質があり、誠実公正義務の問題として捉えるべきとの意見があった。

7．投資サービス業者であることの表示義務

投資サービス法については、その規制対象となる業者であることが、利用者一般から見て信頼し得る業者であるとの社会的評価につながるような法制を目指すべきとの意見がある。また、最近の苦情・相談事例の中には、未公開株の募集のように無登録業者が関与しているものが少なからず見られる。

そこで、投資サービス業者に対して、営業所などにおける標識掲示義務に加え、顧客に対する投資サービス法上の登録業者である旨を表示する義務を課すことが適当と考えられる。

8．その他

クーリング・オフ（契約の申込みの撤回等）については、投資サービス法において一般的な規定を設けることが適当とも考えられるが、その具体的な適用範囲に関しては、価格変動リスクを有する商品のようにクーリング・オフの適用が馴染まな

い商品もあることに配慮して慎重に検討を行うべきとの意見があった。
　また、広告規制を導入することが適当と考えられるが、これに関連して、新聞などの不特定多数の者を対象とする方法によるものに加え、ファックスや電子メールなどの特定者を対象とする方法によるものも併せて規制することについて検討すべきとの意見があった。

Ⅴ．特定投資家（プロ）と一般投資家（アマ）の区分

1．特定投資家（プロ）と一般投資家（アマ）の区分の趣旨・目的

「中間整理」では、投資サービス法における規制の柔構造化を図る観点から、
- 規制内容を定めるにあたっては、これまでの規制全体について点検を行い、機関投資家などを中心とするプロに投資商品を販売する場合についての規制緩和など、規制緩和を推進する、
- 一方、個人投資家を中心とするアマに投資商品を販売する場合については、適正な投資家保護を確保する観点から、必要な規制の見直しを行う、

ことが適当としている。
　このように、特定投資家と一般投資家の区分を設ける趣旨・目的としては、
- 特定投資家と一般投資家の区分により、適切な利用者保護とリスク・キャピタルの供給の円滑化を両立させる必要があること。
- 特定投資家は、その知識・経験・財産の状況などから、適合性原則の下で保護が欠けることとならず、かつ当事者も必ずしも行政規制による保護を望んでいないと考えられること。
- 特定投資家については、行政規制ではなく市場規律に委ねることにより、過剰規制による取引コストを削減し、グローバルな競争環境に置かれている我が国金融・資本市場における取引の円滑を促進すること。

などが挙げられる。

2．特定投資家（プロ）と一般投資家（アマ）の区分のあり方

　特定投資家と一般投資家の区分のあり方については、上記のような区分の趣旨・目的を踏まえ、また、主要国・地域の制度を参考として、一般投資家に移行できない特定投資家、特定投資家に移行できない一般投資家、選択によって移行可能な中間層に分類することが適当と考えられる。この場合、特定投資家と一般投資家の2分類を出発点としつつ、中間層における選択による移行を考慮すると、以下のような4分類が考えられる。

① 一般投資家に移行できない特定投資家
② 選択により一般投資家に移行可能な特定投資家
③ 選択により特定投資家に移行可能な一般投資家
④ 特定投資家に移行できない一般投資家

なお、上記②及び③における移行の選択にあたっては、利用者の書面による同意など、所要の手続及びその有効期間などを設ける必要があるが、当該手続については簡素で明確なものとすることが重要との意見があった。

3．特定投資家（プロ）と一般投資家（アマ）の具体的な区分基準

① 一般投資家に移行できない特定投資家

基準の明確性・客観性などを考慮して、特定投資家の範囲については、原則として開示規制における「適格機関投資家」の概念を基礎とすることが適当と考えられる。

② 選択により一般投資家に移行可能な特定投資家

一定規模以上の法人については、組織体として金融取引に係る適切なリスク管理を行うことが可能であると考えられることから、基本は特定投資家として取り扱うこととする一方、選択により一般投資家として取り扱われることを認めることが適当と考えられる。この分類にあたるものとして、例えば、公開会社、一定規模以上の会社、地方公共団体や政府関係機関などが考えられる。ただし、地方公共団体や政府関係機関については一般投資家への移行を認めるべきでないとの意見があった。また、個人については、投資家保護の観点から、基本はすべて一般投資家とすることが適当と考えられる。

③ 選択により特定投資家に移行可能な一般投資家

②に分類される以外の法人などについては、この分類とすることが適当と考えられる。個人についても、現状、富裕層の存在などを勘案すると、一定の要件を満たす場合には、選択により特定投資家への移行が可能とすることが適当と考えられる。個人が特定投資家へ移行するための要件については、厳格なものとすべきとの意見が多かった。

④ 特定投資家に移行できない一般投資家

③において一定の要件の下で自らの選択により特定投資家に移行する個人以外の個人について、この分類とすることが適当と考えられる。

4．特定投資家（プロ）向けの場合に適用除外する行為規制

投資サービス業者に適用される行為規制のうち、契約締結前における説明・書面交付義務、契約締結時における書面交付義務など、情報格差の是正を目的とする行

為規制については、取引相手が特定投資家の場合は適用除外とすることが適当と考えられる。他方、虚偽の表示又は断定的判断の提供による勧誘の禁止、損失補塡の禁止など、市場の公正確保をも目的とする規制については、適用除外としないことが適当と考えられる。

このほか、適合性原則については、特定投資家向けには明確に適用除外すべきとの意見がある一方、行為規制の一般原則であることから適用除外とすべきでないとの意見があった。後者の場合、実際上の効果としては、「特定投資家」向けであることから適用除外する場合とあまり変わらないとの意見もあった。これらの意見を勘案すると、少なくとも一般投資家が自らの選択により特定投資家に移行することについては、適合性原則の適用対象とすることを検討することが適当と考えられる。

Ⅵ. 集団投資スキーム（ファンド）

1．実効性ある規制整備の必要性

「中間整理」では、集団投資スキーム（ファンド）について、①開示規制、②販売・勧誘に関する業規制・行為規制、③資産運用に関する業規制・行為規制のほか、④資産管理、運用者の受託者責任、運用報告などについての最低限の仕組み規制を適用することが必要であるとされている。

最近も、多数の一般投資家を対象とした匿名組合形式の事業型ファンドに関する被害事例が報じられていることなどを考慮すると、投資サービス法の主要な目的の一つである利用者保護ルールの徹底を図る観点から、ファンドについては、実効性ある包括的・横断的規制の整備が必要と考えられる。

2．特定投資家（プロ）向けファンドに対する規制のあり方

同様に「中間整理」で掲げられている「利用者保護を前提に、活力ある金融市場を構築」するとの観点から、規制の柔構造化を図ることが重要である。具体的には、一般投資家（アマ）を対象とするファンドについては利用者保護の観点から十分な規制を課すこととしつつ、もっぱら特定投資家のみを対象とするファンドについては、一般投資家を念頭においた規制を相当程度簡素化し、金融イノベーションを阻害するような過剰な規制とならないよう、十分な配慮が必要と考えられる。

3．ファンドに関する規制のあり方

以上から、特定投資家（プロ）向けファンドについては、過剰規制とならないよう十分な配慮が必要であるが、一般投資家に対し広く販売・勧誘が行われるファンドに対する規制については、実効性確保の観点も含め、その具体的あり方を検討す

る必要がある。
　この点に関し、
　・　我が国金融法制においては、法規範の実効性確保の手段として最も一般的に用いられてきているのが登録などの業規制であること、
　・　主要国などにおいても、米国SECが昨年10月の規則制定によりヘッジファンドのマネージャーの投資顧問業登録を義務付けたように、投資信託のような伝統的ファンド以外のファンドに対する規制は、主に投資サービス業規制（販売・勧誘・資産運用・助言）により対応していること、
なども踏まえ、一般投資家向けファンドについては、違反者に対し行政として最も迅速かつ直接的な対応が可能な業規制（自己募集を含む販売・勧誘、資産運用）などを中心に、ファンドに関する規制の全体像について検討することが適当と考えられる。このうち、ファンド自体に対する規制内容を整理すると、別紙9のとおりである。

4．既存のファンド法制との関係

　「中間整理」では、「投資信託委託業者についても投資サービス法上の資産運用・助言業者として証券投資顧問業者と規制を一元化することが考えられる」としつつ、投資信託・投資法人法は、「ビークルの組成や個人向け商品としてのファンド自体について追加的なガバナンスに関する規定などが置かれていることから残すことが必要」とされている。
　資産の流動化に関する法律（SPC法）についても、投資信託・投資法人法と同様に、資産流動化に特化したビークルとして、ファンド業務の制限や追加的なガバナンスに関する規定などが設けられており、残すことが必要と考えられる。
（注）　商品ファンド及び不動産特定共同事業の取扱いについては、別紙3を参照。

5．その他

　ファンドが市場において果たす役割が重要性を増すなかで透明性が求められていることに鑑みれば、市場の公正確保の観点から、より実態を反映し、法人格の有無にかかわらず、ファンド自体について主要株主として位置付けるなど、投資サービス法上の規制を適用していくといった整理を進めていくことなどについて検討すべきである。
　また、ファンドの今後の方向性について、ファンドが多様なファンドを組み込んだファンド・オブ・ファンズの果たす役割がますます大きくなる可能性が高いことから、そのディスクロージャーのあり方について検討する必要があるとの意見があった。さらに、当該検討にあたっては、変額保険においても私募投資信託を組み込

むことにより実質的にファンド・オブ・ファンズとして個人に公募されているものもあることから、変額保険も含めた広義のファンド・オブ・ファンズについて、適切なディスクロージャーが確保されているか検討すべきとの意見もあった。

さらに、いわゆる「投資クラブ」については、投資家の裾野を広げる観点からも意義があり、過剰な規制により発展を阻害しないよう留意する必要があるとの意見があった。

Ⅶ．開示規制

1．投資商品の性格に応じたディスクロージャーのあり方

(1) 投資商品の性質に着目した開示制度について

証券取引法上の開示規制の対象となる有価証券の範囲は、株券、社債券といった伝統的な有価証券のように企業としての発行体自体の信用力にその価値を置く企業金融型証券から、ファンドやABSのように発行体の保有する資産をその価値の裏づけとする資産金融型証券にも拡大してきた。さらに、投資サービス法の下では、開示規制の対象となる投資商品の範囲がこれまで以上に拡大することが想定される。

このため、投資商品をその性質に応じて企業金融型商品と資産金融型商品に分類し、その分類ごとに開示規制を整備することが適当と考えられる。特に、資産金融型商品の開示制度の整備に際しては、運用者・運用サービスの内容に関する開示情報の充実や開示書類の提出などにあたってのより柔軟な手続を認めることについて留意する必要があると考えられる。

(2) 投資商品の流動性に着目した開示制度

投資商品をその流動性に着目して分類し、その分類に対応した開示規制を整備することも重要と考えられる。

① 流動性の高い投資商品

証券取引所に上場され、流動性の高い流通市場をもつ投資商品については、市場で頻繁に価格が変動することから、より頻繁に、かつ、密度の濃い投資情報の提供が求められる。このため、上場企業については、他の開示企業に先立ち、四半期報告制度の導入や財務報告に係る内部統制に関する制度の一層の整備を図っていくことが適当と考えられる。

四半期報告制度については、当部会の下に設置されたディスクロージャー・ワーキング・グループが本年6月28日にとりまとめた報告「今後の開示制度のあり方について」に沿って制度化を進めることが適当である。なお、同報告に

おいて検討が必要とされていた半期報告制度の四半期報告制度への統合については、その統合を基本として、銀行、保険会社など、半期の単体ベースで自己資本比率に係る規制などを受ける業種においては、投資者に対して投資判断に必要な情報を十分に提供する観点から、第2四半期（半期）に係る単体の財務諸表をも併せて開示することを検討することが適当と考えられる。

　また、財務報告の適正性を確保する観点から、本年12月8日に公表された企業会計審議会内部統制部会報告「財務報告に係る内部統制の評価及び監査の基準のあり方について」を踏まえ、財務報告に係る内部統制の有効性に関する経営者による評価と公認会計士による監査について、その義務化を図ることが適当である。その際、有価証券報告書の記載内容の適正性について、経営者に確認を求める制度も併せて導入することが適当と考えられる。

② 流動性に乏しい有価証券

　譲渡性が制限されていることなどにより流通の可能性に乏しい投資商品のうち、例えば、その所有者が一定の範囲に留まり、当該所有者が特定できるようなものについては、有価証券報告書などの開示書類を公衆縦覧に供する必要性に乏しく、その情報をむしろ直接提供する方が開示の徹底が図られると考えられることから、このような考え方に沿って開示制度を整備することが適当と考えられる。

　さらに、証券取引所に上場されておらず、流動性の高い流通市場をもたない投資商品のうち、所有者数が減少していくことなどにより流通性が乏しくなっているものについて、継続開示義務の免除要件の範囲を拡大することが適当と考えられる。

(3) 開示規制の適用の明確化

現行制度において、
① その会社の役員・従業員に対してストックオプションを付与する場合
② 会社設立の際、株式の全部を発起人引受けにより発行する場合
③ 一定の要件を満たす従業員持株会に株式を発行する場合

などについては、開示規制からの除外が認められている。これらの趣旨を法律において明確化する観点から、例えば、投資商品を取得しようとする投資者が、当該投資商品に関する情報及び当該投資商品の発行者に関する情報を既に入手しており、又は容易に入手することが可能である場合として一定の要件を満たすときなどには、開示規制の対象から除くことを検討することが適当と考えられる。

(4) 適格機関投資家の範囲の拡大など

　開示規制における適格機関投資家に関しては、発行者が勧誘に当たり公募・私募の判断を的確に行うことができるなどの観点から、一定の投資家については常に適格機関投資家とするとともに、より緩やかな一定の基準を満たす投資家については届出によって適格機関投資家となることを認め、その旨を広く周知するという現行の制度の枠組みを基本的に維持することが適当と考えられる。

　その上で、適格機関投資家の範囲については、取引の実態などに即して見直しを行い、その拡大を図ることが適当である。具体的には、事業会社について適格機関投資家の範囲を拡大するとともに、事業会社以外の法人や個人についても、一定の者が適格機関投資家となる途を開くことを検討することが適当と考えられる。

　また、少人数私募において、勧誘の対象とされる適格機関投資家の人数制限（上限250名）についても、その大幅な緩和ないし撤廃を検討することが適当と考えられる。

　さらに、プロ私募の要件とされる転売制限については、例えば、新株予約権付社債券について、社債券と同様、転売制限が付されている旨を券面に記載することに代えて、その旨を記載した書面を勧誘の相手方に交付することを選択できるようにすることが適当と考えられる。

　一方、少人数私募における適格機関投資家に係る転売制限については、プロ私募における適格機関投資家に係る転売制限と同様の法律上の手当て（他の適格機関投資家に転売する際の告知・書面交付義務、適格機関投資家以外の者に転売する際の有価証券届出書の提出義務、これらに違反した場合の罰則など）を行うことにより、転売制限の徹底を図ることが適当と考えられる。

(5) 発行者概念

　発行者の概念は、開示制度において、開示義務者を定める重要な概念である。

　投資サービス法の下では、様々な種類の投資商品が新たに開示規制の対象となってくることが想定されるが、発行者については、現在と同様、「開示に必要な情報を確実に入手して提供できる者」を発行者として捉えるとの考え方に沿って整理していくことが適当と考えられる。

2．公開買付制度・大量保有報告制度

　近年の企業の合併・買収の動向などを踏まえ、公開買付制度及び大量保有報告制度については、当部会の下に設置された公開買付制度等ワーキング・グループがとりまとめた報告「公開買付制度等のあり方について」を踏まえ、必要な見直しを行うことが適当と考えられる。

Ⅷ. 取引所

1. 取引所における取引対象範囲の横断化

　投資サービス法により幅広い金融商品を対象とする横断的な枠組みを構築する中で、金融・資本市場において中核的な役割を果たすべき取引所の制度についても、その取引対象を投資サービス法の適用対象範囲にあわせて拡大し得るようにすることが適当と考えられる。その際、取引対象により差異がある上場商品の届出・承認制については、現行法下で承認制とされているデリバティブ取引も含め、全ての取引について届出制とする方向で横断化し、各取引所の創意工夫を促進することが適当と考えられる。

2. 自主規制機能を担う取引所の組織のあり方

(1) 自主規制機能と株式会社組織の取引所

　平成12年に、取引所の株式会社化により、取引所のガバナンスの強化、資金調達の円滑化・多様化などのメリットが期待されるとして、株式会社形態を認める法改正が行われた。

　その後、平成15年12月の当部会の報告において、取引所が株式会社として営利性を有しつつ、取引所として求められる公共性を果たしていくための望ましい組織のあり方について、「自主規制業務の遂行体制としては、他の業務から独立して行われるよう担保すべきである」との観点から、「資本関係のない別法人」、「親子・兄弟法人」、「同一法人内の別組織」の3つの類型を示し、検討課題とされたところである。

　また、最近では、ニューヨーク証券取引所（NYSE）が自主規制部門を持株会社の下で独立性の高い非営利法人として切り離した上で上場する旨決定したと発表したことが注目される。

　こうした最近の状況変化や海外の動きも踏まえ、当部会では、自主規制機能の適正な遂行を確保する観点から、取引所における組織形態のあり方について、自主規制機能の位置付けや現時点における株式会社化のメリットにも遡りつつ、議論を行った。

(2) 取引所の自主規制機能の位置付け

　証券取引法においては、取引所に対し一定の規則制定権や考査、処分などの自主規制機能を義務付けた上で免許制や取引所の定款や規則の認可といった制度を整備している。こうした制度に着目すると、取引所の自主規制機能は、法律の授権により公的な役割の一部を取引所が行使する、いわば"上からの自主規制機能"の面が

あるものと考えられる。同時に、平成12年改正前の証券取引法では会員組織の取引所のみが定められ、自主規制の権能は、取引所会員間の取極めである定款や諸規則の規定に基づいて行使することとされていることを考慮すると、自主規制機能は、元来、会員の自治の理念、いわば"下からの自主規制機能"を基礎としていたものとも考えられる。

(3) 株式会社形態をとる取引所の組織形態

平成12年の証券取引法改正において認められた株式会社形態をとる取引所においては、株主による統治を基礎とした営利を目的とする組織であることから、株式会社として株主の利益を追求する局面において、その営利性と、自主規制機能などの取引所における公共的性格を有する業務との間に利益相反が生じるおそれがある。このため、取引所における自主規制機能が他の業務から独立して遂行されることが求められる。

他方、自主規制業務の適正な遂行は、取引所取引の公正性・透明性という取引所の提供するサービスの質を向上させることにより、より多くの取引が集まり、取引所の利益増につながるとも考えられる。このように、営利性は自主規制機能の適正な発揮という公共性と両立し得ないことはないとも考えられる。

また、自主規制のメリットとして、取引の現場に近いことから市場の実情に即したきめの細かい対応が可能との指摘もある。

こうした現場の品質管理といった側面も踏まえると、取引所を取り巻く環境や、市場の開設者が自らの市場をどうデザインしていくかとの方針は、取引所によって異なり得るものであることから、自主規制機能を担う組織については、別法人におくことや、独立性を高めた上で同一法人内におく方式など、市場の開設者が自らの判断により選択できる制度とすることが考えられる。

(4) 株式会社形態をとる取引所の上場

取引所について世界的な再編が進む中で、取引所株式が上場される場合（とりわけ自市場への上場の場合）に、特定・少数の株主に支配され、取引所の自主規制機能と特定の株主との利益相反の問題が生ずるおそれがあることや、より営利性を意識した運営が行われる可能性についての関心が高まっている。こうした状況を踏まえ、上場された取引所については前述の制度的枠組みに沿って自主規制機能を担う組織の独立性を確保するよう求めるとともに、最近の会社法制改正により株式会社の機関設計の柔軟化が図られていることなどを踏まえ、主要株主規制などの現行制度を点検し、必要に応じ適切な対応を講ずることが適当と考えられる。

Ⅸ．自主規制機関

1．自主規制機関の役割
　金融技術やIT技術の進展なども背景に、これまでになかった新たな金融商品が次々と販売されるようになってきている中、利用者保護及び市場の公正確保と金融イノベーションの促進の両立を図るには、法令に基づく規制のみによることは困難な面がある。国際的にも、IOSCO（証券監督者国際機構）において「規制体制は、市場の規模と複雑さに照らし適切な程度において、それぞれの分野について一定の直接的な監督責任を担う自主規制機関を適切に活用するものとすべき」との指摘がなされている（証券規制の目的と原則2003年5月改訂）。
　自主規制機関は、業者を会員としつつも、自主規制業務の独立した遂行体制を確立した上で、適切な行為規範を定め、会員にその遵守を求めることなどをつうじて、市場と業者に対する利用者の信頼を高める立場にある。我が国においても、行政を補完して、自主規制機関がその役割を適切に発揮することがより重要になると考えられ、以下のような措置を講ずることが必要と考えられる。

2．横断的な法制において自主規制機関に付与すべき機能
　現行の各自主規制機関の機能には差異があるが、「中間整理」の指摘にある「自主規制機関としての性格を最も強く有する証券業協会の機能との同等性を確保する」との観点から、投資サービス法上の自主規制機関には、次の各機能を付与することが適当と考えられる。
- 規則の制定
- 法令・自主規制機関の定める規則についての会員の遵守状況の調査
- 法令・自主規制機関の定める規則への違反などがあった会員への制裁
- 会員の業務に関する苦情の解決に向けた対応
- 会員の行う取引に関する争いについてのあっせん
- 行政庁から委任を受けた場合の外務員に関する事務

3．自主規制機関の業務の適正確保
　上記のような機能を担う自主規制機関の業務の適正を確保するため、立入検査、監督命令、認可法人形態をとらない自主規制機関の業務規定の認可といった、行政による監督規定を設けることが適当と考えられる。

4．自主規制機関への加入義務付け
　自主規制機関への加入を法的に義務付けることなく規制の実効性を確保するた

め、自主規制機関に加入しない業者に対し、例えば、証券取引法61条のような自主規制機関の規則などを考慮した社内規則の作成などを求めることができるような仕組みをとることが適当と考えられる。なお、この点について、証券取引法61条のような仕組みを全ての投資サービス業者に及ぼすことについては、実効性の観点から慎重な検討が必要との意見があった。

5．投資商品に係る苦情解決・あっせん業務の業態横断的な取組み

　平成12年6月の金融審議会答申を踏まえ、金融分野における裁判外紛争処理制度の改善につなげるため、平成12年9月に金融トラブル連絡調整協議会が発足し、これまで30回の会合を開催してきている。こうした会合をつうじて、個別機関相互間の連携・調整機能の強化、モデル策定をつうじた苦情・紛争処理支援手続の透明化などが推進されている。

　苦情解決・あっせん業務の業態横断的な取組みを更に推進するため、投資サービス法上の自主規制機関以外の民間団体が投資商品についてその構成員たる業者などに関する苦情解決・あっせん業務を行う場合に、行政がこれを認定することなどにより、当該民間団体の業務の信頼性を確保し、それらの団体の自主的取組みをつうじた苦情解決・あっせんの推進を図る枠組みを整備することが適当と考えられる。

　苦情解決・あっせん業務は、利用者保護を図るための重要な役割を担うものであり、平成12年6月の金融審議会答申の考え方を踏まえ、その強化に向けて引き続き検討を行うべきである。

Ⅹ．民事責任規定、エンフォースメント及び金融経済教育など

1．民事責任規定

　「金融商品販売法」は、その施行（13年4月）後4年半を経た今日まで、裁判実務においてあまり利用されていないとの指摘がある。他方、金融商品販売法の対象となっている金融商品の販売などについては、勧誘や説明が不適切との理由で民法上の不法行為責任が認められている裁判例も少なくない。

　金融商品販売法は、本来、民法上の一般不法行為規定に比べ、損害賠償責任の法定や損害額の推定により、業者などの説明義務違反により損害を被った顧客の民事的救済に資することが想定されていた。それにもかかわらず、あまり利用例がないのは、損害額の推定が発動される要件が狭いことが主な理由と考えられる。

　損害額の推定などは民事責任の原則を修正するものであることから法制面の十分な検討が前提となるが、金融商品について民法上の不法行為責任を認めた裁判例では、ワラント、信用取引、オプションや外為証拠金取引などの「取引の仕組み」自

体の説明義務について指摘されていることを踏まえ、金融商品販売法の内容を見直し、その説明義務の対象に「取引の仕組み」を追加するなどの拡充を図り、同法を顧客にとってより使いやすいものとする方向で検討を進めることが適当と考えられる。また、元本を超える損失のおそれがある場合について配意すべきであるとの意見も踏まえて、検討を進めることが望ましいと考えられる。

2．エンフォースメント

　ルールの実効性の確保（エンフォースメント）の重要性については、「中間整理」をはじめ、当部会における審議において、これまでも指摘されてきたところである。エンフォースメントの強化が極めて実務的な問題であることに鑑みれば、検査・監督などの現場からの指摘が重要であり、その観点から、本年11月29日に証券取引等監視委員会が行った建議で指摘されている「見せ玉」への対応策などの事項をはじめ、エンフォースメントの強化のための措置について、投資サービス法の法制化に向けた作業の中で、所要の措置を講ずることが適当と考えられる。

　なお、エンフォースメントについては、被害の救済という視点が重要であり、そのための方策を検討する必要があるとの意見があった。

3．グローバル化への対応

　投資活動が国境を越えることが一般化し、金融・資本市場がグローバル化するなか、証券監督者国際機構（IOSCO）など国際的な機関の重要性が増すとともに、諸外国の証券規制当局との連携が加速度的に重要となってきている。グローバル化する市場における国際的に整合性のある適切なルール作りを行っていくため、国際的な連携を一層推進する必要がある。

　また、このような環境のなか、証券規制当局が証券取引・市場を適切に監視・監督するためには、外国当局との間での情報交換が必要不可欠であり、証券分野の情報交換枠組み（証券MOU）の早期構築が必要である。我が国の場合、金融庁から提供される情報は相手国で「裁判所又は裁判官の行う刑事手続」に使用されてはならず、これを担保するため外交当局間の文書交換を行う必要があるという特殊な国内的制約のため、2国間MOU及びIOSCOの多角的MOUの迅速かつ円滑な枠組みの構築に支障が生じている。今後、この問題の早期解決に向けた取組みが必要である。

4．金融経済教育

　個人の金融資産運用の重要性の高まりや様々なリスクとリターンの可能性を含んだ金融商品・サービスの多様化・高度化の急速な進展を踏まえると、国民一人一人

に、金融やその背景となる経済についての基礎知識と、日々の生活の中で自立した個人として金融商品・サービスの利用について判断し意思決定する能力を身につけてもらうことが、大きな社会的要請となっていると言える。したがって、金融経済教育の充実が時代の急務であり、官民挙げてその推進に本格的に取り組むことが必要である。

金融経済教育の重要性については、当部会でも、累次にわたって指摘がなされてきており、金融庁においても、金融経済教育の拡充をうたった「金融改革プログラム（昨年12月）」を踏まえ、本年3月以降、「金融経済教育懇談会（大臣の私的懇談会）」を開催（7回の会合を経て6月に論点整理を公表）した。加えて、内閣府、文部科学省、日本銀行、金融広報中央委員会その他の関係官庁・団体と連携しつつ、小学生、中学生・高校生向けのパンフレット等の作成や、シンポジウムの開催、児童・生徒に直接接している教職員から直接意見を聞くための「金融経済教育に関する懇談会（昨年5月～6月）」を開催するなどの取組みを行ってきている。こうした取組みを検証しつつ、金融経済教育の充実に今後とも積極的に取り組むことが適当と考えられる。

こうした取組みのほか、金融経済教育について法律上の規定を設けることについては、

- 金融経済教育の推進について、国又は金融庁の責務について規定を設けるべき、
- 自主規制機関についても、金融経済教育の担い手として連携して対応することが重要である、
- 上記のような取組みを推進することは重要であるが、法律上に規定を設けることには積極的な意味はないのではないか、

などの意見があった。

また、金融経済教育については、社会人向けの啓発及び教育を充実させるべきとの意見があった。

おわりに

繰り返しになるが、これまでの審議をつうじて概ね合意が得られた事項について早期の法制化に取り組むことが適当であり、金融庁において所要の措置を講じられたい。当部会においては、中間整理や本報告書において今後検討すべきとされた課題について、中長期的な金融制度のあり方なども踏まえ、検討を続けていくこととしたい。

(別紙1)

各金融商品の具体的範囲に関する整理

1．預金・貯金
　現時点では、為替変動により円建て元本の欠損が生ずるおそれがある外貨預金、円建ての元本保証はあるが、中途解約の場合に発生する違約金により実質的に元本欠損が生じ得る円建てデリバティブ預金は、「投資性」が強い商品として規制対象とすることが適当と考えられる。
　また、農協・漁協などの貯金についても、預金と同様の整理が可能と考えられる。

2．保険・制度共済
　現時点では、変額保険・年金や外貨建て保険は運用状況や為替変動により解約払戻金、満期保険金や年金原資が大きく変動する可能性があることから、「投資性」が強い商品として規制対象とすることが適当と考えられる。
　制度共済についても、現時点では、制度共済において、個人向け変額商品や外貨建て商品の取扱いはないが、今後、そのような商品が提供される場合には、保険と同様の規制の対象とすることが望ましい。

3．無　尽
　無尽については、掛金・給付のいずれも金利や為替変動にかかわらず固定されているなど、その「投資性」は低いと考えられ、規制対象外と整理することが適当と考えられる。

4．信　託
　信託については、元本補填付き信託、公益信託、管理目的信託など「投資性」がない又は小さい商品があり、これら商品は規制対象外と整理する一方、これら商品以外の信託については規制対象とすることが適当と考えられる。

5．信託受益権
　信託受益権については、販売業の対象となる場合、「中間整理」における整理のとおり、投資商品の一つとして投資サービス法の規制対象とすることが適当と考えられる。

6．有限責任中間法人
　有限責任中間法人については、「基金の返還に係る債権には、利息を付することができない（中間法人法66条）」との規定により、基金拠出者への利益配当が認められていないことから、金銭的収益としてのリターンを期待するものとして一律に投資商品の範囲に含めることは適当でないが、清算時の残余財産の拠出者への分配は可能であることから、利用者保護上必要な場合が生ずれば政令指定で対応することが適当と考えられる。

7．NPOバンク

　NPOバンクとは、NPOその他、主として公益事業に対する出資・融資を目的とした匿名組合などによるファンドである。

　米国では、非営利組織（もっぱら宗教、教育、博愛、友愛、慈善、又は感化を目的とし、金銭的利益（pecuniary profit）を目的とせず、かつ、その収益のいかなる部分もいかなる個人などの利益とならないような組織）の発行する証券は、1933年証券法の規制が適用除外されている（証券法3条(a)項4号）。

　NPOバンクに対しては、現行証券取引法上、投資事業有限責任組合に類する匿名組合として開示規制（18年6月以降適用）、販売・勧誘の業規制・行為規制が適用されるが、特に開示規制の適用となる場合における監査費用などにより活動が困難になるとの意見があり、投資サービス法においては、米国の例も参考に、契約などにおいて出資額を上回る配当・残余財産の分配などを禁止している場合は、金銭的収益としてのリターンを期待していないことから「投資性」がない又は小さいとして、規制対象から除外することが適当と考えられる。

（別紙2）

各金融商品の取扱いに関する整理

　各金融商品の取扱いについて、「リスク」と「リターン」に関する考え方に加え、

　①　当該商品について拠出した資金に基づく事業などが他人によって行われているかどうか（業者の裁量の定型的な程度。米国1933年証券法の「投資契約」に関する連邦最高裁判決（SEC v.W.J.Howey Company, 328 U.S. 293（1946））で示されたハウイ基準の「他者の努力」要件に相当）

　②　当該商品の利用者の定型的な属性（知識・経験やリスク負担能力など）

に関する状況も勘案して整理したところ、以下のとおり。

1．有限責任事業組合（LLP）

　有限責任事業組合（LLP）について投資商品の範囲から除くべきとの意見があるが、現行の証券取引法（証券取引法施行令1条の3の3）のもとでは、LLPの事業に常時従事していない組合員がいる場合などに限って規制対

象としており、組合員全員による事業参加というLLPの制度趣旨に沿って組合が運営されている限りにおいては規制対象とならない。

　投資サービス法においても、LLPの制度趣旨に沿って組合が運営されている場合には規制対象としないことを前提に、一部の組合員が他の組合員から組合事業について広範な裁量を付与されているようなLLPなどについては当然に規制対象とされるよう、現行証券取引法の枠組みを基本的に維持することが適当と考えられる。

２．合名会社及び合資会社

　合名会社及び合資会社は、社員自らが業務執行に参加することを念頭においた制度となっており、現実に、大多数の場合において相互に人的信頼関係のある少人数の者の共同企業に用いられているとの実態がある。このため、一部の社員あるいは役員などが他の社員から広範な裁量を付与されるような場合にはあたらず、合名会社及び合資会社の社員権を一律に投資商品とすることは、必ずしも適当でないと考えられる。

３．シンジケートローン及びABL（アセットバック・ローン）

　中間整理では、投資商品の一類型として金銭消費貸借による貸付に係る債権を掲げているが、その中のシンジケートローン及びABLについては、現状、資金の出し手の太宗が融資を業とする金融機関であるとの実態や、条件や開示内容について個々に交渉を行う余地があることなどから、法制的にも通常の相対の貸付けと切り分けて規定することが困難であり、今回の法改正においては投資サービス法による規制対象とはしないが、今後とも参加者の広がりや取引の実情などについて注視し、引き続き検討を行うべきものと考えられる。

４．学校債・医療機関債

　「中間整理」において、学校債や医療機関債について、現行の証券取引法の枠組みのもとで政令指定を行うことについての検討を進めることが適当との指摘がなされているが、より多数の一般投資家に対して発行されている事例があるといった実態に鑑み、特に投資性が強い学校債について政令指定に向けた検討を進めることが適当と考えられる。医療機関債の取扱いについては、引き続き検討を行うことが適当と考えられる。

５．デリバティブ取引

　デリバティブについては、「中間整理」では、「デリバティブ取引についても原資産を問わず、対象とすべきである」との指摘がなされたことを踏

> まえ、金利・通貨スワップ、クレジット・デリバティブ、天候デリバティブなども含め幅広く投資サービス業の対象範囲に含めることが適当と考えられる。この場合、現行の有価証券デリバティブが「取引」として整理されていることを考慮して、「デリバティブ取引」として「投資サービス業」の対象範囲に含めることになる。
> 　その際、利用者保護を前提に活力ある金融市場を構築するとの観点から、特定投資家（プロ）のみを取引対象とする場合については、より簡素な規制を設けることを検討するとともに、既に健全に行われているデリバティブ取引を阻害することのないよう、規制の検討にあたっては取引の実態などについても十分留意する必要がある。

（別紙３）

他の業法等で規制されている金融商品などの取扱いに関する整理

1．商品ファンド

　商品ファンドの出資持分は、「リスク」と「リターン」の考え方からは「投資性」があると考えられるが、その販売については、現行法上「商品投資に係る事業の規制に関する法律」（商品ファンド法）において「商品投資販売業」として業規制がなされている。幅広い金融商品についての横断的な利用者保護の枠組みを整備するとの観点から、商品投資販売業について、
　　・　商品ファンドの実態や特性を踏まえた規制内容とすること、
　　・　商品市場の活性化を阻害しない規制内容とすること、
も考慮しつつ、投資サービス法との関係を整理することが適当と考えられる。

2．不動産特定共同事業（金融庁と国土交通省の共管部分）

　不動産特定共同事業の出資持分の販売については、「リスク」と「リターン」の考え方からは「投資性」があると考えられるが、「不動産特定共同事業法」において業規制がなされている。同法では、説明義務や断定的判断の禁止といった投資商品の販売・勧誘に関する一般的な規制に加え、不動産の特性を踏まえた許可要件（宅地建物取引業の免許）を設けるなど、一部に商品特性に応じた規制が定められている。
　不動産特定共同事業については、以上の点を考慮して、投資サービス法との関係を整理することが適当と考えられる。

3．商品先物取引及び海外先物契約

商品先物取引及び海外先物契約については、「リスク」と「リターン」の考え方からは「投資性」があると考えられるが、それぞれ「商品取引所法」及び「海外商品市場における先物取引の受託等に関する法律」において規制がなされている。
　商品先物取引は、他の投資商品と共通する「投資」としての側面がある一方、実需者による原資産についての取引を基礎とする取引であり、商品調達・在庫調整・資金調達といった重要な産業インフラである商品市場に関する制度としての側面がある。
　商品取引所法は、このような商品市場の管理のための制度を定めるとともに、取引員に対する販売・勧誘規制など、利用者保護のための規制も併せて設けており、本年5月に施行された改正法では、利用者保護の観点から規制の大幅強化が図られたところであり、取引に関する苦情も引き続きあるものの、現時点では改正法施行前に比べ減少傾向にある。
　「海外商品市場における先物取引の受託等に関する法律」については、規制対象が狭いこと、規制の体系が異なっているなどの指摘がなされている。
　商品先物取引及び海外先物契約については、以上の点を考慮して、投資サービス法との関係を整理することが望ましい。

(別紙4)

投資サービス業の本来業務のイメージ

① 投資商品の売買又は取引所デリバティブ取引等
② ①の媒介、取次ぎ又は代理
③ ①の委託の媒介、取次ぎ又は代理
④ 店頭デリバティブ取引及びその媒介、取次ぎ又は代理
⑤ 投資商品清算取次ぎ
⑥ 投資商品の引受け
⑦ 投資商品の募集又は私募
⑧ 投資商品の売出し
⑨ 投資商品の募集若しくは売出しの取扱い又は私募の取扱い
⑩ 投資商品多角的取引業務（PTS）
⑪ 投資助言
⑫ 資産運用
⑬ 投資助言又は資産運用に係る契約の媒介
⑭ 資産管理
⑮ その他前各号に類するものとして政令で定める行為

(別紙5)

投資サービス業の本来業務の付随業務及び届出業務のイメージ

付随業務	届出業務
有価証券の貸借又はその媒介若しくは代理	金融先物取引等その他金利、通貨の価格、商品の価格その他の指標に係る変動、市場間の格差等を利用して行う取引として内閣府令で定めるものに係る業務
信用取引に付随する金銭の貸付け	金地金の売買又はその媒介、取次ぎ若しくは代理に係る業務
顧客から保護預りをしている有価証券を担保とする金銭の貸付け	円建銀行引受手形の売買又はその媒介、取次ぎ若しくは代理に係る業務
有価証券に関する顧客の代理(投資一任契約の締結に係る代理を含む。)	自ら所有する不動産の賃貸
投資信託委託業者の有価証券に係る収益金、償還金又は解約金の支払に係る業務の代理	物品賃貸業
投資法人の有価証券に係る金銭の分配、払戻金若しくは残余財産の分配又は利息若しくは償還金の支払に係る業務の代理	他の事業者の業務に関する電子計算機のプログラムの作成又は販売を行う業務及び計算受託業務
累積投資契約の締結	確定拠出年金運営管理業
有価証券に関連する情報の提供又は助言(投資顧問業に該当するものを除く。)	国民年金基金連合会から委託を受けて行う確定拠出年金に係る業務
他の証券会社、外国証券会社又は登録金融機関の業務の代理	貸金業
商品市場における取引に係る業務	特定法人等の業務の遂行等業務
M&Aの相談・仲介	債務保証の媒介
通貨の売買又はその媒介、取次ぎ若しくは代理に係る業務	貸金業法に基づく貸金業に含まれない金銭貸借の媒介等業務
資産保管会社の業務	宅建業
譲渡性預金の預金証書の売買又はその媒介、取次ぎ若しくは代理に係る業務	商品取引等(現物決済)業務
金銭債権の売買又はその媒介、取次ぎ若しくは代理に係る業務	債務保証業務
他の事業者の経営に関する相談に応じる業務	債務履行引受契約に関する業務

(注) 網掛け部分は、投資サービス法において、業務の自由度を高める観点から、これまで届出業務・承認業務であったものをそれぞれ付随業務・届出業務と位置付けるなどしているもの。

(別紙6)

他の業法と投資サービス法上の業規制との関係に関する整理

1．銀行業・保険業・信託業・無尽業

これらの業については、
- 各業法において免許制などのより高度な業規制が課されていること、
- 投資性のない商品（例えば決済性預金、掛け捨て保険、公益信託など）も規制対象としていること、
- 証券取引法65条の根拠となった利益相反や銀行の優越的地位の濫用の可能性は、今なお重要な論点であること、

から、「投資サービス業」の業登録の範囲に含めないことが適当と考えられる。

銀行代理業、損害保険代理店、生命保険募集人、保険仲立人及び信託契約代理業についても、預金の受入れなどに関する代理権を有していることなどから、銀行業などに準じて考えることが適当と考えられる。

なお、投資サービス業の登録制度の対象範囲に含まれない業者であっても、投資性のある預金・保険などを販売・勧誘する場合には、投資サービス法上の行為規制を適用することが適当と考えられる。

無尽については、（別紙1）3の整理によれば、投資サービス法の規制対象範囲に含まれない。

2．信託受益権販売業

信託受益権販売業は、信託の引受けそのものに関する権限を有しておらず、また、既に発行された信託受益権の販売を行う業であることから、投資サービス法における販売・勧誘業と位置づけ、対象範囲に含めることが適当と考えられる。

3．抵当証券業

抵当証券業は、投資性のある商品（抵当証券）の販売を業として行うものであり、投資サービス業（販売・勧誘業）の業登録の対象にすることが考えられる一方、抵当証券業者は、実際には、モーゲージ証書の形、すなわち原貸付債権とは異なる金利の支払と一定期間経過後の元本償還という形で抵当証券の販売を行っており、自ら信用リスクを引き受けている点で他の投資サービス業者と異なる面がある。また、こうした業の実態を踏まえて、抵当証券保管機構が抵当証券業者の販売に係る抵当証券の保管に関する業務を行う制度となっている。法制的な整理については、こうした実態を踏まえた検討を行うことが必要と考えられる。

4．制度共済

　共済事業を含めた組合の行う事業については、営利目的でなく共助をつうじて組合員の生活を守ることを目的として実施されており、そのような事業の性格を踏まえた規制（認可制など）が各組合法において講じられており、「投資サービス業」に含めないことが適当と考えられる。

　なお、制度共済については、農業協同組合法、中小企業等協同組合法（火災共済）においては一定の販売・勧誘時の規制が置かれているほか、中小企業等協同組合法に基づく事業協同組合等による共済についても同様の規制を設けることについて検討が行われている。それ以外の制度共済、特に幅広く募集を行っているものについては、利用者保護のための適切な措置（販売・勧誘ルールの整備など）を講ずることが望ましい。

（別紙7）

投資サービス業の業務区分に応じた規制の柔構造化

1．参入規制

　投資サービス業者の本来業務の拡大及び金融イノベーションの促進の観点から、現行法において認可制とされている業務（投資信託委託業、投資法人資産運用業など、投資一任業務、店頭デリバティブ取引及び元引受け業務）については、登録制とすることが適当と考えられる。PTS業務は、取引所類似の機能を有していることから、認可制を維持することが適当と考えられる。なお、投資一任業務や店頭デリバティブ取引について認可制を維持すべきとの意見もあった。

2．財産規制

(1) 財産規制については、以下のとおりとすることが適当と考えられる。
- 第一種業者については、現行の証券会社・外国証券会社及び金融先物取引業者と同様、最低資本金規制、純財産額規制及び自己資本規制を設ける。
- 第二種業者については、最低資本金規制又は営業保証金規制を設ける。
- 仲介業者については、財産規制を設けない。

(2) 現行法の下、有価証券店頭デリバティブ取引（10億円）、元引受け業務（30億円又は5億円）及びPTS業務（3億円）については最低資本金の加重要件が設けられている。これらのうち、少なくとも元引受け業務及び

PTS業務については、業務の性格を勘案し、引き続き加重要件を設けることが適当と考えられる。

3．主要株主規制

現行法においては、市場の仲介者としての機能、また預託の受入れをつうじて顧客に代わって資産運用を行うことにより国民の資産形成に直接関与する機能を有していることから、証券会社、金融先物取引業者、投資信託委託業者、投資法人資産運用業者及び認可投資顧問業者については、届出制による主要株主規制が設けられている。

投資サービス法における主要株主規制の対象業者の範囲についても、基本的に現行の整理を維持することが適当と考えられる。

4．業務範囲（他業の制限など）

業務範囲（他業の制限など）については、以下のとおりとすることが適当と考えられる。

- 第一種業者については、現行の証券業における付随業務・届出業務・承認業務制度の枠組みを維持しつつ、その範囲を拡大する。
- 第二種業者のうち資産運用業者については、現行の認可投資顧問業者及び投資信託委託業者に対する規制において他業を行う場合に内閣総理大臣の承認を要することとされている（付随業務制度などがない）が、投資サービス法においては、業務の自由度を高める観点から、第一種業者と同様、付随業務・届出業務・承認業務制度の枠組みをとることとする。
- 資産運用業者を除く第二種業者及び仲介業者については、他業を行うことについて制限を設けないこととする。

5．外務員登録制度

現行では、証券取引法（証券会社）及び金融先物取引法（金融先物取引業者）において、責任の明確化及び不適格者の排除を目的として、外務員制度が定められており、証券会社及び金融先物取引業者以外の業者には外務員登録制度が定められていない。

これまで外務員登録制度が設けられていない業者について、新たに外務員制度を導入するか否かを検討するにあたっては、外務員登録制度の目的を考慮する一方、登録事務の実施を担う機関をどこにするか、外務員登録に伴う業者の負担といった点にも配慮する必要がある。

6．業務委託先への監督について

業務の外部委託を巡る内外の動向、業務の外部委託に関連してシステム

トラブルや顧客情報の漏洩などの発生を勘案すると、投資サービス法においても、例えば第一種業者及び第二種業者のうち資産運用業者などの業務委託について、所要の整備を行うことが適当と考えられる。

(別紙8)

投資サービス法における行為規制の全体像のイメージ

【全ての業務に関するもの】
- 標識掲示義務
- 広告規制
- 投資サービス業者であることの表示義務

【販売・勧誘に関するもの】
- 誠実公正義務
- 契約内容などの事前書面交付義務
- 契約締結時の書面交付義務
- 契約締結後の取引報告書交付義務
- 適合性原則
- 不招請勧誘の禁止
- 再勧誘の禁止
- 損失補填の禁止
- 禁止行為（虚偽情報・断定的判断の提供など）
- クーリング・オフ制度
- 最良執行義務

【資産運用・助言に関するもの】
- 善管注意義務
- 忠実義務
- 禁止行為（利益相反取引、金銭・有価証券の貸付など）
- 自己執行義務
- 運用報告書交付義務

【資産管理に関するもの】
- 分別管理義務

(別紙9)

集団投資スキーム（ファンド）自体に対する規制内容の整理

1．ファンド自体についての届出と登録

「中間整理」において、仕組み、開示、販売、運用など、全体について適切な規制がなされればよく、仕組み行為自体についての業規制は必要ないとの指摘もあることを踏まえれば、ファンド自体について登録制（原則禁止としつつ、登録により禁止を解除）とすることは適当ではなく、さらに、ファンド組成スケジュールが極めてタイトであることを勘案し、事後届出とすることも考えられる。

2．分別保管、受託者責任、利益相反防止措置等

「中間整理」では、ファンドに対して、分別保管、受託者責任、利益相反防止措置等について規定を整備することが適当とされている。この点に関し、特定投資家（プロ）向けファンドについては、現状、特段の規制がなくとも、特定投資家の保護に欠けるようなこととはなっておらず、投資サービス法におけるこれらの規定の適用は必要ないとの意見があった。

3．定期報告

「中間整理」において、「ファンドが財務・運用状況について投資家に定期的に報告することを義務付けることが適当であると」とされている。

4．ファンドに対する報告徴求・検査

上記のようなファンド自体に対する規制を導入する場合には、その実効性の確保の観点から、最小限の行政による報告徴求や立入検査に関する規定を設けることが考えられる。

事 項 索 引

あ
アマ ……………………………12, 148

い
EB債 ……………………30, 35, 41
委託者……………………………58
一般投資家 ……………………12, 148

う
運営管理機関 …………………………108

え
営業所等への提示等を行う方法 …191
閲覧に供する方法 ………………192

お
オプション取引……………32, 38, 42

か
海外商品オプション取引…33, 38, 43
海外商品先物取引…………………12
海外商品市場オプション取引………12
海外商品市場デリバティブ取引
　………………………12, 99, 100
外貨預金 ………………………135
外国為替証拠金取引………33, 38, 42
外国市場デリバティブ取引…………70
外国信託受益権………………57, 72
外国投資信託………………59, 67, 72
外国法人が発行する譲渡性預金証書
　…………………………………73
確定拠出年金制度 ………………108
掛け捨て保険 …………………135
貸付信託……………………59, 67, 72

過失相殺 …………………………177
株式の売買 ……………………136
過料 ……………………………193
過料が科される対象・範囲 ………193
過料の額 ………………………194
元本欠損額…………………173, 174
元本欠損額の算定時期 …………174
元本欠損が生ずるおそれ
　……………11, 39, 52, 122, 132
勧誘の適正の確保………………6, 179
勧誘方針 ………………6, 180, 182
勧誘方針の公表………………181, 189
勧誘方針の策定………………180, 185
勧誘方針の策定等 ………………180

き
キャッシュフローの移転………52, 53
共済………………………………61
共同不法行為 ……………………177
業として …………………106, 117, 181
銀行法第2条第4項に規定する掛金
　…………………………………55
金銭の信託以外の信託に係るもの…97
金銭相当物 ……………………133
金銭の信託以外……………………58
金銭の信託に係る信託契約………57
金銭賠償の原則 …………………177
金銭無尽………………………………57
「金融商品取引業者向けの総合的な
　監督指針」(平成19年7月31日公表)
　…………………………………128
金融商品の販売………11, 12, 49, 52
金融商品の販売が行われるまでの間
　…………………………………117
金融商品の販売等 ………………117

事項索引　275

金融商品の販売に係る取引の仕組み
　……………………26, 38, 119, 141
金融商品の販売に係る取引の仕組み
　のうちの重要な部分
　………………9, 10, 39, 141, 143
金融商品販売業者等
　……………11, 106, 108, 151
金融商品販売業者等の損害賠償責任
　……………………………168
金融審議会第一部会「中間整理」
　（平成17年7月7日）……………8
金融審議会第一部会「中間整理（第
　一次)」（平成11年7月6日）……14
金融審議会第一部会「中間整理（第
　二次)」（平成11年12月21日)………3
金融審議会第一部会「投資サービス
　法（仮称）に向けて」（平成17年
　12月22日）…………………………8
金融庁考え方
　……100, 108, 109, 128, 153, 155
金融庁「金融サービスの電子取引の
　進展と監督行政」（電子金融研究
　会報告書・平成12年4月18日)…128
金融庁・証券取引等監視委員会「金
　融商品取引法の疑問に答えます」
　（平成20年2月21日）……………128
金融庁の事務ガイドライン第三分冊
　：金融会社関係「11. 確定拠出年
　金運営管理機関関係」……………109
金融等デリバティブ取引等…………98

く

クレジット・デリバティブ取引……82

け

契約の種類 ……………………153
権利侵害 ………………………4

こ

行為………………………52, 53
行為規制の横断化………………16
顧客………………………112
顧客等……………………133, 173
顧客のために行われるものを含む
　………………………………104
顧客の適合性に照らした説明（裁判
　例および考察）……………………39
顧客の適合性 …………9, 14, 26, 39

さ

先物取引……………………83
先渡取引……………………85
算定割当量…………………98

し

事業会社 ……………………107
事業者………………………18, 20
時効 …………………………177
資産管理会社 ………………108
市場デリバティブ取引
　………………………70, 79, 83, 86
市場リスク
　……11, 119, 135, 137, 138, 141
自動送信する方法 ……………191
指標……………………11, 123, 137
指標オプション取引……………83
指標先渡取引……………………87
集団投資スキーム（ファンド）持分
　……………………………66
重要事項……………………116, 118
受益証券発行信託………60, 67, 72
受託者………………………58
出資者………………………68
出資対象事業………………68
取得させる行為……………75

取得することとなる金銭 ………134
取得することとなる金銭以外の物又
　は権利 ………………………134
証券取引法等の一部を改正する法律
　…………………………………2
証券取引法等の一部を改正する法律
　の施行に伴う関係法律の整備等に
　関する法律 ……………………2
譲渡行為………………………58，60
譲渡性預金…………………………73
譲渡性預金証書……………………73
消費寄託契約………………………55
消費者契約法……………18，19，20
商品先物取引…………………16，92
商品先物取引の委託者の保護に関す
　るガイドライン ………………130
商品提供機関………………108，109
商品デリバティブ取引……………98
商品投資契約…………………101，102
商品投資受益権………71，101，102
商品投資に係る事業の規制に関する
　法律 ……………………………101
商品取引員……………………16，93
商品取引所法………16，17，92，93
商品ファンド法 …………………101
信託契約……………………………59
信託行為……………………………59
信託受益権………………57，60，72
信用リスク
　……119，135，137，138，141，143

せ

政令で定める者（3条6項）………145
政令で定める方法（9条3項）……189
設定行為（信託受益権・外国信託受
　益権の）…………………58，60
説明義務………………9，51，114
説明義務の適用除外 ………11，142

そ

相互掛金……………………………55
損害の額の推定 …………………172

た

代理 ……………………………69，103
代理・媒介………………………118
他社株転換条件付社債（EB債）
　………………………30，35，41
断定的判断の提供等の禁止
　………………………12，51，164

ち

貯金…………………………………55
直接責任 …………………………168
直接の原因として ………………123

つ

通貨・金利スワップ取引…………82

て

定期積金……………………………55
抵当証券 ………………………71，101
適格機関投資家……………151，152
適合性（の）原則…11，13，125，187
適合性原則（狭義）……………126
適合性原則（広義）……………126
デリバティブ取引……12，78，80，81
天候デリバティブ…………………82
店頭オプション取引………………87
店頭クレジット・デリバティブ等取引
　…………………………………89
店頭指標オプション取引…………88
店頭指標スワップ取引……………88
店頭デリバティブ取引
　………………………70・80・85・90

事項索引　277

と

当該指標 …………………………123
当該者 ……………………………123
投資意向 ……………………9, 126, 187
投資信託……31, 36, 42, 59, 67, 72
当初元本を上回る損失が生ずるお
　それ……………………122, 137
特殊法人 …………………………184
特定権利……………………………73
特定顧客 …………11, 147, 151, 186
特定顧客のみを相手方とする取引
　………………………………185
特定顧客のみを顧客とする金融商品
　販売業者等 …………………185
特定投資家…12, 148, 149, 151, 186
特定投資家（プロ）と一般投資家
　（アマ）の区分 ………………149
特定目的信託………………59, 67, 72
独立行政法人 ……………………184
取次ぎ …………………………70, 118
取引所オプション取引…………83
取引所クレジット・デリバティブ取引
　………………………………84
取引所指標先物取引……………83
取引所指標スワップ取引………84
取引の仕組み（裁判例および考察）…26

は

媒介 …………………………69, 103
排出権………………………………98

ふ

ファンド……………………………66
複数の業者が媒介を行う場合 ……105
不招請勧誘の禁止…………………15
不招請勧誘の自制 ………………187
物品無尽……………………………57

不動産特定共同事業契約
　（賃貸方式）……………………76
不動産特定共同事業契約（匿名組合
　方式）……………………………76
不動産特定共同事業契約（任意組合
　方式）……………………………76
不動産特定共同事業法……………75
不動産の信託の受益権に対する投資
　事業に係る匿名組合契約 ………101
不当利得返還請求 ………………178
プロ………………………12, 147, 148
プロ間取引 ………………………185

へ

平成18年改正………………………7
平成18年証取法等改正法 …………2
平成18年整備等法 …………………2
平成18年整備等法における経過措置
　………………………………196

ほ

法人 ………………………………129
保険…………………………61, 62
保険契約……………………………61
保険業法第2条第1項に規定する保険
　業………………………………61

み

未成年者 …………………………130
未成年者の法定代理人 …………130
（みなし）有価証券 ………59, 65, 66
民事効………………………………13
民法709条の特則 ………………4, 169
民法715条1項（使用者責任）…6, 170
民法上の損害賠償責任（不法行為）
　…………………………………5
民法上の不法行為責任………………39
民法上の不法行為責任の特則 ………3

278

民法の適用 …………………………176

む

無尽……………………………………56
無尽掛金………………………………56

も

目的……………………………………46
者 ……………………………11，137

ゆ

有価証券……………………………12，65
（みなし）有価証券 ………59，65，66
有価証券の範囲……………65，66，67
有価証券を取得させる行為……59，69

融資付金融商品 …………………108

よ

預金……………………………………54

り

理解されるために必要な方法及び程
　度 ……………………………127
リスクの転換…………………………52
利付債券の売買 ……………………135
立証責任の転換 ………………………4

わ

ワラント…………………28，34，40

【監修者】松尾　直彦
　　　　東京大学大学院法学政治学研究科客員教授
　　　　（前金融庁総務企画局市場課金融商品取引法令準備室長）
【著　者】池田　和世
　　　　森・濱田松本法律事務所弁護士
　　　　（前金融庁総務企画局市場課課長補佐兼金融庁法令遵守等調査室）

逐条解説　新金融商品販売法

平成20年6月13日　第1刷発行

　　　　　　監 修 者　松 尾 直 彦
　　　　　　著　 者　池 田 和 世
　　　　　　発 行 者　倉 田 　 勲
　　　　　　印 刷 所　文唱堂印刷株式会社

〒160-8520　東京都新宿区南元町19
発　行　所　社団法人　金融財政事情研究会
　編 集 部　TEL 03(3355)2251　FAX 03(3357)7416
販　　売　株式会社　きんざい
　販売受付　TEL 03(3358)2891　FAX 03(3358)0037
　URL http://www.kinzai.jp/

・本書の内容の一部あるいは全部を無断で複写・複製・転訳載すること、および磁気または光記録媒体、コンピュータネットワーク上等へ入力することは、法律で認められた場合を除き、著者および出版社の権利の侵害となります。
・落丁・乱丁本はお取替えいたします。定価はカバーに表示してあります。

ISBN978-4-322-11186-6

好評図書

よくわかる金融内部監査
―素朴な疑問への回答

宇佐美　豊［著］

A5判・128頁・定価1,260円（税込⑤）

銀行経理の実務〔第7版〕

銀行経理問題研究会［編］

A5判・上製・928頁・定価7,350円（税込⑤）

投資インデックス・ハンドブック

住友信託銀行　パッシブ・クオンツ運用部［編］

A5判・292頁・定価2,730円（税込⑤）

金融商品取引業のコンプライアンス

川村雄介［監修・著］

A5判・320頁・定価2,940円（税込⑤）

金融商品取引ルール実務対策【改訂版】

弁護士法人中央総合法律事務所［編著］
弁護士　中務嗣治郎［監修］

A5判・上製・656頁・定価6,930円（税込⑤）